한겨레역사인물평전

─────

이완용 평전

이완용 평전

극단의 시대, 합리성에 포획된 근대적 인간

김윤희 지음

한겨레출판

'한겨레역사인물평전'을 기획하며

정출헌 | 부산대 한문학과 교수, 점필재연구소 소장

역사는 인간이 일궈온 삶과 다름이 없습니다. 사람들의 발길이 새로운 길을 내듯, 역사도 그렇게 만들어진 것이겠지요. 그런 점에서 시간 단위로 인간의 삶을 분절한 편년의 역사 서술 관습을 넘어서, 인간을 통해 시대의 편폭을 보여주려 했던 사마천의 시도는 빛나는 것이었습니다. 다양한 인간 군상을 한데 모아놓은 열전(列傳)은, 그래서 수천 년 동안 동아시아 역사 서술의 전범(典範)으로 자리 잡을 수 있었습니다. 물론 그곳에 이름을 올린 이들 모두가 역사상 위대한 업적을 남긴 인물은 아니었습니다. 적장을 살해하려다 실패한 자객, 우스갯소리를 잘하던 사람, 재물을 많이 벌어들인 부자, 질병을 잘 고쳐낸 명의 등까지 망라하고 있으니까요. 역사란 크나큰 발자취를 남긴 위인만이 아니라 인간의 존엄성을 올곧게 지켜 나간 사람들이 함께 어우러져 만들어가는 것이라 여긴 사마천의 믿음이 선연합니다.

사마천이 역사의 이름으로 불러들인 인물들에 대한 선별은 과연 타당했는가, 또는 그들 각자에 대한 평가는 온당한가, 이에 대한 시비가 없을 수는 없겠지요. 하지만 과거 인물들의 삶을 기록하려는 우리는 사마천의 그런 마음가짐에서 많은 것을 배울 수 있습니다. 역사의 물굽이를 뒤바꾼 행적을 남긴 위인으로부터 하찮은 일상을 통해 시대의 가치를 되새기게 만든 범인(凡人)에 이르기까지 소중하게 여겼던 그 마음 말입니다. 그래서 우리는 아득한 저 고대로부터 근대 전환의 격변기에 이르기까지 우리 역사를 다채롭게 아로새겼던 수많은 인물들을 평전의 대상으로 삼으려 했습니다. 정치·사회·문화·예술 등 다양한 분야에서 우리 시대에 되살릴 만한 다양한, 또 의미를 지닌 인물 100명의 평전을 기획한 것은 그런 문제의식의 산물입니다.

또한 우리는 시대적 흐름에 유념하면서 성패·신분·성별 등을 나름 고려하면서 유사한 삶을 살았던 인물들을 몇몇 범주로 묶어보았습니다. 우리가 지난 역사 인물을 되살려보려는 이유는 시대와 개인이 맺고 있던 복잡다단한 관계를 읽어내고 싶기 때문입니다. 동일한 시대 상황에서 유사한 삶의 궤적을 읽을 수 있는 반면, 그들에게서 발견되는 미묘하지만 화해할 수 없는 차이를 추적하는 것이야말로 시대의 요구와 인간의 선택이 빚어내는 공명과 파열을 생생히 전달하는 것이라 믿은 까닭입니다.

비슷한 시대에 각기 다른 빛깔의 인간을 탐색해가는 과정은 역사라는 거대담론으로 인간 개개인을 재단하던 병폐를 넘어 인간의 삶을 통해 시대의 흐름을 재구성하는 방법이기도 합니다. 특히 생애 관련 자료의 제한 때문에 독립된 평전을 서술하기 어려운 인물의 경우, 시대 및 대상 인물과의 관계 위에서 조망함으로써 그들의 행로를 도드라지게 드러내려 했습니다.

　하지만 오늘날 어떤 인물에 주목할 것인가보다 훨씬 어려운 과제는 그들을 어떻게 그려낼 것인가 하는 문제입니다. 많은 사람들은 평전을 쓸 때 가장 중요한 미덕으로 해당 인물을 객관적이고도 정확하게 그려내는 것을 꼽습니다. 충분히 수긍할 수 있는 지적입니다. 하지만 생애 관련 자료가 풍부하지 못한 현재 우리의 열악한 사정을 감안하지 않는다 해도 그것은 참으로 어려운 요구입니다. 생애 관련 자료가 풍부하다고 하더라도 객관적인 자료란 애당초 기대하기 힘들뿐더러 한 인간을 둘러싼 엇갈린 기억과 자료 가운데 어느 것은 취하고 어느 것은 버릴 것인가를 결정해야 하는데 이는 온전히 필자의 몫일 수밖에 없기 때문입니다. 그래서 역사는 물론이고 한 인간에 대한 기록은 시대에 따라 달라지고 거듭해서 새로 쓰이는 듯합니다.

　그런 점에서 평전을 쓴다는 것은 남아 있는 사실의 기록과 오늘을 살고 있는 필자의 평가 사이에서 아슬아슬한 외줄타기를 하는 작업입니다. 그래서 어렵게 마련이지요. 아마도 위태롭기 그지없는 그 험난한 과정을 버티게 해주는 힘은 과거와 현재, 사실과 허위, 객관과 공감 사이의 균형 감각일 것입니다. 우리는 그런 곤혹스러운 상황을 애써 외면하지 않으려 했습니다. 한 인물의 평전을 쓴다는 것이 과거를 통해 현재를 돌아보고 미래를 전망하는 작업의 일환이라면, 그것은 반드시 건너야 하는 강이라고 생각했기 때문입니다. 대신 힘겨운 작업을 필자 한 사람의 몫으로 떠넘기지 않고, 뜻있는 사람들과 의견을 주고받으며 자신의 균형 감각을 가다듬을 수 있는 자리를 많이 갖도록 노력했습니다.

　그런 점에서 역사 속 인물에 깊은 애정과 관심을 가지고 있는 연구자, 그런 연구자를 한자리에 모아 외롭지 않게 함께 작업해갈 수 있도록 엮어주는 연구소, 그리고 연구자의 충실한 성과를 일반 대중에게 알려주는 출판사가 공동 기획하여 발간하는 오늘 우리의 작업은 매우 뜻깊은 시도일 것입니다. 실제로 부산대학교 점필재연구소와 한겨레출판은 전체 기획의 의도, 대상 인물의 선정, 최적의 필자 선택, 평전 집필의 방향을 함께 논의하고 결정했습니다. 그런 뒤 개별 필자들이 평전을 집필하는 과정에서 구상 발표, 자료 점검, 사실의 진위 판단, 원고의 교정·교열에 이르기까지 수시로 의견을 주고받으며 때론 뼈아픈 조언도 아끼지 않았습니다. 이런 공동 작업을 거쳐 세상에 선보이는 '한겨레역사인물평전'은 평전으로서 갖추어야 할 미덕을 고루 갖추고 있는 것은 물론이고 학계와 출판계가 서로 힘을 모으는 새로운 풍토를 마련하는 데도 적잖이 기여할 수 있으리라 기대합니다.

　사실 평전을 쓰고 읽는다는 것은 옛사람이 남긴 발자취를 따라가면서 그의 마음과 시대를 헤아려보는 여정일 겁니다. 우리는 그런 여정에서 나 자신이 옛사람이 되어 헤아려보기도 하고, 옛사람이 내 귀에 속내를 속삭여주는 경이로운 체험을 맛보기도 할 것입니다. 때론 앞길을 설계하는 지침이 되기도 하겠지요. 퇴계 이황은 그런 경지를 이렇게 읊었습니다. "고인(古人)도 날 못 보고 나도 고인을 못 뵈어, 고인을 못 뵈어도 가던 길 앞에 있네. 가던 길 앞에 있거든 아니 가고 어찌할까"라고. 우리도 그런 마음으로 옛사람이 맞닥뜨린 갈등과 옛사람이 고민했던 선택을 헤아리며 그의 길을 따라 걸을 수 있으리라 믿습니다. 세월의 간극을 훌쩍 뛰어넘는 그런 가슴 벅찬 공명이 가능한 까닭은, 그도 나도 시대를 벗어나서는 잠시도 살아갈 수 없는 인간이란 이유 때문이겠지요. 그것이야말로 한 치 앞을 내다보기 힘든 우리 시대에 굳이 평전이 필요한 까닭일 것입니다.

배제된 타자의 봉인을 열다

2008년쯤이었다. 운전 중이었는데, 19세기 말에서 20세기 초까지 활동했던 한국의 역사적 인물 5명의 평전 쓸 사람을 추천해 달라는 이야기를 들었다. 모두 기억나지는 않지만, 대부분 우리가 역사적으로 기려야 할 독립운동가인 것 같았다. 그런데 그중에서 이완용의 이름을 듣는 순간 그에게 '매국노' 외에 다른 이미지가 있었는지가 떠오르지 않았다. 같은 시대를 살았던 고종에 대해서는 나약하고 무능한 왕에서부터 노련하고 강단 있는 왕까지 극과 극의 평가가 존재한다. 이처럼 극과 극은 아니더라도 인간의 삶이란 다면적일 수밖에 없을 터인데, 이완용에게서는 자신의 영화를 위해 나라를 판 '매국노'란 이미지 외에 다른 것을 떠올릴 수가 없었다.

내가 한번 써볼까? 잠시의 생각이었지만, 이내 접어버렸다. "이완용이 왜 그랬는지 이해할 수 있어"라는 말이 입 밖으로 나오는 순간 발칙한 한국사 연구자가 되기 십상이란 생각이 들어서였다. 며칠이 지났다. 이완용에 대한 상상은 꼬리를 물고 의문을 제기했다. 망국의 원인은? 일본의 제국주의적 침략과 거기에 대한제국이 맞서지 못했기 때문에. 왜 맞서지 못했지? 유교적 전통을 고수했던 자들, 개혁에 실패한 지배 집단, 43년의 통치권을 유지하려 했던 고종, 일본 침략의 앞잡이 매국노들, 그리고 체제를 전복시키지 못한 인민들 때문에. 이처럼 반복되는 질문과 답은 모두 '국가'라는 테두리 안에 존재했다.

근대 역사학이 국가 또는 민족의 정체성을 구상하는 데 중요한 역할을 해왔고, 또 여전히 국가와 민족이 우리 삶을 규정하는 중요한 기제로 작동하는 이상 매국노는 완전히 배제된 타자일 수밖에 없다. 막장 드라마에 등장하는, 끝없이 나락으로 떨어지는 인간 군상들을 보면서 느끼는 위안, "난 적어도 너와는 달라" 하고 외칠 수 있는 대상의 존재. 이 완전한 허구 또는 사실에 기반한 판타지가 나에게 선한 인간의 부류로, 그리고 공동체의 구성원으로 자임할 수 있게 하는 감정을 제공하듯이, 매국노 이완용은 국가 또는 민족 구성원이란 소속감을 지탱시켜주는 배제된 타자였다.

배제된 자의 봉인을 열어 확인해보고 싶은 충동이 일었다. 언급할수록 불편해지기 때문에 그대로 둔 묵언의 답답함을 깨고 싶은 경박스러움에 이끌려 이완용을 들여다보기로 결심했다. 시작은 가벼웠으나 끝은 무거워졌다. 더럭 겁이 났다. 이완용을 지금까지와는 다른 시선으로 들여다보려는 시도 자체가, 국가 또는 민족으로 호명된 가치와 제국주의와 한패가 된 한국의 엘리트 및 자본가의 근대적 가치 사이에서 표류하다가 가라앉을 운명이 될 수도 있기 때문이었다.

이완용은 1905년 을사조약 체결 즈음부터 '매국적(賣國賊)'으로 호명되었다. 유생들은 을사조약 반대 상소를 올리면서 모든 책임을 을사5적에게 물었다. 전통적인 왕조 체제에서는 절대적인 존재로 추상화된 왕에게 책임을 물을 수 없었기 때문이기도 했다. 반면 최익현은 을사5적의 죄 못지않게 고종의 잘못을 책망했다. 그는 명나라 마지막 황제 의종(毅宗)의 순국을 거론하면서 나라를 지킬 기개조차 보이지 않았던 최고 권력자를 비난했다. 그러나 최익현의 상소는 불충으로 여겨졌고, 『황성신문』을 비롯한 대부분의 여론은 모든 책임을 을사5적에게 돌렸다. 그로 인해 매국의 책임론에서 고종은 구출될 수 있었다. 대한제국 지식인들이 지향했던 입헌군주제를 위해 왕은 여전히 국민 통합의 구심으로 존재해야 하기 때문이었다. 최익현이 지적한 대로 망국의 책임을 고종에게 돌리는 순간 왕을 중심으로 하는 대한제국의 정치체제는 완전히 무너질 수밖에 없었다.

배제의 정치성은 끊임없이 작동했다. 민족과 국가에 대한 상상 속에서 이완용은 공동체에 대한 개인의 태도를 한계 짓는 경계가 되어 갔다. 그간 우리는 개인의 욕망이 민족이나 국가의 가치와 충돌할 때 작동하는 마지막 제동장치로서 이완용을 떠올려왔다. 비록 현대사회에서 민족과 국가의 가치가 복잡하고 다양해져서 그 가치가 관철되는 영역의 경계가 모호해진 부분이 있다 하더라도, 이완용의 존재는 개인의 욕망이 넘어서는 안 될 경계선을 넌지시 알려주었다.

그러나 개인이 국가에 대해 가져야 할 태도에 대한 이러한 담론은 역으로 구조의 한 분자로서의 개인, '욕망하는 개인'이 아닌 '관계하는 개인'을 무시해버렸다. 그래서 대한제국 정치 구조와 관계하는 이완용이 사라진 순간, 구조 속에서 비판되어야 할 것들이 자연스레 구출되었다. 대한제국의 정치체제, 정치 관계의 종결자로서의 고종,

대한제국의 여론을 이끈 지식인들의 현실 타협 등. 이완용의 삶을 되돌아보며 과잉 결정의 구조와 그 구조에 참여했던 모든 개인이 반성해야 할 것이 무엇이었는지를 드러내고 싶었다.

그러나 구조 또는 관계성을 전면에 내세울 때의 위험도 고려해야 했다. 개인의 역할이 거의 없어서 결국 '어쩔 수 없는' 것으로 끝맺음된다면, 한국의 근대화를 이끌었던 지배 엘리트와 자본가의 합리화 논리를 용인할 여지가 있다는 점을 알고 있었기 때문이다. 그래서 관계 맺는 주체로서 개인의 태도 역시 문제 삼을 수밖에 없었다.

사회와 관계하는 보통 사람들처럼 욕망, 절제, 그리고 소신과 흔들림이란 어휘를 통해 이완용을 들여다보자 글을 써나갈수록 당혹스러워졌다. 주어진 현실 앞에서 어쩔 수 없다고 스스로를 위안하는 나약한 인간의 모습을 확인해야 했고, 현실에 순응하여 실리적인 선택을 하는 것이 현명한 세상살이라고 생각하는 오늘날의 합리성이 발견되었다.

막스 베버(Max Weber)는 규정된 법적 절차를 정확히 수행하는 관료의 자세에서 도구적 합리성을 발견했고, 그것이 자본주의 합리성의 기본 전제라고 보았다. 도구적 합리성은 한정된 재화의 효율적 분배라는 자본주의 경제 원리 아래 근대를 살아가는 개인의 정신 속에 자리 잡았다. 근대의 합리적인 개인은 주어진 현실에서 최대의 결과를 얻기 위해, 효율성과 실용성을 최대의 가치로 삼아 자신의 활동과 역할을 스스로 규정해야 한다. 그리고 결정된 절차를 수행할 때는 효율성과 실용성을 증명할 수 없는 어떠한 가치에도 흔들려서는 안 된다. 이런 측면에서 보자면 이완용은 기존에 평가해왔던바, 탐욕스러운 인물도 아니었고 근대적인 주권 개념이 없는 전통적인 관료도 아니었다.

오히려 그는 합리적인 근대인이었다. '충군'과 '애국'이라는 이데올로기적 가치를 위해 용기를 내거나 또는 제국주의의 폭력에 분노하기보다는 자신을 포함한 다수가 문명화의 혜택을 누리기 위해 절대로 분노하지 않는 이성적 인간이었다. 왕과 국가, 개인과 민족 사이에 심각한 균열이 빚어질 때, 이완용이 선택한 것은 어느 한쪽도 아니었다. 균열을 직시하고 그것을 파열시켜 새로운 질서를 만들려고 용기를 내기보다는, 국가와 민족의 가치를 '미래'로 밀어내고 왕과 개인이 살아갈 현실을 끌어안으려 했다. 근대적 합리성이 극단의 시대와 마주했을 때 어떻게 발현될 수 있는지를 그는 자신의 삶으로 보여주었다.

박은식은 비록 근대의 합리성에 대해 분명하게 인식하지는 못했지만, 1910년 초 『황성신문』에 쓴 글을 통해 그 위험성을 지적한 바 있다. 그는 관서의 용감성(勇敢性), 관북의 뚝심과 참을성[堅忍性], 영남의 순박함[質樸性], 기호의 기민성(機敏性)을 국민성[民性]으로 꼽았다. 그러면서 기호의 기민성은 나라가 위태로울 때는 나라의 화이자 민족의 우환이 된다고 했다. 변화하는 시대에 냉철하게 대처해야 하는 집권층에게 요구되었던 민첩성은 조선 후기 사회를 주도해왔던 기호 지역 사람들의 특성이었다. 그것이 국가와 민족이란 가치를 지키는 것과 상반될 수 있다는 지적은, 최대의 성과를 내기 위해서는 변화하는 현실에 발맞추어 자신의 역할과 자신이 수행해야 하는 절차를 조정해야 한다는 합리적 사고의 맹점을 비판한 것이기도 하다.

이러한 측면에서 이완용은 출세를 위해 우리가 갖추고자 하는 덕목을 일찍부터 체득한 인물이었다.

한편 그는 현재 우리의 모습이기도 하다. 1884년 갑신정변, 1894년 갑오개혁, 1898년 독립협회운동 등 부조리에 대한 분노와 체제 변화를 향한 열정이 사라진 이후 현실의 삶이 갑자기 무겁게 다가왔을 때, 대다수의 사람들은 분노와 열정의 피로감을 덜기 위해 안정을 원했다. 개화와 개혁보다는 근면하고 성실한 노력과 노동, 그리고 그것이 보장해주리라 기대되는 미래를 위해 현실을 감내하는 분위기가 형성되었다. 민주화 이후 개혁의 피로감이 실용주의에 인도되어 경제적 안정을 희구하는 분위기로 나아간 것처럼, 이완용의 동양 문명화론은 이러한 사회적 분위기를 잡아끄는 자장의 하나였다.

이완용은 현실에 분노하기보다는 현실을 조망하려고 했다. 그에게는 분노해야 할 현실이 없었다. 그래서 그는 을사조약과 한일병합조약을 주도할 수 있었고, 그 과정에서 평소 자신의 소신이었던 왕과 왕실에 대한 의리를 지켰다. 그리고 기존 체제가 혼란스러워지는 것을 원치 않았던 이들에게 일시적이고 허구적인 '안정'을 주었다. 분노해야 할 현실이 없었던 이완용은 현실의 부조리를 극복하고자 하는 그 어떤 사회적 가치의 부름에도 호응할 수 없는 인물이었다. 이러한 측면에서 그는 분노할 현실이 없거나 또는 그것을 외면하려 하는 지금 우리의 모습이기도 하다.

배제된 타자에게서 우리의 모습을 발견하는 일은 유쾌하지 않다. 특히 매국노의 모습에 깃들어 있는 우리의 모습은 불편하기 짝이 없다. 그래도 불편함을 무릅쓰고 언급해야 하는 이유는 사회적 가치의 부름에 호응해왔던 사람들이 있어왔고, 또 그들에 의해 변화가 주도되어왔기 때문이다. 지금은 국가와 민족의 가치보다는 인권·공공·자유·평등의 가치가 호명되고 있고, 여전히 부름에 호응하는 또는 호응할 준비를 하는 사람들이 존재한다. 그래서 오늘날의 이완용은 '매국노'로서보다는 '부조리한 현실에 분노할 줄 모르는' 또는 '그것을 극복하려는 사람들이 호명하는 가치에 호응할 줄 모르는' 인물로 비판되어야 할 대상이다.

『이완용 평전』을 쓰는 일은 쉽지 않았다. 걱정과 두려움, 게으름과 경박스러움의 그림자를 떨쳐버릴 수 없었기 때문이다. 부끄러움이 앞서지만, 글이 늦어져 고심을 안겨 드렸던 부산대학교 점필재연구소와 한겨레출판의 부름을 외면할 수는 없었다. 투박한 초고를 마다하지 않고 검토하여 소중한 의견을 주셨던 점필재연구소의 선생님들과 꼼꼼하지 못한 나로 인해 사실 확인과 교정을 하느라 고생한 한겨레출판의 임윤희 선생님께 감사드린다. 또한 이완용을 거론하는 나로 인해 식사 후 산책의 한가로움을 방해받았던 동료 연구자들의 걱정 섞인 조언에도 감사드린다.

차례

일러두기

1. 인명, 지명을 포함한 외래어는 국립국어원의 『외래어 표기 용례집』을 따랐다.

2. 책 · 잡지 · 학위논문 · 신문 등에는 겹낫표(『 』)를, 소논문 · 기사 · 노래 등에는 홑낫
   표(「 」)를 사용했다.

3. 직접 인용 중 현재와 맞춤법 및 어법이 다른 경우, 가독성이 떨어지는 부분에 한해
   현대어로 수정했다.

1장

관료로 내딛은 첫발,
그 신중한 한 걸음

당돌한 아이,
명문 반가에 발 들이다

이완용은 1858년 6월 7일 경기도 광주군 낙생면 백현리(지금의 분당구 백현동)에서 우봉 이씨의 22대손인 이호석(李鎬奭..?~1876)의 장남으로 태어났다. 그리고 10살 되던 해인 1867년 4월 20일, 이호준(李鎬俊, 1821~1901)의 양자로 들어가 서울에서 생활하게 된다.

생부인 이호석과 양부인 이호준은 우봉 이씨 6대손으로 고려 말 전리 판서(典理 判書, 조선시대의 이조 판서에 해당한다)를 지낸 이득구(李得丘)의 지파 자손이다. 이들은 사실상 친족이라고 보기 어려울 정도로 먼 관계였다. 생부인 이호석의 집안은 조선시대에 이렇다 할 관직자를 배출하지 못한 반면, 양부인 이호준의 집안은 상당히 명망 높았다. 단적으로 이호준의 7대조인 이상(李翔)은, 어려서는 조선시대 예학의 기본 체계를 완성했던 김집(金集) 밑에서 수학했고 이조 판서를 지냈으며 송시열(宋時烈)의 추천으로 대사헌에 올랐다가 예송논쟁(禮訟論爭) 과정에서 옥사한 인물이었다. 또한 6대조인 이만성(李晩成)도 이조 판서를 지냈는데, 그 역시 송시열의 문하에 있다가 신임사화(辛壬士禍)에 연루되어 옥사했다. 이처럼 이호준의 집안은 조선 후기에 정권을 장악했던 노론 출신으로 정계에 두터운 인맥을 형성하고 있었다.

이호준의 처는 여흥 민씨로 이조 판서를 지낸 민용현(閔龍顯)의 딸이었으며, 당시 민겸호(閔謙鎬) 등과 중전 민씨의 척족 세력을 이루던 민치상(閔致庠)의 누이였다. 또한 이완용보다 4살 위인 이호준의 서자 이윤용(李允用, 1854~1939)이 이완용이 양자가 된 2년 후인 1869년 대원군의 서녀와 결혼하면서 이호준과 대원군은 사돈 관계를 맺게 된다. 그리고 이호준은 신정왕후, 일명 조대비의 조카였던 조성하(趙成夏, 1845~1881)를 사위로 두었다. 조성하는 대원군과 조대비의 만남을 주선하여, 대원군의 아들이었던 고종이 조대비의 양자가 되어 왕위에 등극하는 데 큰 역할을 하기도 했다. 대원군과 조성하 사이에는 이호준이 있었다. 대원군이 조대비에게 보내는 편지를 이호준에게 주면, 이호준은 조성하를 시켜 이를 조대비에게 전달했다.

여하튼 이호준은 19세기 말 조선 정계의 복잡한 인맥 한가운데 놓여 있는 인물이었다. 세도정권의 막후였던 조대비 세력, 고종의 등극과 함께 막후가 된 대원군, 그리고 임오군란 이후 고종의 막후였던 중전 민씨 세력과 언제든 소통 가능한 인맥을 형성하고 있었던 것이다. 이러한 노론 명문가에 양자로 들어간 이완용은 그 집안의 상속자로 교육받았고, 다른 명문가 자제들과의 인맥을 형성하면서 관료로 진출하는 길이 예정되어 있는 것이나 마찬가지였다.

1927년 이완용의 조카이자 그의 비서관으로 일했던 김명수가 이완용을 기리기 위해 펴낸 『일당기사』의 표지.

이완용의 어린 시절 이야기는 그의 생질이면서 그가 총리대신으로 있을 때 비서관을 지낸 김명수(金明秀, 1875~?)가 편찬한 『일당기사(一堂紀事)』(1927)에 단편적으로 기록되어 있다. 이완용의 출생에 얽힌 이야기는 다음과 같다.

그의 생모가 산통을 겪다가 잠깐 잠이 들었다. 그때 꿈에서 말을 탄 수백 명의 군사가 집을 둘러싸고 있었는데, 말의 꼬리가 집 안으로 들어와 있고 머리는 집 밖을 향하고 있었다. 생모는 꿈에서 깨자마자 순산을 했다. 이완용의 서모가 산모에게 밥을 차려주기 위해 부엌으로 들어가려는데 하늘이 순식간에 변하면서 비바람과 천둥, 번개가 쳤다. 너무 놀라서 허둥대다가 잠잠해지기를 기다려 부엌에 들어가니 그릇이 모두 부서져 있었는데 오직 쌀을 담은 그릇만 그대로 있었다.•

• 김명수 편, 『일당기사』, 일당기사출판소, 1927, 474~475쪽.

출생에 얽힌 이야기는 사실과 무관하게 그 사람의 인생을 압축적으로 말해주는 상징으로도 볼 수 있다. 이완용의 생모가 꾼 꿈은 기병의 호위를 받을 만큼 높은 사람 혹은 생명의 위협을 받고 있는 권력자의 탄생을 상징한다고 할 수 있다. 또한 출생 직후 벌어진 비바람과 천둥, 번개는 이완용이 살아갈 세상의 풍파이며, 온전하게 남아 있는 쌀 그릇은 격동의 시대에도 변함없이 자신을 보호해왔던 이완용의 인생사를 예견한 것으로 해석할 수 있지 않을까.

『일당기사』에서는 이완용의 일생을 간략한 연보로 정리하고 있다. 생후 10개월에 걸었고, 13개월에 말을 했으며, 6살에 『천자문』을 몇 개월 만에 떼고 『동몽선습』을 배웠다. 그리고 고종이 등극한 1864년, 그의 나이 7살에 『효경』을 수학했다. 사람들은 『효경』의 도리를 깨달은 그를 기특하게 여겼다고 한다.

양자로 들어가기 전까지 이완용을 가르친 사람은 생부인 이호석이었다. 선생을 모실 경제력이 없었기 때문으로 보인다. 당시에 이호석은 종9품의 말단직인 감역(監役, 토목이나 공사를 감독했던 관직)을 지내고 있었다. 이완용은 어려서부터 총명하다는 소리를 듣고 자랐다. 이호석이 곤히 자는 이완용을 깨워 글을 외우게 시키면 그는 바로 암송했다고 할 정도로 총명했던 것 같다. 그리고 이러한 기질을 통해 그는 양자가 되는 기회를 얻게 된다.

양부인 이호준은 서자인 이윤용 외에는 아들이 없었다. 조선 초기에는 서얼금고법에 의해 서자의 관직 등용에 제약이 있었지만, 서얼들이 이 제한을 없앨 것을 요청하면서 점차 구속력이 약해졌고, 정조 이후에는 이들의 관직 진출이 크게 확대되었다. 그리고 갑오개혁과 함께 서얼금고법은 폐지되었다. 반면 적서의 차별이 별로 없던 고려 때 관습의 영향으로 조선 초기에는 양반 가문에서 적자가 없을 경우 서자를 적자로 삼거나 또는 다른 성씨인 종부의 집안에서 똑똑한 아이를 양자로 들이는 경우도 있었다. 그러나 조선 후기에 들어서면서 양자가 될 수 있는 범위가 줄어드는데, 서자는 적자가 될 수 없었으며 성씨가 같은 집안 아이만이 양자가 될 수 있었다. 서얼이 관직에는 나아갈 수 있었지만, 양반가의 관습에서는 여전히 적자와 서자를 구분하고 있었다. 이호준의 경우도 이미 서자인 이윤용이 있었지만 가문을 상속받을 적자가 필요했고, 같은 우봉 이씨 가문의 이완용을 양자로 들여 그를 적장자로 삼았다.

이완용이 이호준 집에 양자로 왔던 날(1867년 4월 20일)에 대해 『일당기사』는 다음과 같이 적고 있다.

낙천공(樂泉公, 이호준)이 한성 북부 안동(지금의 안국동)에 거주할 때 후(侯, 이완용)가 처음으로 부모에게 인사를 했다. 가족 상견례를 행한 후 어머니 민씨가 성대하게 음식을 차려 내왔다. 후가 고기를 먹을 때 양모가 고기가 질기면 뱉으라고 말하자 후는 이미 입에 들어온 것을 어떻게 뱉을 수가 있겠는가라고 답하고 먹었다. 그 방에 있는 모두가 박수를 치며 웃었고, 낙천공이 이 말을 듣고 내심 그를 기특하게 여겼다.•

이 기록은 고기를 자주 먹을 수 없던 이완용 집안의 형편을 짐작할

• 앞의 책, 477쪽.

수 있으면서 동시에 10살 때 이완용의 성격을 보여주는 대목이다. 자칫 시골 아이가 서울의 대궐 같은 집에 들어와 주눅 들고 당황할 수도 있었겠지만, 이완용은 양모의 말에 대해 분명히 자신의 의사를 밝힐 정도로 침착하고 당돌한 면을 갖고 있었다. 또한 이미 입에 들어온 고기를 다시 뱉을 수 없다는 말에서는, 한 번 결단하고 실행한 일에 대해 끝까지 밀고 나가는 고집스러움도 엿볼 수 있다.

그는 서울 생활을 시작하면서 11살 때 처음으로 스승을 모시고 교육을 받았다. 스승은 충북 연기군 전의면 출신의 선비 정익호(鄭翼浩)였는데, 자세한 이력은 밝혀져 있지 않다. 이완용은 『대학』, 『논어』, 『맹자』, 『시전』 등을 학습했다. 그리고 16살 때에는 서예가 이용희(李容熙)를 초빙하여 현채(玄采, 1856~1925)와 함께 서법을 배웠다. 이완용은 이때부터 일당(一堂)이란 호를 쓰기 시작했다. 그의 서체가 수려하여 추사 김정희에 버금간다는 평을 들을 수 있었던 것은 이때의 교육에 힘입은 바 크다.

이완용은 13살에 양주 조씨 병익(秉翼)의 딸과 결혼했다. 양주 조씨는 당시 세도가였던 풍양 조씨에 비해 세력이 크지 않았지만, 조선 후기 이래 노론 명문가의 하나였다. 1896년 2월 고종이 러시아공사관으로 피신한 이후 친러파로 세력을 떨쳤던 조병식(趙秉式, 1832~1907)이 양주 조씨 가문이었다.

결혼 이후 그의 삶은 그리 순탄치 않았다. 17살에 얻은 첫 아들은 얼마 되지 않아 죽었고 다음해 12월에 장녀가 태어났다. 장녀는 후에 남양 홍씨 집안의 홍운표(洪運杓)와 결혼했다. 19살에는 2월에 생부가, 20살에는 6월에 양모 민씨가 세상을 떠났다. 두 사람의 3년상

이완용이 손자를 위해 만든 『천자문』의 일부. 어린 시절 반가에서 스승을 두고 한문을 학습한 덕분에 그는 성장해서도 서예 솜씨로 이름을 날린다.

을 모두 마치고 상복을 벗은 것은 그의 나이 22살 때였다. 그리고 1880년, 그의 나이 23살 때 아들 승구(升九)가, 다음해에 차남 항구(恒九)가 태어났다. 당시에 서울의 양반가 자제들이 보통 20세 전후에 과거에 급제하여 관직에 나아갔던 것에 비하면 이완용은 생부와 양모 상으로 그 시기가 조금 늦어졌다. 『일당기사』에는 이때까지 이완용의 교우 관계에 대한 기록이 거의 없다. 다만 그는 스승 정익호, 이용희와 함께 가끔 전주에 다녀오곤 했는데, 이때 이호준은 전라북도 관찰사로 전주부에 나와 있었다.

이완용이 전주에 오면 이호준은 그를 데리고 부안에 가곤 했다. 이호준의 토지가 부안에 있었다는데, 지금도 채석강 부근 마을에는 이완용 부자의 부안 나들이에 얽힌 이야기가 전해온다. 이완용 부자가 부안에 오면 채석강 등 명승지를 구경했는데, 그때마다 나들이에 필

|이완용 가계도|

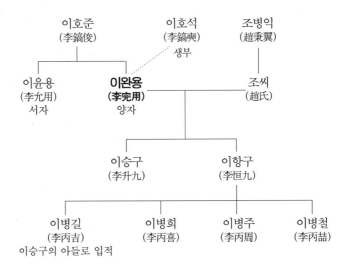

요한 음식과 침구를 마련하느라 그 지역민의 고생이 극심했다고 한다. 그래서 주민들이 이놈의 채석강 때문에 고생이 심하다고 한탄하면서 채석강의 절경을 훼손하기까지 했다는 것이다. 또한 이완용 부자가 채석강 구경을 마치고 가파른 월명암에 갈 때면 남녀의 등에 타고 산을 올랐다고 한다. 각종 음식과 침구 등을 나르는 짐꾼들은 너무 힘들어서 몇 차례 쉬어가야 했다. 이때 남녀가 따로 무리지어 쉬어간 곳을 '밖남여뚱', '안남여뚱'이라고 불렀다고 한다.

　반상의 구별이 분명했던 이 시절에 양반의 유람을 위해서는 수발 드는 양인과 노비의 고통이 뒤따르기 마련이었고, 이들 부자의 놀이도 여느 양반과 크게 다를 바 없었다. 다만 이완용 부자의 풍류놀이는 세상의 변화를 이끄는 선각자적인 풍모와는 분명 거리가 있었다.

그 시절 이완용은 명문 양반가에서 누릴 수 있는 것들에 대해 어떠한 회의도 하지 않았던 것 같다.

과거 급제, 고종과의 첫 만남

1882년 6월 임오군란이 일어나면서 한성의 하급 군인과 양민 등이 합세하여 궁궐에 들어가 중전 민씨의 친척 오빠뻘인 민겸호 등을 살해하고 고종이 대원군에게 통치권을 넘길 수밖에 없는 상황이 벌어졌다. 고종은 임오군란의 진압을 위해 당시 영선사(領選使)로 청나라에 가 있던 김윤식(金允植, 1835~1922)에게 청나라 군대의 파병을 요청하도록 했다. 우창칭(吳長慶)이 이끄는 4,500명의 청나라 군대가 서울로 진격하여 군란을 진압했다. 그리고 대원군을 납치하여 톈진으로 호송했다.

군란 과정에서 장호원으로 피신했던 중전 민씨가 환궁했고, 고종은 대원군으로부터 다시 통치권을 찾아왔다. 그리고 중전의 환궁을 축하하기 위해 그해 10월 증광별시(增廣別試)라는 과거 시험이 치러졌다. 이때 이완용이 문과에 급제했는데, 그의 나이 25살 때였다.

과거 급제자에 대한 증서 수여식인 방방(放榜)이 11월 2일 창덕궁 인정전에서 거행되었다. 고종이 친히 급제자에게 증서를 수여하고 잔치를 베풀었는데, 이완용이 고종과 대면한 것은 이때가 처음이었다. 그리고 몇 개월 후인 1883년 4월, 고종이 이완용 등을 초대하여

『자치통감강목』을 외우게 한 것 외에는 한동안 이들 둘이 마주한 일은 없었다.

이완용이 첫 관직인 규장각 시교(試校)로 등용된 것은 문과 급제 4년 후인 1886년 3월 24일이었다. 그리고 4일 후 건청궁(경복궁 중건 때 지은 궁으로 고종의 서재가 있던 곳)에서 고종과 세 번째 만남을 가졌다. 이 자리에서 이완용은 고종과 『자치통감강목』의 한 대목을 토론한 후 곧바로 규장각 검교(檢校)로 승진했다.

그날의 토론은 중국 진나라와 조나라가 전쟁을 벌였을 때, 조나라 왕이 인상여(藺相如)의 반대를 무시하고 염파(廉頗)에서 조괄(趙括)로 장수를 교체하여 패배한 일에 대한 것이었다. 이완용은 신하된 자가 모든 능력을 다해 책임을 다해야 하지만, 대세가 패배로 기울었다면 조나라 왕이 염파와 같이 뛰어난 명장을 전투에 내보냈더라도 상황은 변치 않았을 것이라고 했다. 이에 고종은 왕이 총명했다면 인상여 같은 신하가 왕의 결정에 대해 반대할 수 있었겠느냐고 답하면서 조나라 왕의 어리석음을 탓했다. 조나라 왕이 조괄을 선택했다가 낭패를 보게 된 사건에 대한 고종과 이완용의 대화는 2년 전인 1884년 12월에 일어난 갑신정변을 연상시키는 것이었다.

조선을 변화시키고자 개화당이 갑신정변을 일으켰을 때, 고종은 자신의 통치권을 강화할 수 있는 기회라고 보고 김옥균(金玉均, 1851~1894)을 지지했었다. 1880년 조미통상조약을 체결하려고 할 때 최익현(崔益鉉, 1833~1906) 등 영남 유생들은 대궐 앞에 몰려들어 고종의 통상 정책을 극렬하게 반대했다. 또한 민씨 척족의 부패에서 비롯된 임오군란도 크게 보면 고종의 개화 정책에 대한 반발이었다. 개항

김옥균(金玉均, 1851~1894). 개화파의 대표적 인
물로 갑신정변을 주도했으나 삼일천하로 막을 내
리고 정변이 끝난 후 일본으로 망명했다.

이후 조선에 부는 변화의 바람 속에서 통치권이 크게 흔들렸던 고종
은 정치적 전환을 필요로 했고, 김옥균의 개혁이 자신의 의도와 부
합한다고 보았다. 그러나 막상 김옥균 일파는 정변 과정에서 대신을
해치지 말라는 고종의 명령을 어기고 민태호(閔台鎬), 한규직(韓圭稷),
이조연(李祖淵) 등 중전 민씨의 척족들과 고종이 신임하는 대신들을
살해했다. 김옥균 일파가 고종의 권력을 위협할 수도 있는 상황이
된 것이다. 이에 고종의 김옥균에 대한 믿음은 흔들리기 시작한다.
거기에 중전 민씨의 적극적인 설득까지 더해지자 고종은 청군의 정
변 진압을 묵인한다.

한편 갑신정변 진압 과정에서 한성부민들이 박영교(朴泳敎) 등 정
변 참가자들을 살해하고 일본공사관을 공격했다. 임오군란의 충격
이 채 가시지 않은 상황에서 서울 도성은 또 한 번 소용돌이에 휩싸

였다. 김옥균, 서광범(徐光範, 1859~1897), 박영효(朴泳孝, 1861~1939), 서재필(徐載弼, 1864~1951) 등은 인천을 거쳐 일본으로 망명하여 목숨을 건졌지만, 조선에 남아 있던 정변 참가자들은 체포되어 국문을 받기 시작했다. 이때 체포된 자가 90여 명 가까이 되었는데, 김옥균 등 일본에 망명한 주동자들은 이미 대역부도죄인으로 능지처사를 선고받았다. 남아 있는 정변 참가자들 중 10여 명은 대역부도죄인 또는 대역죄인으로 능지처사와 참형을 당했다. 갑신정변의 여파는 1886년까지 계속되었고, 정변 연루자들에 대한 체포와 국문도 계속 진행되었다.

고종과 이완용의 대화에 등장한 조나라 패배의 장본인 조괄은 조나라 명장 조사(趙奢)의 아들로 아버지의 병법을 책으로 전수받았다. 인상여가 조괄은 책으로 병법을 배웠을 뿐 실전에 응용할 수 있는 방법을 알지 못한다고 반대했지만, 조나라 왕은 그 말을 무시하고 조괄을 등용했다. 조괄은 고종과 이완용에게 서양 문물에 대한 지식을 갖고 있지만 정치 경험은 적었던 김옥균 등의 젊은 개화당을 연상시키는 인물이었다.

이완용은 고종이 개화당을 지지하지 않았더라도 그들은 정변을 일으켰을 것이라고 말해 후회하는 고종의 심정을 위로하는 한편, 김옥균 등의 정변으로 대세를 바꾸어놓을 수는 없다는 자신의 입장을 밝힌 것이었다. 그래서 이완용은 상황론을 들어 염파와 이목(李牧)이 있었더라도 조나라는 승리할 수 없었을 것이라고 했다. 반면에 고종은 개화당을 반대했던 목소리에 귀 기울이지 않았던 자신을 책망하듯 왕이 총명하다면 신하가 곧바로 왕의 결정에 반대했겠느냐고 했다. 정치적 격변을 겪은 왕의 심정을 헤아리려 했던 이완용의 이런 모습 때문에 고종은 그를 신임하기 시작했을지도 모른다.

이완용은 그날의 대화가 있은 후 일주일도 안 된 4월 4일 홍문관 수찬(修撰)이 되었고, 12일에는 홍문관 관원들과 함께 갑신정변 주도자와 친분이 있던 신기선, 지석영, 지운영을 국문할 것에 대한 상소를 올렸다. 그리고 4월 22일, 홍문관 수찬이 된 지 한 달도 안 되어 경학원(經學院) 동학교수(東學敎授)를 겸직하게 되었고, 같은 해에 연이어 우영 군사마(軍司馬), 의정부 검상(檢詳), 해방영(海防營) 군사마 등을 겸직했다.

당시에는 문관이 무관직을 겸하는 사례가 많았으며, 또한 그가 겸직한 우영과 해방영은 당시의 정치 세력과 밀접한 연관을 맺고 있었다. 우영은 친군 4영이었던 전·후·좌·우영 중 하나로 좌영와 함께 민씨 척족이 장악하고 있던 군대였다. 갑신정변 때 개화당 세력이 장악하고 있었던 전·후영은 일본식 군대 교육을 시행했던 반면 좌·우영은 중국식 군대 교육을 시행하고 있었다. 교육 방식과 배후 세력이 달랐기 때문에 전·후영과 좌·우영 간에 갈등이 있었는데, 갑신정변이 실패로 돌아가면서 전·후영은 크게 약화된 반면 좌·우영은 이전에 비해 더욱 막강한 군세를 갖게 되었다. 또한 해방영은 지금의 부평에 주둔했는데, 병인양요(1866), 신미양요(1871) 등을 거치면서 해양 방어의 중심을 이루었던 군대로 좌·우영 다음으로 군세가 강했다. 이처럼 이완용이 왕실 세력의 영향력이 강했던 우영과 해방영의 무관직을 겸했다는 점으로 볼 때 그는 왕실의 두터운 신임을 얻고 있었음을 알 수 있다.

육영공원 입학,
신문물을 익히다

관직 생활을 시작한 지 5개월이 지난 1886년 8월, 29살의 이완용은
육영공원(育英公院) 좌원(左院)의 학생으로 선발되었다. 육영공원은
조선 최초의 근대식 교육기관이었다. 근대식 교육기관 설립 논의는
1882년 조미통상조약 체결에 대한 답방으로 파견된 민영익, 유길준
등의 조선 보빙사 일행이 돌아오면서 제기되었다. 그러나 갑신정변
등의 정치적 격변으로 인해 설립이 미루어지다가 1886년 미국에서
헐버트(H. B. Hulbert), 길모어(G. W. Gilmore), 벙커(D. A. Bunker) 등 세
명의 교사가 한국에 초빙되어오면서 1886년 9월 23일에 개교했다.
육영공원은 설립 목적에서 밝히고 있듯이 각국과의 외교에 필수적
인 어학 학습을 중시했다. 특히 당시의 고종에게는 미국과의 교류
가 최대 관심사였기 때문에 영어 학습이 중시되었고, 대부분의 교
과는 영어로 진행되었다. 그야말로 최초의 몰입식 영어 교육이라
할 만하다.

육영공원 학생은 좌원과 우원으로 나뉘었는데, 좌원은 과거 급제
자로 어린 나이에 문장에 통달하고 재주가 뛰어난 자를 선발하되
10명을 넘지 않도록 했으며, 한문 경사(經史)와 함께 영어를 배웠다.
우원은 15~20세의 총명한 인재를 선발하되 20명을 넘지 않도록 했
으며, 독서 · 습자 · 산학 · 지리 등을 먼저 배우고 이 과정을 졸업
하면 대산법(大算法) · 각국 언어 · 각국 역사와 정치를 배웠다. 좌원
은 빠른 시일 내에 영어를 학습하여 실전에 활용하는 것을, 우원은

조선 최초의 근대식 외국어 교육기관인 육영공원의 수업 광경. 수업을 진행하는 외국인 교사의 모습이 이채롭다.

좌원에 비해 어린 학생들에게 근대 교육을 시키는 것을 목적으로 삼았다.

그러나 학생들이 모두 고위 관료의 자제였기 때문에 실제 교육 효과는 그리 크지 않았던 것으로 보인다. 그들은 기숙사에서 교실에 갈 때도 책을 직접 드는 일이 없이 모두 하인들을 시켰으며, 좌원 학생들은 가마를 탄 채 하인을 앞세우고 담뱃대를 들고 다녔다. 그들은 처음에는 호기심을 느껴 학습에 열의를 보이기도 했지만, 의사소통이 되지 않는 미국인 교사들이 새로운 과목을 영어로 가르쳤기 때문에 수업을 제대로 따라갈 수 없었다. 더구나 스스로의 결심보다는 정부의 명령 또는 관직에 있는 부모나 친척의 권유에 의해 입학했고 단지 출세를 위한 발판 정도로 생각했던 경우가 대부분이라서 교육 효과가 높지는 않았다.

반면에 이완용은 이들과 달리 자발적인 결심에서 입학을 했다. 이
에 대해 그는 다음과 같이 이야기했다.

나는 20세까지는 한학을 숭상하고 산림학(山林學)에 종사하였으나, 갑
오경장의 운이 도래하여 존도숭유(尊道崇儒)의 기풍이 퇴색하고 외국과
의 교통이 확장됨에 서양과의 교제가 절실하다고 생각했다. 예전의 학
문을 고수하기 곤란해서 서양 학문으로 전환하려고 했다. 당시는 미국
과의 교제가 요긴했기 때문에 그때 신설된 육영공원에 입학하여 미국으
로 갔다.•

유학으로는 19세기 말 조선의 변화를 따라갈 수 없다고 생각하여
서양 학문에 관심을 갖게 되었다는 말에서 우리는 이완용이 시세의
흐름을 읽고 이에 대한 대처법을 찾아가는 꽤 능력 있는 인물로 자
신을 평가하고 있음을 알 수 있다. 또한 "당시는 미국과의 교제가
요긴했기 때문에"라는 말은 권력자 고종의 의중을 분명하게 꿰뚫는
정확한 판단이었다.

고종의 미국에 대한 짝사랑은 대단했다. 언제부터였는지는 정확
히 알 수 없지만, 고종은 1881년 김홍집(金弘集, 1842~1896)이 가져온
황쭌센(黃遵憲)의 『조선책략(朝鮮策略)』을 읽고 조미통상조약의 체결
을 결정했다. 영국으로부터 독립하여 부유한 나라가 되었지만, 유럽

• 앞의 책, 802~803쪽.

의 열강과 달리 식민지를 갖고 있지 않았던 미국에 대해 당시 중국도 매우 호감을 갖고 있었다. 서양과 최초로 맺은 조약인 조미통상조약은 조선이 열강과 체결한 불평등조약 중에서 그나마 조선에게 가장 유리한 내용을 포함하고 있었다. 관세율도 높았을 뿐만 아니라 조선을 둘러싼 국제 분쟁이 발생하면 미국이 두 나라 사이를 조정하는 거중조정(居中調停) 조항까지 들어 있었다.

또한 미국의 선교 의사였던 알렌(Horace Newton Allen, 1858~1932)은 갑신정변 때 칼에 찔린 민영익(閔泳翊, 1860~1914)의 생명을 구해준 일로 중전 민씨에게 두터운 신임을 얻고 있었다. 민영익은 중전 민씨의 오빠 민승호(閔升鎬)의 양자였다. 알렌은 그 후 미국공사관 서기관을 지내다가 갑오개혁 이후 미국공사로 활동하면서 고종의 신임을 얻는다. 고종은 조선이 국제 분쟁에 휘말릴 경우 미국이 조정해줄 것이라는 기대를 늘 갖고 있었다. 1885년 영국이 거문도를 점령하여 한반도를 둘러싸고 러시아와 첨예하게 대립했을 때, 고종은 제일 먼저 미국에 이 문제를 조정해줄 것을 요청하기도 했다.

이완용은 미국에 대한 고종의 생각을 이미 읽고 있었고, 미국통이 된다면 고종에게 매우 유용한 인물이 될 수 있으리라고 생각했다. 세상의 변화와 고종의 의중을 알았던 그에게 육영공원 입학은 새로운 기회였다.

이완용은 육영공원 좌원에서 영어를 배우는 동안 규장각 입직을 계속했다. 건청궁에서 고종과 몇 차례 『자치통감강목』에 대한 토론을 벌였고, 과거 시험의 시제(試題)를 대독하기도 했으며, 규장각 검서 채용 시험의 시관(試官) 일을 하기도 했다.

1887년 신기선(申箕善, 1851~1909)에 대한 고종의 친국이 열렸을 때 이완용은 문사낭청(問事郎廳)으로 신기선의 심문서를 작성하기도 했다. 1886년 갑신정변의 연루자인 신기선, 지석영 등에 대한 문초를 요청했던 이완용 등의 상소가 받아들여진 것이었다. 신기선은 갑신정변 때 김옥균 등의 명령을 받아 정변 정책을 작성, 반포했다는 죄로 전라남도 여도(呂島)에 귀향을 갔다. 그러나 갑신정변 연루자에게 여죄를 물어 더 무거운 처벌을 내려야 한다는 유생들의 상소가 끊이질 않았다. 이완용도 이 상소에 한몫 거들었고, 수차례의 상소를 이기지 못한 고종은 이들의 뜻을 받아들였다. 이때 신기선은 귀향지에서 압송되어 다시 국문을 받았지만, 더 이상의 여죄는 밝혀지지 않았다. 그는 곤장 9대를 맞고 다시 귀향지로 보내졌다.

이완용이 육영공원에 입학했을 때는 갑신정변을 겪은 후인지라 정치 구조와 체제 개혁에 대해 매우 부정적인 분위기가 감돌고 있었다. 특히 김옥균 등이 민태호, 한규직, 이조연 등 고종과 중전이 신임하는 고위 관료들을 살해했기 때문에 개화라는 말조차 꺼내기 힘든 상황이었다. 이러한 분위기를 좇아 이완용 역시 갑신정변의 연루자 처벌에 합세하긴 했지만, 서양 문물의 도입이 시대의 흐름이라는 점은 이미 알고 있었다.

육영공원에서 영어와 신학문을 배우면서 신기선의 국문을 행했던 1887년의 이완용 행적으로 미루어볼 때, 그는 정계 분위기에 조응하면서도 조용히 미래의 변화를 준비하는 치밀함을 가진 인물이었던 것 같다. 오늘날의 관점으로 보자면, 그는 현재에 순응하면서도 미래를 대비하는 성공의 노하우를 가진 사람이었다.

급변하는 정세 속에
결행한 미국행

육영공원에서 영어와 신학문을 배운 지 1년이 채 안 된 1887년 8월, 이완용은 주미공사관 참찬관(參贊官)으로 임명된다. 그러나 그가 미국으로 떠난 것은 석 달 후인 11월이었다. 주미공사관 일행의 출발이 늦어진 것은 청나라의 방해 때문이었다.

갑신정변으로 청과 일본 사이에 텐진조약이 체결되었고, 임오군란 때 조선으로 왔던 청나라 군대는 철수했다. 대신 청나라는 1885년 위안스카이(袁世凱)를 파견하여 조선에 대한 내정간섭을 강화했다. 위안스카이의 위세는 대단했다. 그는 20대의 젊은 나이에 버젓이 궁궐 안에서도 가마를 타고 다녔고, 고종을 대면할 때도 거만하고 위압적인 행동거지를 서슴지 않았다. 위안스카이가 조선 내정에까지 간섭하자 고종은 청의 영향력에서 벗어나기 위해 적극적으로 서양 열강을 끌어들이기 시작한다. 1886년 두 차례에 걸친 조선과 러시아 간의 밀약 사건은 청의 영향력에서 벗어나려는 고종의 노력을 보여준다.

한편 조선에 있던 다른 나라 공사들은 위안스카이에게 불만을 갖고 있었다. 푸트(Lucius Harwood Foote)를 대신해 미국대리공사로 임명된 29살의 해군 중위 포크(George Clayton Foulk), 그리고 묄렌도르프(Paul Grorge von Müllendorf)의 후임으로 온 외교고문 데니(Owen N. Deny) 등은 위안스카이의 노골적인 조선 간섭에 불만을 표했다. 위안스카이는 포크와 데니의 이러한 행동에 격분하여 1884년 12월 4일에서 7일까지 갑신정변에 대해 보도했던 영자 신문 『노스 차이나 데일리 뉴스North China Daily News』의 기사를 문제 삼아 포크를 조선에서 축출하려 했다. 포크를 비롯한 미국공사관 측이 갑신정변의 사전 모의에 참여했다는 내용의 기사를 문제 삼은 것이었다. 갑신정변 처리 문제를 매듭짓지 못한 상황에서 미국공사관 직원이 갑신정변에 관여했다는 기사는 조선의 정계를 다시 한 번 들끓게 했다.

위안스카이의 입장을 지지했던 리홍장(李鴻章)은 미국 정부와 교섭하여 포크의 소환 약속을 받아냈다. 포크는 미국공사관의 무관직에서 파면되었고, 1886년 6월 30일 조선을 떠났다. 위안스카이의 독주를 막기 위해 데니는 1886년 9월 텐진에 있는 리홍장을 찾아가서 위안스카이를 교체해줄 것을 요청하기도 했다. 하지만 청은 조미통상조약 체결 당시 미국 대표였던 슈펠트(Robert W. Shufeldt)를 초청하자는 데니의 요청에 반대했다.

이처럼 청이 포크, 데니, 슈펠트 등 미국 외교관에게 불만을 제기한 이유는 이들이 고종에게 청으로부터의 독립을 권고하는 한편 청의 조선에 대한 종주권을 인정하려 들지 않았기 때문이었다. 반면에 미국은 여러 차례 조선 주재 미국공사관에 훈령을 보내 조선 문제에 개입하지 말 것을 지시하고 있었다. 포크의 미국 송환은 그가 미국 정부의 훈령을 제대로 지키지 않았다는 이유 때문이기도 했다.

위안스카이의 간섭 증대와 조선 주재 미국인들의 독립에 대한 권고는 고종의 자주 외교에 대한 의지를 부추겼다. 고종은 1887년 8월 심상학(沈相學, 1845~?)을 주일공사로, 박정양(朴定陽, 1841~1904)은 주미공사로 파견할 것을 결정했다. 조선 최초의 외국 주재 공사 파견이었다. 처음에 위안스카이는 재정 문제로 인해 조선이 외국 공관을 설치하는 것은 불가능하다고 판단하고 즉각적으로 대응하지 않았다. 그러나 막상 공사 파견이 실현될 가능성이 높아 보이자 그는 적극적으로 간섭하며 공사 파견을 허가할 수 없다고 했다. 조선 정부는 청의 이러한 요청에 대해 회답을 늦추고 있었다. 그러다가 9월 23일 밤 박정양이 고종에게 출국 인사를 하자 청의 반대는 더욱 강경해졌다.

위안스카이는 박정양의 소환을 요청하는 한편 조선 정부의 공사 파견을 중단시키고자 조선에 주재하는 각국 공사들과 사전 교섭을 벌이기도 했다. 그리고 조선 정부의 전권공사 파견은 청의 종주권을 부정하는 행위라고 질책하는 한편 전권공사가 아닌 영사급에 해당하는 삼등공사를 파견할 것을 요구했다. 이는 각국으로부터 청과 조선의 특수한 관계를 인정받으려는 목적에서 비롯된 것이었다.

박정양이 서울을 출발한 다음 날, 위안스카이는 소위 세 가지 약속인 '삼단(三端)'을 조선 정부에 요청했다. 그 내용은 조선공사는 청국공사관의 지휘와 감독을 받아야 한다는 것으로 주재국 도착과 동시에 청국공사관을 방문하여 청국공사와 함께 주재국 외교부를 방문해야 하고, 외교 모임에 참석할 때도 청국공사의 뒤를 따라야 하며, 중대한 외교 문제를 교섭할 때도 청국공사와 협의하며 그의 지도를 받아야 한다는 것이었다. 조선 정부는 일단 위안스카이의 요구를 수용하여 삼단의 이행을 약속했다.

미국으로의 공사 파견 문제로 청과 조선 정부 사이에 팽팽한 줄다리기가 진행되는 동안 이완용은 일찌감치 서울을 떠나 부산에 도착해 있었다. 그는 이곳에 한 달간 머물면서 부근의 경치 좋은 산천과 고적 등을 유람하며 박정양 일행을 기다렸다. 서울에서 출발한 박정양 일행은 부영사 정낙용(鄭洛鎔, 1827~1914), 서기관 이하영(李夏榮, 1858~1919), 이상재(李商在,1850~1927), 일행의 미국 안내를 맡은 서기관 알렌, 통역관 이채연(李采淵, 1861~1900), 그리고 하인 2명을 포함해 13명이었다. 이완용이 부산에서 이들과 합류한 이유는 알 수 없지만, 그는 정치적 문제로 시끄러웠던 서울에서 이미 멀리 떠나 있었다.

주미공사 일행의 일정은 박정양과 이완용이 공동으로 작성했던 『해상일기초(海上日記草)』와 박정양이 조선에 돌아올 때까지의 일을 기록한 『미행일기(美行日記)』에 자세히 기록되어 있다. 박정양 일행이 미국 군함 오마하선을 타고 인천 제물포에서 출발한 것은 11월 16일이었다. 이들은 부산에 들러 이완용을 태우고 일본의 나가사키항에 도착했다. 박정양, 이채연, 이완용은 11월 21일 민영익을 만나기 위해 홍콩을 방문했다가 마카오를 거쳐 12월 8일 요코하마에 도착했다. 그리고 12월 10일 요코하마에서 오셔닉호를 타고 하와이를 거쳐 12월 28일 샌프란시스코항에 도착했다. 하지만 이때 배에서 천연두 환자가 발견되어 하선이 지연되었고, 1888년 1월 1일에야 비로소 미국에 상륙했다.

이들은 규모가 컸던 팔레스호텔에 투숙했는데, 거기에서 처음 엘리베이터를 타고서 마치 지진이 난 것처럼 한바탕 소동을 벌였다. 알렌이 엘리베이터의 작동 원리를 설명해주긴 했지만, 이 신기한 기계에 놀란 이들은 그 뒤 계단만을 이용했다. 1월 4일 대륙횡단열차를 타고 9일 워싱턴에 도착한 일행은 어비테호텔에 여장을 풀었다.

1월 10일 이완용은 박정양의 지시에 따라 통역관 이채연과 알렌을 데리고 미국 국무부에 가서 주미조선공사관원 일행의 부임 사실을 알린 후 클리블랜드(Stephen Grover Cleveland) 대통령에게 신임장 제출 날짜를 정해줄 것을 요청했다. 다음 날 국무부로부터 15일에 신임장 전달식을 갖자는 회답이 왔다. 그러나 같은 날 청국공사관 참찬관 3명이 주미공사 일행을 방문하여 '삼단'의 불이행에 대한 강한 불만을 제기했다. 12일 이완용은 박정양의 지시를 받고 청국공사관을 찾아갔으나 청국공사는 만나주지도 않고 이들을 돌려보냈다. 청국공사관의 질책에도 불구하고 박정양은 일정대로 15일에 백악관으로 가서 클리블랜드 대통령을 만났다. 그리고 다음 날 워싱턴 시내에 3층짜리 양옥집을 세내어 공사관을 개설했다.

박정양과 공사관원들은 공식 외교 행사와 연회에 참석하는 한편 미국의 공공기관과 교육 시설을 둘러보았다. 그리고 알렌의 도움으로 데이비스(Robert Davis)를 조선 정부의 필라델피아 영사로 임명했다. 주미공사관 활동이 진행되는 동안 청은 조선 정부에 '삼단'을 지키지 않는 박정양의 소환을 계속 요청하고 있었다. 그러던 중 이완용은 병을 얻어 공사관 생활 5개월 만에 조선으로 돌아오게 된다.

그는 조선에 돌아와서도 초고속 승진을 거듭했다. 8월 정3품으로 품계가 올랐고 승정원 동부승지가 되어 관직 임용 이후 2년 반 만에 당상관에 올랐다. 이어 전보국 회판과 이조 참의를 겸직했고, 이어서 교섭통상사무 참의가 되었다. 전보국과 교섭통상사무는 고종이 왕권을 강화하기 위해 만든 내무부 소속 관직으로 고종의 동도서기

(東道西器)적 개화 정책을 추진하는 기구 중 하나였는데, 고종과 중전 민씨의 측근이 장악하고 있었다. 이완용의 승진은 그가 고종과 중전에게 얼마나 신임을 얻고 있었는지를 실감하게 하는 것이었다.

청의 끈질긴 미국전권공사 송환 요구에 따라 박정양은 11개월 만인 1888년 11월 15일 워싱턴을 떠났다. 그는 한 달 만인 12월 19일 요코하마에 도착한 후 도쿄에 머물면서 조선의 정세를 파악하기 위해 이상재를 파견했다. 청이 '삼단'을 이행하지 않은 박정양을 다시 관직에 등용하지 말 것을 요구하는 상황에서 박정양은 쉽사리 조선에 들어갈 수 없다고 판단했다. 고종은 일단 청의 요구를 수용했고, 박정양은 다음해인 1889년 4월이 되어서야 서울에 들어왔다.

박정양이 전권공사에서 해임된 후인 1888년 말, 이완용은 다시 주미조선공사관의 참찬관으로 임명되어 미국으로 건너갔다. 그리고 12월에 그는 현지에서 주미대리공사로 임명되었다. 청의 강압으로 전권공사를 임명할 수 없었던 고종은 믿을 만한 이완용을 대리공사로 임명하여 미국과 공식적인 외교 관계를 지속하려 했다.

청의 압박과 박정양의 송환 등으로 주미대리공사는 매우 불편한 자리였을 것이다. 박정양이 전권공사로 가 있는 동안 서기관으로 함께했던 알렌은 박정양이 11개월 동안 청의 송환 요구에 촉각을 곤두세우며 전전긍긍했다고 자신의 일기에 기록했다. 청과의 마찰이 박정양의 송환으로 일단락되기는 했지만, 조선의 대미 외교에 대한 청의 불편한 감정이 완전히 사라지지는 않은 상황이었다.

당시에 조선 정계는 민씨 척족을 중심으로 하는 친청파와 청의 압력에서 벗어나려는 고종을 지지하는 세력이 갈등하고 있었다. 한 예로 당시의 재정 문제를 타개하기 위해 고종은 200만 달러의 차관 도입을 시도하고 있었는데, 청으로부터 차관을 도입하자는 친청파의 입장과 다른 나라로부터 차관을 도입해야 한다는 입장이 서로 갈려 있었다. 청이 조선 정부에 영향력을 확대하면서 다른 나라의 차관 제공을 방해하고 있었기 때문에, 현실적으로 청나라 외에는 외국 차관을 들여올 수 있는 곳이 없었다. 고종은 이러한 상황을 타개하기 위해 박정양에게 미국 차관 도입을 성사시킬 것을 지시했다. 그러나 조선에 대해 적극적으로 개입할 의지가 없던 미국 정부와 경제적으로 조선이 가치 없다고 생각했던 미국 사업가들은 차관 제공에 매우 소극적이었다. 이런 상황에서 고종의 미국 외교 라인이 된다는 것은 정치적으로 부담이 되는 일이었다.

미국이 조선을 어떻게 생각하고 있는지 알고 있던 이완용은 고종이 미국에 거는 기대를 만족시킬 수 있을지, 또 국내 정계의 갈등 속에서 자신의 정치적 입지가 어떻게 될지 등등의 문제로 무척 부담이 컸을 것이다. 그러나 그는 관직을 거절하는 상소 한 번 올리지 않은 채, 일전에 청과 조선의 팽팽한 갈등 속에서도 주미공사관 참찬관직을 수행했듯이 다시 미국행을 결정했다.

아마도 그의 마음속에는 미래의 불안한 입지에도 불구하고 고종의 의중을 따라야 할 만큼 왕에 대한 충성심이 이미 자리하고 있었을 것이다. 또한 박정양의 소환 덕분에 청과 미국공사관 문제로 더 이상 큰 갈등이 생기지 않으리라는 나름의 판단도 있었을 것이다. 그리고 어쩌면 조선의 상황을 타개하고 싶은 젊은 혈기도 꿈틀거렸을 것이다.

서양의 눈에 비친
조선을 돌아보다

1888년 말부터 1890년 10월까지 이완용의 주미대리공사 시절 활동에 대해서는 잘 알려진 바가 없다. 주미공사관이 설치되었을 때 미국에 거주하는 한인은 거의 없었다. 갑신정변 때 일본으로 망명했다가 다시 미국으로 망명한 서재필이 1889년 워싱턴에 있는 컬럼비안 대학(지금의 조지 워싱턴 대학)에 입학하긴 했지만, 서재필과 이완용이 미국에서 만났는지 여부는 확인되지 않는다. 이후 이완용이 과거를 회상할 때도 미국에서 서재필을 만났다고 이야기한 적은 없다.

서재필은 갑신정변을 주도한 대역부도죄인으로 능지처사를 선고받은 상태였다. 조심스럽고 신중한 성격의 이완용이 역적으로 지목된 이를 만났다고 보기는 어려울 것이다. 더구나 그는 갑신정변 연루자인 신기선 등의 처벌을 강하게 주장했던 적이 있는지라 고종이 서재필의 동태를 알아보라는 특별한 지시를 내리지 않는 한 그를 만나지 않았을 것이다. 고종은 일본을 방문하고 돌아온 관료들에게 김옥균, 박영효 등 망명자의 동태를 물어보곤 했으며, 그들을 제거하기 위해 자객을 보내기도 했다. 정치적으로 왕권을 위협하는 존재였던 그들에 대해 고종이 매우 불편한 심기를 갖고 있었음을 이완용은 누구보다도 잘 알고 있었다.

이완용의 미국 생활은 그와 함께 주미공사관 서기관으로 일했던 알렌의 일기를 통해 엿볼 수 있다. 알렌은 박정양을 무능력하고 소심한 인물로 보았던 반면 이완용에 대해서는 유능한 젊은 인재로 평가했다. 그럼에도 불구하고 이완용이 주미대리공사로 부임했을 때 주미공사관 분위기는 한풀 꺾여 활기를 잃은 상태였다. 이완용도 이런 분위기에 압도되어 있었다.

처음 박정양이 공사로 부임했을 때 박정양과 알렌은 고종이 특별 지시한 200만 달러 차관 도입을 성사시키기 위해 분주히 움직였다. 특히 알렌이 발 벗고 나서서 노력하고 있었다. 1880년대 초에 미국, 영국 등은 조선의 광산을 탐사하면서 매장량이 많고 개발 이익이 높은 곳으로 운산금광을 꼽았다. 고종은 운산금광을 담보로 미국의 차관을 도입할 것을 지시했다. 알렌은 윌밍턴과 뉴욕 등지의 금융업자들에게 운산금광을 개발한다면 1톤 당 150달러의 막대한 이익을 얻을 수 있으며, 조선에 차관을 제공한다면 조선의 철도·전기·수도 부설권 같은 이권을 얻을 수 있다고 선전하고 다녔다. 조선이 투자처로 매력적이라는 알렌의 설득에 뉴욕의 금융업자들은 신디케이트를 만들어 금광 탐사비로 1만 달러를 내놓고 채광 설비를 위해 50만 달러를 투자하려는 움직임을 보이고 있었지만, 투자에 대한 확신을 갖지는 못하고 있었다. 그러던 중 이완용이 병으로 조선에 돌아가게 되었다. 이에 알렌은 이완용을 통해 고종에게 차관 교섭 상황을 전하면서, 교섭이 실패할 경우 조선이 자체적으로 운산금광을 개발할 것을 건의했다.

조선이 좋은 투자처가 될 수 있다는 소문이 돌면서 미국 언론도 점차 조선에 대해 관심을 보이기 시작했다. 그러나 여기에 찬물을 끼얹는 악재가 계속 일어났다. 먼저 박정양의 밀수 사건이 미국 언론에 보도되었다. 1888년 6월 『뉴욕 헤럴드』 신문에 따르면, 박정양이 외교관의 특권을 이용해 관세를 물지 않고 대량의 담배를 밀수해서 팔았다는 것이다. 당시 링컨 대학에 유학 중이던 이계필(李啓弼, 1860 ~?)을 통해 박정양이 필라델피아에서 담배를 판매했다는 것이었다. 알렌은 박정양이 아니라 공사관 수행원이 한 일이라고 변명하며 이 사건을 수습했다.

여기에 조선에서 회자된 서양인에 대한 좋지 않는 소문까지 미국 언론에 보도되었다. 당시 서울에는 콜레라가 유행하고 있었다. 전염병에 대한 두려움은 이방인이었던 백인에 대한 악소문으로 이어졌다. 백인들이 전염병 약으로 어린아이를 삶아 먹는다는 등의 소문이 돌았다. 이로 인해 밤에는 외국인 거류지에 인적이 거의 끊길 정도였다. 이러한 상황이 미국 언론에 보도되면서 미국에서는 조선인이 야만적이라는 이미지가 확산되었다.

차관 도입의 실패와 조선에 대한 부정적 이미지의 확산으로 주미 공사관의 활동도 크게 위축되었다. 일본의 대표적인 낭인 단체인 흑룡회 간사를 지냈던 쿠즈 요시히사(葛生能久)는 이완용의 주미대리공사 시절을 다음과 같이 기록했다.

어느 미국인이 이완용에게 한국인은 돼지만도 못한 열등 민족이라는 말을 했을 때 이완용은 이 말에 몹시 자극받아 세계 일등 민족이라는 미국을 연구·시찰하였다. 미국 원주민인 인디언의 특수 부락도 가보았고, 인도, 멕시코, 폴란드 심지어 유태인까지 두루 연구해보았다. 그 결과 과연 한국 민족은 세계에서 가장 열등한 민족이라는 결론을 내렸다.

이 기록은 한국 침략의 첨병 역할을 했던 일본 낭인이 한국의 대표적인 양반 관료였던 이완용의 말을 빌려 마치 한국 민족이 세계에서 가장 열등하다는 것을 한국인 스스로 인정했고, 그래서 '문명국' 일본에게 나라를 넘길 결심을 했다는 식으로 적어놓은 글이다. 따라서 곧이곧대로 믿을 수는 없다. 하지만 이 기록에서 우리는 이완용이 받았을 문화적 충격과 자신에 대한 회의를 짐작할 수 있다.

알렌의 일기에 의하면 박정양 등은 각국 공사관에서 주최하는 연회에 참석할 때면 갓을 쓰고 도포를 입었다고 한다. 단발에 양복 차림의 각국 공사관원들 사이에서 박정양 일행은 눈에 띨 수밖에 없었고, 다른 사람들은 이들의 옷차림과 거동을 신기하게 여기면서 쑥덕거렸다. 심지어 "언제 또 이런 서커스를 보여줄 거냐"라고 하면서 이들을 데려온 알렌에게 농담을 건네는 서양인도 있었다. 박정양 등도 남녀가 서로 부둥켜안고 춤추는 장면을 보면서 신기함과 민망함을 동시에 느꼈다. 그런데 거기에는 차이가 아닌 우열과 선악의 판단이 들어간 구별의 시선이 개입되었다. 미국은 세계에서 제일 부강하고 문명화된 국가였던 반면 조선은 가난하고 힘없는 야만의 나라였다. 이완용은 서양인의 시선에 비친 조선과 마주하게 된 것이다.

처음에는 이 시선을 잘못된 것으로 보고 부정하고 싶은 생각에 인디언 부락을 비롯하여 미국에서 이방인으로 여겨지는 사람들의 생활에 관심을 가졌다. 그러나 거기서 얻은 결론은 쿠즈 요시히사의 말과 같이 '세계에서 가장 열등한 민족'은 아닐지라도 분명 부정적

• 葛生能久, 『日韓併合秘史』(下), 黑龍會出版部, 1930, 750~751쪽.

호러스 알렌(Horace N. Allen, 1858~1932). 한국에서 왕실 의사 겸 고종의 정치고문, 외교관, 광혜원 의사와 교수 등으로 활동했다. 한미 간의 첨예한 외교 문제에 여러 차례 개입했던 인물로, 그가 남긴 기록은 구한말 역사를 이해하는 데 중요한 사료로 이용되고 있다. 오른쪽 사진은 그가 1908년에 출간한 『Things Korean』의 표지.

인 것, 열등한 것, 악한 것이란 그림자가 짙게 드리워져 있는 조선이었다.

그러나 33살의 젊은 이완용은 이 그림자를 떨쳐버릴 수 있다는 자신감도 함께 갖고 있었다. 갑오개혁 때 박정양을 중심으로 한 정동파의 핵심으로 활동한 것은 그가 미국을 모델로 한 조선의 개혁에 희망을 갖고 있었기 때문이 아니었을까?

이완용이 주미대리공사로 부임한 지 1년이 채 안 되었을 때 그의 든든한 조력자였던 알렌이 조선 주재 미국공사관의 서기관으로 임명되어 조선으로 돌아가게 되었다. 이완용에게서 좋은 인상을 받았던 알렌은 그간 그와 남다른 친분을 쌓았고, 이러한 인연은 이후 이완용이 정계의 핵심 인물로 등장하는 데 중요한 배경이 되기도 한다. 이완용은 이후 1년 정도 더 근무한 뒤 1890년 10월 조선으로 돌아왔다.

이완용의 미국 생활은 그의 인생사에서 어떠한 의미였을까? 육영공원에서 어느 정도 익혔던 영어 실력이 늘었을 것은 당연한 일이다. 또한 세계에서 가장 부유한 미국의 모습을 보면서 그 나라의 부강함이 무엇 때문인지 고민했을 것이고, 조선이 부유해지기 위해선 미국의 어떤 것을 모방해야 하는지에 대한 나름의 판단도 했을 것이다. 무엇보다도 양반 관료로서 왕에 대한 충성심이 강했던 그는 조선의 정치체제를 크게 바꾸지 않는 채 미국과 같은 부강함을 얻을 수 있는 방법에 대해 많은 고민을 했을 것이다.

그러나 이완용은 아직 정계에 두각을 나타낼 정도의 나이는 아니었다. 30살 미만의 젊은이들이 갑신정변과 같은 파란을 몰고 오긴 했지만, 이처럼 특수한 경우가 아닌 이상 이완용은 세력을 규합하고 정계의 기반을 좀 더 마련해야 했다. 그리고 자신이 나설 때가 오기를 기다려야 했다.

자못 신중한 행보, 뜻 펼칠 때를 기다리다

1890년 서른셋의 나이에 조선으로 돌아온 후 이완용은 관직을 바꾸면서 품계를 높여갔다. 1893년 8월 생모 신씨의 사망으로 3년상을 치르기 위해 관직에서 물러났을 때 그의 품계는 종2품 가선대부(嘉善大夫)였다. 34살에 종2품으로 오른 후 이조 참판 등을 역임했으니, 지금으로 말하면 정부 부처의 차관급에 해당하는 고위직이었다.

1894년 갑오개혁이 실시될 때까지 이완용은 특별한 정치적 행보를 보이지 않았다. 그가 미국에서 돌아온 지 한 달이 되었을 때 양부인 이호준이 경상도 관찰사를 그만두고 경기도 여주 읍내의 여락헌(余樂軒)으로 내려갔다. 이완용은 양부의 수발을 들기 위해 아내를 내려보내고 지금의 가회동에 있는 형 이윤용의 집 바로 옆에 집을 얻어 순창 기생을 첩으로 들였다. 첩이 기거하는 집을 별도로 마련한 것은 당시 전형적인 돈 있는 양반의 생활 모습이었다. 또한 아내의 부재 시에 얻은 첩은 당시의 시선으로 볼 때 전혀 흠이 되지 않았다.

가회동 첩의 집을 왕래한 지 얼마 안 되었을 무렵 이완용은 승정원 우부승지에서 돌연 내부 참의로 임명되었다. 이 시기에 내무부는 사실상 친청파 민씨 척족의 수중에 있었고, 의정부 6조에 비해 실권을 더 많이 갖고 있었다. 이완용은 내부 참의를 받아들일 수 없다는 상소를 올렸다. 표면적인 이유는 여주로 가서 양부 이호준의 수발을 들겠다는 것이었지만, 실제로는 정치적으로 난처했던 그의 입장 때문이었다.

이완용이 귀국했을 때에는 위안스카이와 그의 위세를 등에 업은 민영준(閔泳駿, 1852~1935, 뒤에 이름을 영휘(泳徽)로 개명했다) 등의 민씨 척족이 큰 세력을 형성하여 정사를 좌우하고 있었다. 청의 간섭에서 벗어나고자 했던 고종의 외교 정책과 차관 도입 시도가 좌절되었으며, 내무부를 중심으로 근대 문물을 수용하려는 의지가 점차 빛을 잃어갔다. 고종의 결정을 믿고 주미대리공사직을 수행했던 이완용의 정치적 입지는 고종의 정책 실패와 함께 줄어들어 있었다. 그런데 미국에서 오자마자 호조 참의 등 실권을 가진 관직을 제수받았고, 이번에는 민씨 척족이 장악하고 있는 내무부의 참의를 제수받았다. 이완용이 민씨 척족과 동류의식을 느끼는 사이는 아니었지만, 그렇다고 해서 그들과 사이가 나쁜 것도 아니었다. 그래서 민씨 척족은 돌아온 이완용의 관직 제수에 대해 크게 촉각을 곤두세우지 않았다.

그러나 이완용에게 내부 참의직을 제수한 것은 고종의 신임이 이완용에게 쏠리고 있다는 인상을 심어주기에 충분한 조치였다. 더욱이 청과의 불편함을 무릅쓰고 주미대리공사직을 수행한 이완용에 대한 고종의 신임은 청의 세력을 등에 업은 정치 세력을 자극할 만한 것이었다.

이완용은 이런 상황을 알아차리고 있었고, 자신이 운신해야 할 폭을 정할 필요가 있었다. 30대 초반처럼 고종의 말만 믿고 자신의 행보를 결정하기에는 이미 많은 경험을 체득하고 있었다. 따라서 이완용은 사직상소를 통해 "이러한 총애가 미치자 사람들이 오히려 놀라는데, 신의 황송하고 두려운 마음이 어떠하겠습니까"라고 하면서 자신의 난처한 입장을 우회적으로 표현했다. 그리고 아내를 여주로 보낸 후 첩과 함께 서울 생활을 하려던 계획을 급히 바꾸어 자신이 여주로 내려가 효를 다하겠다는 이유를 전면에 내세운 후 내부 참의직을 사양했다. 고종은 이완용의 뜻을 받아들여 여주를 왕래하면서 업무를 보도록 지시했다. 그러고는 한 달 후인 12월, 내부 참의직을 거두고 승정원 좌부승지에 그를 임명했다.

그 후 이완용은 되도록 실권을 휘두를 수 있는 관직을 피하는 대신 승정원, 성균관, 시강원 등 왕을 지근거리에서 모실 수 있는 관직을 역임했다. 반면에 고종은 기회가 닿을 때마다 그에게 실권을 행사할 수 있는 관직을 제수하려고 했다. 1891년 5월에 고종은 그에게 형조 참판을 제수했지만, 세자를 가르치는 시강원 검교사서가 형벌과 죄수를 다루는 관직을 겸하는 것은 격에 맞지 않다는 시강원의 의견에 따라 관직을 동지의금부사로 바꾸었다. 그러나 의금부 역시 형벌과 죄수를 다루는 관직이라 격에 맞지 않는다는 시강원의 청원으로 다시 동지경연사를 제수했다.

이완용은 정계의 분위기에 맞게 자신의 행보를 조정하면서 시강원 검교사서로 세자의 교육에 적극적으로 임했으며, 승정원 좌·우 승지를 지내면서 고종과 친밀한 유대감도 형성해갔다. 또한 정계의 핵심 세력인 민씨 척족과의 관계가 어그러지지 않으면서도 거리를 두기 위해 자주 서울을 비우고 여주를 왕래하면서 지냈다. 1892년 9월 이조 참판에 임명되었을 때도 그는 병을 핑계 삼아 어전회의에 자주 참석하지 않았고, 한 달도 되지 않아 상소를 올려 이조 참판직에서 물러났다. 이러한 행보는 1893년에도 마찬가지였다. 그해 여름에는 한성부 좌윤을 제수받았지만 3일 만에 그만두었고, 가을에는 공조 참판에 임명되었지만 8일 만에 그만두었다.

이 같은 관직 교체 현상은 이 시기에 의정부와 6조의 권한이 크게 축소되어 있었고 매관매직이 성행했던 것과 관련이 있지만, 이완용의 경우에는 아예 임명받은 자리에 나가지도 않았다. 그는 민씨 척족의 이목을 끌 수 있는 자리를 의도적으로 피하고 있었다. 한 예로 이조에서는 병을 핑계로 얼굴조차 내비치지 않는 이완용을 불러들일 것을 고종에게 요청하기도 했지만, 이완용은 꼼짝하지 않았다. 그는 사직상소가 아니면 병을 핑계로 임명받은 자리에 불참함으로써 의도적으로 정계와 거리를 두고자 했다. 반면에 왕과 세자를 가까이할 수 있는 시강원과 승정원의 관직은 계속 유지했다.

미국에서 돌아와서 갑오개혁이 실시되기 전까지 이완용의 이러한 행보는 어떻게 해석될 수 있을까? 이완용이 출세 지향적인 기회주의자이며 부도덕한 인물이었다면 아마 그는 미국에서 오자마자 정계를 좌지우지했던 민영준과 결탁했을 것이다. 그러나 이완용은 그렇게 하지 않았다. 오히려 그는 정계의 핵심 세력과 거리를 두는 대신 왕과 세자만을 가까이했다. 따라서 이완용은 당시에 위안스카이와 결탁한 민씨 척족과는 다른 생각과 기반을 갖고 있었다고 해석하는 것이 타당해 보인다.

이호준의 양자로 대원군, 민씨 척족 등과 인맥이 있던 그는 분명 갑신정변 세력과는 정치적 지향이 달랐다. 오히려 갑신정변 세력과 친분은 있었지만 그들에게 비판적이었던 윤치호(尹致昊, 1865~1945)와 비슷한 정치적 입장을 갖고 있었다고 보인다. 이완용보다 7살이 어린 윤치호는 조선의 개혁이 필요하다고 보았지만, 그 개혁은 급격한 정치 구조의 변동을 초래하지 않으면서 왕을 중심으로 서서히 진행되어야 한다고 생각했다. 그는 갑신정변의 후폭풍을 피해 상하이로 유학을 떠났다. 상하이 중서서원(中西書院) 유학 시절 그는 "조선에 돌아가서 부모에게 효도하고 성군을 보필해야겠다"는 다짐을 누차 일기장에 적기도 했다.

이완용 역시 기존 학문으로는 변화하는 세상을 따라갈 수 없다고 판단하고 육영공원에 입학했다. 그러나 갑신정변 세력과의 교류가 없었기 때문에 윤치호처럼 유학을 떠날 필요는 없었다. 대신 그는 조선에 남아서 갑신정변 연루자들의 처벌을 주장하고 국문에 참여하는 등 갑신정변을 비판하는 입장에 서 있었다. 또한 주미공사관 설치 문제로 청과 마찰이 있던 와중에도 고종의 뜻에 따라 미국행을 결정할 정도로 왕의 의중을 잘 알고 따랐다.

미국 생활을 통해 문명화된 사회를 목도하면서 이완용은 조선의 현실에 비판적인 안목을 갖게 되었지만, 조선의 정치 구조를 뒤흔드는 방법이 아닌 교육과 서양의 기술 문명을 받아들여 점진적 개혁이 가능하다는 희망도 갖고 있었다. 갑오개혁 직전 조선에 남아 있는 개혁적 성향의 관료로 이완용이 지목되었던 것은 그의 이러한 생각 때문이었다.

1894년 2월 28일 상하이에서 김옥균은 홍종우(洪鍾宇)의 총탄을 맞고 사망했다. 그가 묵었던 여관 휴지통에서는 자필로 적은 종잇조각이 발견되었다. 김옥균이 왜 그것을 적었는지는 알 수 없지만, 거기에는 김가진, 안경수, 이범진, 김종한, 이도재, 박정양, 윤웅렬, 신기선 등과 함께 이완용의 이름도 적혀 있었다. 이들 24명의 관료는 언뜻 보아도 모두 조선에 남아 있는 개혁적 성향의 인사들이었다. 아마도 김옥균은 상하이에서 자신의 개혁에 동참할 수 있는 인물을 꼽아보았던 것이 아니었을까?

이완용이 미국에서 돌아와서 목도한 조선 정계에는 그의 생각을 실현할 만한 한 치의 여지도 없었다. 고종이 추진하던 개혁은 청의 간섭으로 거의 수포로 돌아갔고, 국가의 실권을 가진 내무부는 친청파 민씨 척족이 장악한 채 부정부패가 만연되어 있었다. 변화의 새로운 기운이 없는 정계에서 이완용이 자신의 입지를 찾기란 쉽지 않았다. 그래서 그는 정치적 분란이 생길 수 있는 관직을 마다하고 때가 오기를 기다렸다. 1893년 가을, 생모 신씨가 사망했다. 이완용은 3년간 꾸준히 지켰던 시강원 검교사서직을 사직하고 생모의 3년상을 치르기 위해 낙향했다.

2장

충성스러운 신하에서
기민한 정치인으로

갑오개혁, 급박한
정치적 소용돌이 가운데서

1894년 2월 15일, 전봉준이 이끄는 농민군이 만석보를 파괴하고 전
라도 고부(古阜) 관아를 습격했다. 갑오농민전쟁이 발발한 것이다.
농민군은 점차 불어나 전주를 점령했다. 조선 정부는 거세지는 농민
군의 진격에 당황했고, 청나라에 군대를 요청하여 이들을 진압해야
한다는 민영준의 제안에 대한 논의로 분분한 상황이었다. 청나라 군
대의 아산(牙山) 상륙이 임박한 상황에서 그동안 정계에서 밀려나 있
던 국내 개화파들이 결집하기 시작했다. 이들은 친일 성향의 김가
진, 조희연, 권형진, 유길준, 김학우, 안경수 등이었다. 민란과 청일
전쟁의 발발 가능성은 변화를 예고하면서 조선 정계를 급박하게 뒤
흔들고 있었다.

   일본은 7월 23일 경복궁을 점령하고 군국기무처를 설치한 후 대
원군을 섭정으로 삼고, 김홍집 갑오내각(제1차 갑오내각)을 출범시켰

다. 이때 이완용의 형 이윤용이 군국기무처 의원 24인 중 하나로 임명되었다. 군국기무처의 활동이 진행되는 가운데 일본으로 보빙사와 전권공사를 파견할 것이 결정되었고, 9월 17일 보빙사에 학부대신이었던 박정양을, 전권공사에 이완용을 임명했다. 그러나 이완용은 사직상소를 올려 전권공사직을 사양했다. 이유는 생모 신씨의 3년상이 아직 끝나지 않았다는 것이었다. 아마도 이완용은 한 치 앞도 내다볼 수 없는 상황에서 정치적 문제가 생길 수 있는 일본전권공사직을 섣불리 맡을 수 없다고 판단했을 것이다.

1차 갑오내각은 대원군 세력과 원로대신, 그리고 친일 성향의 젊은 개혁 관료 등으로 구성 자체가 매우 복잡했다. 그러던 중 그해 9월 청일전쟁의 두 번째 주요 전투였던 평양 전투에서 일본이 승리한 후부터 일본은 조선 정부에 대한 간섭을 강화하면서 반일적 성향의 대원군 세력을 제거해 나갔다. 조선 정부를 장악하려는 일본, 축소된 왕권을 강화하려는 고종과 중전 민씨, 개혁을 위해 정치 구조의 변화를 도모하려는 개화파 등의 입장이 뒤섞인 채 군국기무처를 통해 근대적 제도를 수립하기 위한 법률들이 결정되어갔다.

두 달이라는 짧은 시간 동안 200개가 넘는 의안을 의결한 군국기무처가 폐지되고, 일본공사 이노우에 가오루(井上馨)의 영향력이 확대되면서 12월 17일 김홍집 · 박영효 연립내각(제2차 갑오내각)이 성립되었다. 이때 37세의 이완용은 외부협판에 임명되었다.

이완용의 입각은 당시 새로운 정치 세력으로 등장하고 있던 정동파의 결집과 관련되어 있었다. 김홍집 · 박영효의 연립내각 구성을 보면, 이전의 김홍집 내각에서 학부대신을 지냈던 박정양과 참의를 지낸 이상재가 유임되었고, 외부협판에 이완용, 농상공무협판에 이채연, 법부협판에 정경원(鄭敬源, 1841~?)이 새로이 등용되었다. 이채연은 박정양이 미국전권공사로 갔을 때 통역을 맡았으며, 정경원은 1893년 시카고 만국박람회에 파견되었던 인물이었다. 물론 이때도 이완용은 사직상소를 올려 3년상을 끝내게 해달라고 했지만, 실은 형식적인 거절이었다. 사직상소가 받아들여지지 않자 그는 다시 상소를 올리지 않고 바로 업무를 보기 시작했다.

이완용은 입각 전부터 자신과 친분이 있던 박정양 등과 연락을 주고받고 있었던 것 같다. 2차 갑오내각이 구성된 다음 날 미국공사 실(John M.B. Sill)이 미국 국무부에 보낸 보고에 따르면, 현 내각의 학부대신 박정양이 미국을 대표하고 있으며, 그 무리에 이완용, 이채연, 그리고 정경원이 있다고 했다.

정동파는 각국 공사관이 모여 있는 정동의 손탁호텔을 거점으로 모임을 가졌던 인물들에게 붙여진 이름이었다. 당시 정동에는 미국, 러시아, 프랑스, 영국 등 외국 공사관이 밀집해 있었다. 각국 외교관들은 1892년 6월 사교 단체인 외교관 및 영사관 클럽(Cercle Diplomatique et Consulaire)을 만들었다. 이 클럽의 첫 모임은 프랑스공사관 근방에 있었던 손탁〔Antoinette Sontag, 한국명 손택(孫澤)〕의 집에서 이뤄졌다. 그는 알자스로렌 태생으로 보불전쟁 때 프랑스가 패전하면서 이 지방이 독일 영토가 됨으로써 독일 국적을 갖게 된 인물이다. 손탁은 러시아대리공사였던 베베르(Karl Veber)의 처제로 1885년 8월 베베르와 함께 서울에 왔고, 중전 민씨의 외교관 파티 등을 주선하면서 중전과 친밀한 관계를 쌓아 나갔다. 1895년 중전 민씨가 정

손탁호텔은 독일인 손탁 여사가 중전 민씨에게 하사받은 가옥을 허물고 서양식 건물을 지은 후 1902년 문을 연 한국 최초의 서양식 호텔이다.

동에 있던 왕실 소유의 수옥헌(漱玉軒)을 하사했고, 손탁은 이곳을 2층 양옥으로 개조하여 호텔을 건축했다.

　1894년 청일전쟁과 일본의 경복궁 점령 등으로 조선 정세가 급박하게 돌아가자, 이채연, 이하영 등의 친미 세력은 이 클럽의 일원인 미국공사 실과 러시아공사 베베르 등 구미 외교관 및 고문 등과 접촉하기 시작했다. 이완용 역시 클럽을 왕래했다. 1차 갑오내각 당시 군국기무처 의원으로 형 이윤용이 있었고, 친분이 있던 54세의 원로 박정양이 학부대신으로 있었기 때문에, 이완용은 당시의 정계 변화에 대해 어느 정도 정보를 가지고 있었다. 그러나 청일전쟁이라는 국제전이 벌어지고 있었고 일본이 조선 정계에 깊숙이 개입하고 있는 상황에서 판세를 세밀하게 읽어내는 것은 쉬운 일이 아니었다. 당시에 일본공사관으로 조선 관료들의 동태에 대한 수많은 보고가

들어왔지만, 상충되는 내용이 많고 복잡한 이해관계가 얽혀 있었기 때문에 일본공사도 판세를 읽는 것이 쉽지 않았다. 이완용은 입각 전에 각국 외교관들을 만나 정보를 수집하면서 기회를 보고 있었다.

1차 갑오내각 때는 대원군과 민씨 척족의 첨예한 대립이 부각되었고, 왕이 배제된 상황에서 새로운 내각이 어떤 방향으로 재편될지 매우 불투명한 상태였다. 이때 이완용은 조선을 떠나 있어야 하는 전권공사직을 마다한 채 상황을 주시하고 있었다. 반면에 2차 갑오 내각은 대원군과 민씨 척족 세력이 배제된 대신 친일적 색채를 띠면서 관료 중심의 개혁을 이끌려 했던 김홍집, 어윤중, 김윤식 등의 세력과 일본 망명에서 돌아온 박영효 등의 갑신파가 핵심 세력으로 자리 잡았다.

한편 조선 정계를 장악한 일본은 각국 외교관을 배제한 채 조선 정계에 대한 정보를 독점하고 있었기 때문에 각국 외교관들은 일본에 대해 불만을 갖기 시작했다. 또한 청일전쟁 전선이 만주로 옮겨가면서 만주에 진출했던 러시아를 비롯한 구미 열강의 간섭이 예상되는 시점이기도 했다. 따라서 일본공사 이노우에는 러시아공사를 비롯하여 미국공사와 긴밀한 관계를 형성해야 한다고 보았다.

이노우에는 조선 정부에 대한 간섭을 강화하기 위해 친일 세력을 중심으로 새로운 내각을 조직하는 한편 앞으로 예상되는 외교적 마찰을 줄이기 위해 러시아, 미국 등 구미 열강의 외교관들과 소통 가능한 인사들을 정계에 끌어들였다. 이때 주목받은 세력이 친미 성향의 정동파였다. 이완용의 입각은 조선 정부에 큰 영향력을 행사하던 이노우에의 정략적 필요와 맞아떨어지는 것이었다. 그런데 다른 한편 이는 고종과 중전 민씨의 의도와도 맞닿아 있었다.

고종과 중전은 군국기무처 활동이 진행되는 동안 국정 운영에서 완전히 배제되어 있었기 때문에 권력을 회복하기 위해 노력하고 있었다. 2차 갑오내각의 성립으로 대원군 세력이 실각했기 때문에 고종과 중전은 자신의 세력을 확장하기 위해 오랫동안 친분을 유지하고 있던, 알렌을 비롯한 각국 공사들과의 접촉을 시도했다. 이런 상황에서 중전의 사람으로 간주되었던 박정양의 유임, 그리고 고종이 신임하는 이완용의 입각은 새로운 모색의 기회가 될 수 있었다. 이러한 복잡한 정세 가운데서 이완용은 자신의 정치적 입지를 확보할 기회를 보았고, 갑오내각에 참여할 것을 결정했다.

정동파의 입각, 그리고 친일 세력의 척결

김홍집 · 박영효 연립내각은 김홍집을 중심으로 하는 갑오파와 박영효를 중심으로 하는 갑신파의 갈등이 끊이질 않았다. 특히 일본에서 돌아온 박영효는 권력 기반을 확보하기 위해 중전과 손을 잡고 김홍집 세력을 견제하려 했다. 고종과 중전 역시 일본의 영향력 아래에서 자신들을 배제하려는 김홍집 세력에 대해 불만을 갖고 있었다. 더구나 이노우에는 박영효를 통해 일본의 영향력이 확대되기를 기대했지만, 박영효는 그의 기대에 부응하지 않은 채 일본에 대해 자주적인 입장을 표명했다. 일본의 영향력을 배제하려는 박영효의 정치적 입장은 당시 고종과 중전의 이해관계와도 일치했다. 이때까지 이완용 등의 정동파는 정치적 색채를 분명하게 드러내지 않고 있었다. 중전파로 분류되었던 박정양도 두 파의 갈등 속에서 중립적 입장을 견지했다. 두 파의 대립과 일본의 영향력이 여전했기 때문이었다.

1895년 5월 러시아, 프랑스, 독일이 요동반도와 뤼순 등을 점령하려는 일본에 제동을 걸었다. 특히 러시아는 일본이 청일전쟁에서 승리하면서 얻은 다롄과 뤼순의 조차를 포기하도록 압력을 가했다. 현재의 군사력으로는 러시아와 전쟁을 치를 수 없다고 판단한 일본 정부는 러시아의 압력에 굴복해 조차지를 포기할 수밖에 없었다.

이른바 삼국간섭으로 조선에서 열강의 세력 판도에 변화가 생겼다. 러시아는 만주를 연결하는 시베리아철도를 완성하려면 만주 정세에 직접적인 영향을 미칠 수 있는 조선 문제에 적극 개입해야 한다고 보았다. 반면 러시아의 압력에 굴복한 일본은 박영효의 독자노선 견지와 고종과 중전의 반발 등으로 인해 더 이상 조선 정부를 강하게 압박할 수 없었다.

박영효는 이때를 틈타 김홍집을 내각에서 축출하고 박정양을 총리대신으로 임명하는 새 내각을 출범시켰다. 이른바 1895년 5월 31일에 성립된 박정양·박영효 내각(제3차 갑오내각)이었다. 내부대신을 맡은 박영효는 권력의 핵심인 군사와 경찰을 장악하고, 지방관제 개정을 통해 지방 권력도 장악하려 했다. 김홍집파의 빈자리는 정동파의 정계 진출에 좋은 기회가 되었다. 이때 이완용은 학부대신으로 승진했고, 윤치호는 학부협판이 되었다. 비슷한 생각을 가진 두 사람이 처음으로 함께 일하게 된 것이었다.

　이완용 등 정동파가 3차 갑오내각에서 정계에 진출하게 된 데에는 알렌의 역할이 컸다. 일본의 영향력 축소로 권력 회복의 기회가 왔다고 생각한 고종과 중전은 반일 감정을 갖고 있던 러시아와 미국 외교관, 그리고 그들과 친분 있는 관료들을 적극 등용하고자 했다. 당시에 미국공사는 러시아공사와 공조하고 있었는데, 일본공사관에서는 미국공사가 사소한 사건을 처리하는 데도 러시아공사의 의견을 묻지 않으면 안 될 정도라고 판단하고 있었다. 또한 미국 외교관들은 일본인들이 다시 정계에 발호하고 있다는 소문을 퍼트려서 고종과 중전이 일본 세력을 경계하도록 위기감을 조성했다. 그리고 이를 통해 자기 세력을 내각에 밀어넣었다. 일본 측에서는 이 모든 일의 배후에 러시아공사가 있다고 믿고 있었다.

　러시아는 적극적으로 조선에 진출하려 했지만, 친러 성향의 관료가 적을 뿐만 아니라 그들은 아직 정계에서 힘을 발휘할 정도의 정치적 기반을 갖고 있지 않았다. 베베르 러시아공사는 이런 상황에서 일본인 고문관이 빠진 자리에 조급히 러시아 고문관을 배치하는 것이 오히려 조선 정부의 반감을 살 수 있다고 보았다. 따라서 그는 대신 미국인 고문과 친미 성향의 정동파를 적극적으로 입각시키고자 했다.

　한편 미국공사 실 역시 일본의 영향력이 축소된 틈을 타서 자국의 영향력을 확대하고자 정동파의 입각을 지원하고 있었다. 미국공사관 서기관으로 다시 조선에 와 있던 알렌은 중전과의 친분을 이용해 정동파의 입각에 영향력을 행사할 수 있었다.

이러한 정세 변화 가운데서 정동파는 반일적 색채를 띠면서 정계에 등장했다. 3차 갑오내각의 초기인 1895년 6월 초에는 아직 이들이 적극적으로 일본을 배척할 의지를 갖고 있지 않았다. 이노우에가 조선을 떠난 후 임시 대리공사였던 스기무라 후카시(杉村濬)가 6월 16일 일본 외무성에 보낸 보고에 따르면, 정동파는 각국과 골고루 교제하여 각국 공동의 보조에 의해 어느 한 나라의 강제를 피하려 한다고 전해 들었다고 한다. 스기무라는 그들이 친일적 성향을 띤 것은 아니었지만, 그렇다고 적극적인 반일 노선을 견지한다는 판단을 내리지는 못했던 것 같다.

그러나 열흘이 지난 6월 25일 일본공사관 서기관 히오키 마쓰(日置益)의 보고에서는 정동파에 대해 "금후 시국이 변할 때에는 다시 어떤 파로 변할지 알 수 없지만, 금일의 정세로 논단한다면 일본을 비난하고 배척하는 기색이 날로 치열해지는 경향을 보이고 있으므로 이를 일본 배척파라고 추정해도 틀림없다고 확신한다"고 적어놓았다. 그리고 서광범, 이완용, 이윤용을 지목해 이들은 일본을 배척하는 기색이 점점 분명해지고 있다고 밝혔다.

이완용이 열흘 사이에 이처럼 일본을 배척하는 정치색을 분명히 드러낸 것은 중전의 움직임과 관련이 있다. 중전은 6월 7일 이노우에 공사가 일본으로 귀국하자 정동파 인사들을 통해 러시아공사 베베르와 접촉했다. 고종의 신임을 받던 이완용 역시 중전과 러시아공사의 접촉을 매개했던 인물 중 하나였다. 이 과정에서 이완용은 고종과 중전의 의중을 읽을 수 있었고, 일본을 배척하고 고종을 중심으로 개혁을 단행할 기회를 마련하고자 했다.

박영효(朴泳孝, 1861~1939). 개화파의 중심 세력으로 갑신정변을 주도했으나 정변이 삼일천하로 끝난 후 일본으로 망명, 갑오개혁 때 재등용되었으나 반역 음모로 재차 망명길에 오른다. 그림은 1882년 일본에 수신사로 갔을 당시에 그린 초상으로, 1882년 1월 10일자 『아사히신문』(오사카판)에 게재되었다.

중전은 박영효와의 제휴를 통해 왕권을 회복하고자 했고, 박영효는 왕실의 후원을 받아 자신의 기반을 다지려고 했다. 양자의 이해관계 속에서 중전과 박영효 사이의 제휴가 이뤄질 수 있었다. 또한 박영효가 왕실과 이해를 같이하는 동안 고종과 중전에 대해 충성도가 높았던 이완용도 그를 따랐다. 그러나 3차 갑오내각이 성립된 후 삼국간섭으로 일본의 영향력이 축소된 이상 중전의 입장에서는 박영효가 더 이상 필요 없어졌다. 더구나 그는 독자적으로 지방관제 개혁을 추진하는 등 왕실에 대해 진정한 충성심이 있다고 보기 어려웠다. 변화하는 정세 속에서 중전은 러시아와 미국을 배후로 삼아 부상하는 정동파와 손을 잡았다.

박영효는 중전과 정동파의 제휴를 저지해야만 자신의 기반을 유지할 수 있는 상황에 내몰리게 되었다. 그는 미국인 군사교관 다이(William M. Dye)가 훈련시킨 시위대가 맡고 있는 왕실 호위를 자신이 장악하고 있는 훈련대로 교체하려 했다. 이에 고종과 중전은 정동파의 일원이었던 이하영과 현응택(玄應澤)을 미국공사관과 러시아공사관에 보내 박영효의 독단적인 내각 운영의 진상을 폭로하고 왕권을 회복할 수 있도록 원조해줄 것을 호소했다. 이완용이 일본을 배척하고자 하는 움직임을 적극적으로 표명한 것은 바로 이때였다.

6월 29일 미국공사 실과 러시아공사 베베르는 일본공사관을 방문하여 박영효의 국정 운영을 신랄하게 비판했다. 중전과 박영효의 제휴가 파국을 맞은 것이다. 시위대 교체 문제로 불거진 박영효와 황실의 갈등, 그리고 내각의 요직을 차지하고 있던 정동파의 박영효 비판 등으로 정계는 또다시 들끓었다. 박정양은 고종과 중전이 박영효의 축출을 원하는 것을 알고 있었지만, 여러 정치 세력 간의 갈등 속에서 중립적인 입장을 견지하려 했기 때문에 박영효의 축출을 쉽게 결정할 수 없었다. 난처한 입장에 처한 박정양은 사표를 제출했지만, 고종은 이를 수락하지 않았다. 일본, 고종과 중전, 정동파의 배척 움직임, 그리고 왕실과 결탁한 박영효에 대해 불만을 갖고 있던 자파 내부의 균열 등으로 고립무원에 빠진 박영효는 결국 7월 7일 중전을 시해하려 했다는 반역자로 몰려 일본으로 망명한다.

박영효의 망명으로 박정양 중심의 내각이 새로이 조직되었다. 이때부터 정동파의 영향력은 급속히 커져갔다. 또한 박영효의 축출에 중요한 역할을 했던 정동파 가운데서 이완용이 전면에 등장하기 시작한다. 그는 친일적 성향의 갑오파 세력에게 반감을 드러내면서 그들에 대한 공격을 시작했다. 1895년 7월 초에 탁지부대신 어윤중(魚允中, 1848~1896)이 경무청이 요구한 재정 인출을 거절하자 경무사였던 이윤용이 곧바로 어윤중의 호위를 맡고 있는 순사를 모조리 끌고 가버리는 사건이 발생한다. 또한 학부대신 이완용은 이후로는 일본에 유학생을 보내지 않을 뿐만 아니라 이미 유학하고 있는 자들도 기회를 보아 소환해야 한다고 주장한다. 이완용은 이때 이미 '친미파의 수령'으로 지목되고 있었다. 또한 그는 박영효가 망명하기 전에 결성했던 친일 성향 관료들의 모임인 조선협회를 해체시키려 했다. 그 일환으로 조선협회가 왕실에서 대여하여 모임 장소로 이용했던 남별궁을 환수하는 조치를 취했다.

조선협회는 박영효가 조선인과 일본인 간의 우호를 다지고 동양을 같이 지켜내자는 취지로 설립한 단체였다. 그는 조선협회를 통해 친일 세력의 확장을 도모했다. 반면에 정동파는 이미 1895년 6월부터 반일적 색채를 드러내고 있었기 때문에 조선협회와 대립할 수밖에 없었다. 따라서 이완용은 이 단체의 활동을 묵인할 수 없었다.

이완용이 반일적 색채를 띤 정동파의 수장으로 떠오르는 사이, 고종과 중전은 자신의 세력을 확대하기 위해 민씨 척족 중 하나였던 민상호(閔商鎬, 1870~1933)를 궁내부 제용원장에 임명하여 궁내부를 장악했다. 궁내부는 왕실 사무를 담당하는 기구로 3차 갑오내각 때 이노우에와 고종의 타협에 의해 만들어졌다. 그런데 왕실 재정이 모두 국가 재정으로 통합되어 있었기 때문에 궁내부는 탁지부로부터 재정을 배당받아 사용하고 있었다. 그러나 고종은 우선 왕실 사무를 보는 궁내부를 장악하고 이를 발판 삼아 왕권을 회복하려 했다. 훗날 궁내부와 궁내부 소속 내장원은 고종의 정국 운영에서 가장 핵심적인 기구로 부상한다. 개항장을 감독하는 경위원, 통신 사무를 관장하는 통신원, 서북철도국 등의 주요 기구가 궁내부 내에 만들어지고, 정부에 빼앗겼던 광산, 인삼세, 상업세, 포사세(도축세의 일종) 등의 재원이 다시 황실 재산을 관리하는 내장원에 귀속된다. 대한제국 국정 운영의 핵심 기구로 궁내부가 부상하기 시작한 것은 바로 이때부터였다.

왕권 회복의 발판을 마련한 고종과 중전은 8월 22일 농민전쟁의 원흉으로 지목되어 유배형에 처해졌던 민영준을 비롯한 민씨 척족들을 사면했다. 그리고 이틀 후 김홍집을 다시 총리대신에 임명한다. 김홍집의 재입각은 7월 23일 서울에 재부임한 이노우에의 입김이 작용한 것이었다. 이노우에는 일본의 영향력을 회복하기 위해 고종에게 300만 원의 기부금을 미끼로 던진 후 친일파를 입각시키고자 했다. 이미 내각을 장악할 정도로 권력 기반을 확보했다고 판단한 고종과 중전은 이 제의를 받아들여 김홍집을 다시 총리대신에 임명한다. 그러나 김홍집파는 이미 정치적 영향력을 상실한 뒤였기 때문에 정동파를 견제할 수 없었다.

1895년 8월 24일 김홍집 내각이 조직되었다. 박정양이 내부대신, 이범진(李範晉, 1852~1910)은 궁내부협판 겸 서리대신이 되었고, 이완용은 학부대신을 유임했다. 사실상 정동파 내각이라고 불릴 만할 정도로 이들의 입지는 크게 강화되었다. 또한 러시아 세력이 확장되면서 친러파인 이범진이 두각을 나타내기 시작했다. 그는 당시 러시아 공사 및 미국공사와 친밀한 관계를 맺고 손탁호텔을 자주 왕래하면서 이완용 등의 친미파와 친분을 쌓은 정동파의 일원이기도 했다. 친러파의 대표격인 이범진과 친미파의 대표격인 이완용은 정동파라는 하나의 정치 세력으로서 강력한 반일 정책을 표방하면서 김홍집 내각을 압박했다.

한편 김홍집 내각의 배후 세력이었던 이노우에 공사가 약속한 300만 원의 기부금 조달은 일본 내각의 반려로 무산되었고, 결국 이노우에는 9월 17일 조선을 떠난다. 이후 군인 출신인 48세의 비교적 젊은 미우라 고로(三浦梧樓)가 신임 공사로 부임한다. 정치 경험이 많고 외교에 능했던 이노우에에 비해 군인 출신인 미우라는 공명심이 많은 인물이었다. 그는 조선 정부에 대한 반감을 표출하기 시작했고, 고종과 중전의 반일 감정은 더욱 커져만 갔다. 내각을 장악한 정동파 역시 고종과 중전의 의중에 부합하여 더욱 강하게 반일 정책을 추진했다.

이범진은 이완용 등과 함께 일본의 내정간섭 종식과 고종의 재집권을 상징적으로 보여주기 위해 1895년 9월 4일 503회 개국 기원절을 제정했다. 또한 관료의 복식을 구제도로 환원시키는 상징성 있는 조치를 단행하고 일본의 강압에 의해 추진되었던 내정 개혁 중 일부를 무효화시켰다. 그리고 10월 2일에는 남아 있는 친일파를 제거하기 위한 인사이동을 단행했다. 이때 유길준은 내부협판에서 의주부 관찰사로 좌천되었다. 또한 상당수의 친일 세력이 자리 잡고 있었던 훈련대를 해산시키고 시위대만을 존속시켜 일시적으로 궁궐 수비에 공백이 생겼다. 정동파를 비롯하여 고종과 중전이 일본의 정치적 영향력을 배제하기 위해 강력한 반일 정책을 취하자 미우라 공사의 반감도 크게 고조되었다.

이에 미우라 공사는 일본의 영향력을 만회하기 위해 10월 8일 궁궐 수비의 공백을 틈타 중전을 살해하는 만행을 저지른다. 그리고 사태를 수습하기 위해 대원군을 입궐시킨 후 그가 중전을 살해했다고 사건을 조작했다. 경복궁이 아수라장이 되자 내각을 장악하고 있던 이완용 등의 정동파는 각각 미국공사관과 러시아공사관으로 피신했다. 이렇게 해서 정동파 내각은 사실상 실각한다. 그리고 그 공백을 다시 김홍집파가 장악하면서 친일 내각이 수립되었다.

성균관 개혁과 근대 교육기관의 설립

1894년 12월 외부협판으로 2차 갑오내각에 참여했던 이완용은, 배제되어 있던 고종의 권한이 회복되기 시작한 박정양·박영효 내각에서 을미사변으로 김홍집 친일 내각이 들어서기 전까지 대략 3개월 간 학부대신을 지냈다. 그에 앞서 갑오내각 초기에 학부대신이었던 박정양은 교육을 담당하는 학부 관제를 개정하고 양반 중심의 엘리트 교육에서 인민에 대한 계몽 교육으로 정책의 방향을 전환했다. 이완용은 박정양의 교육 개혁을 이어받아 근대 교육을 위한 체제를 정비하고 구체적인 실행 계획을 세우는 역할을 했다.

일반 백성에 대한 교육의 필요성은 갑신정변 이전부터 개화파 등에 의해 제기된 바 있었다. 또한 이전에는 서양인을 오랑캐보다 못한 짐승으로 여겼으나, 서양 국가에 대한 정보가 알려지면서 이들이 부강해진 원인에 대한 다양한 의견이 제기되었다. 물론 서양 국가와의 국교를 반대하는 척사위정파가 여전히 정치 세력의 한 축을 형성하고 있었지만, 당시 집권층의 대부분은 서세동점이라는 위기 상황에서 조선의 변화가 불가피하다고 보았다.

그런데 조선 집권층의 시선은 이중적이었다. 아편전쟁을 일으켜 중국의 영토를 침범한 영국, 전쟁을 통해 베트남을 점령하려는 프랑스 등에 대한 소식을 접하면서 침략적 속성을 가진 그들에 비해 조선은 인(仁)과 화(和)라는 유교적 가치를 숭상하는, 도덕적으로 우월한 존재라고 생각했다. 그러나 또 한편으로 서양은 부와 강력한 군사력을 가지고 있으며 자유와 평등이라는 근대적 가치를 제도화하여 국민 통합을 이루어냈다고 보았고, 그에 반해 조선은 빈곤하고 나약하며 부정부패가 가득하다고 여겼다.

이러한 이중적 시선 때문에 조선이 유럽처럼 부강한 국가가 되어 독립국의 지위를 확보하려면 어떤 방향으로 변화해야 할지에 대해서는 상이한 입장이 표출되었다. 갑신정변을 일으켰던 김옥균 등은 국가의 힘이 백성으로부터 나온다고 생각했으므로 백성을 교육하고 통합하려면 통치 체제의 변화가 필요하다고 보았다. 그들은 백성의 생명과 재산을 보호할 법적 절차를 마련하고 백성을 교육하여 산업을 발전시키기 위해 정치 구조의 개혁이 선행되어야 한다고 주장했다. 반면 김홍집 등은 기존의 정치 구조와 통치 체제를 크게 바꾸지 않는 선에서 부강의 동력이 될 서양 기술을 도입하고자 했다. 이때 백성에 대한 교육의 1차적 목적은 서양과의 접촉에서 생겨날 수 있는 동요를 차단하는 것이었다.

서양을 어디까지 모방할 것인가의 문제는 곧 국가 체제의 변동 폭을 결정하는 중요한 문제였기에 개화파 내부에서도 입장 차이가 상당히 컸다. 그리고 그 차이가 충돌한 것이 바로 갑신정변이었다. 그러나 갑신정변은 실패했고, 이를 주도한 김옥균, 박영효 등은 일본으로 도망쳤으며, 미처 조선을 빠져나가지 못한 정변 참가자들은 능지처사나 참형을 당했고 관련자들은 유배 등의 형을 받았다. 그들의 가족 역시 처참한 최후를 맞은 경우가 많았다. 정변에 참여했던 홍영식(洪英植, 1855~1884)의 아버지 홍순목(洪淳穆)은 며느리와 손자손녀들에게 독약을 마셔 자살하게 한 다음 자신도 스스로 목숨을 끊었다.

갑신정변의 실패로 처참한 정치적 참극이 빚어진 후 조선 정계에서는 정치 구조의 변동 없이 대민 통치 방식의 변화를 꾀하는 동도서기적 개화 정책이 추진되었다. 그러나 왕과 함께 소수의 집권 양반층이 주도한 개화 정책은 청의 외압에 의해 쉽게 포기될 정도로 취약한 기반 위에 놓여 있었다. 이러한 상황에서 개혁적 성향의 관료들은 설혹 정치 구조의 개혁을 마음속에 품고 있더라도 그것을 드러내놓고 이야기할 수 없었다. 이완용이 마음속에 어떤 생각을 품고 있었는지는 알 수 없지만, 적어도 갑오개혁 시기에 이완용을 비롯한 정동파의 정치적 행보를 되짚어본다면 그가 왕을 중심으로 하는 정치 구조를 변화시키는 데 반대했다는 점은 분명하다.

이완용은 정치 구조를 크게 바꾸지 않더라도 인민을 교육시켜 경제적·군사적으로 경쟁력을 갖춘다면 왕을 정점으로 하여 부강한 문명국을 만들 수 있다고 보았다. 정치체제를 유지한 채 발전을 꾀할 수 있는 유일한 방법은 곧 교육이었다. 박정양에 이어 학부대신이 된 이완용, 그리고 그와 함께 일하게 된 학부협판 윤치호는 모두 비슷한 생각을 가지고 있었다.

이완용의 생각을 알 수 있는 기록이 거의 없기 때문에 갑오개혁 시기에 정치적 입장을 같이했던 박정양을 통해 그의 생각을 유추해볼 필요가 있다. 박정양이 주미공사직을 그만두고 조선에 돌아왔을 때 그는 미국에 대한 정보를 담은 『미속습유(美俗拾遺)』란 책을 지어 고종에게 바쳤다. 이 책은 당시 미국에 관해 출판된 책이나 미국에서 수집한 영문 자료를 참조해서 쓴 것으로, 미국에 대한 견문뿐만 아니라 미국의 역사 · 정치 · 경제 · 사회 · 문화 등을 함께 다뤘다. 박정양은 알렌과 영어를 할 줄 아는 이완용, 그리고 통역관 이채연 등의 도움을 받아 이 책을 썼을 것이다.

박정양은 『미속습유』에서 미국에 대해 호감을 드러냈다. 특히 미국사를 다룬 부분에서는 독립을 쟁취하기 위해 단결했던 미국의 모습과 사리사욕을 버리고 국가를 위해 헌신한 워싱턴(George Washington)의 인격과 업적에 초점을 맞추었다. 박정양은 여기에서 국가 독립의 당위성과 통치자의 모범상을 발견하고자 했다. 미국의 정치체제와 사회제도 및 풍습 그리고 교육제도 등을 소개하면서 그는 미국을 인도주의적이고 평등한 사회라고 말했다. 그러나 박정양은 공화정의 미국과 왕정의 조선이 근본적으로 차이가 있음을 전제로 하여 조선이 본받을 만한 것들에 무게를 두었다. 그래서 조선에서 실현 불가능한 정당정치나 자본주의 체제를 구체적으로 소개하지 않은 채, 미국인의 화합과 단결 그리고 국민교육 등이 미국을 부강하게 만든 원인이라고 보았다. 이완용 역시 마찬가지였다. 미국에서 돌아온 후 이완용은 조선에 변화와 개혁이 필요하다고 보았지만, 갑오개혁의 소용돌이 가운데서 그는 고종과 중전을 중심으로 한 통치 체제를 유지하고자 했다. 근대로의 개혁을 왕 중심의 통치 체제에 포섭하려는 전략 속에서 이완용이 주목했던 것은 바로 교육이었다.

교육은 변화에 두려움을 느꼈던 조선인의 의식을 바꿀 수 있으면서 동시에 왕에 대한 충성심을 기를 수 있는 분야였다. 이완용이 학부대신이었을 때 학무국장 이상재가 주도해서 편찬한 『국민소학독본』을 보면 워싱턴이나 칭기즈 칸 같은 외국의 위대한 인물, 조선에선 볼 수 없는 동물, 그 외에 여러 기계 등을 소개하면서 배움의 중요성을 강조했다. 그리고 새로운 지식과 배움은 궁극적으로 왕에게 충성을 다하는 신민을 길러내는 것을 목표로 삼았다.

이완용은 미국에서 얻은 교육 분야에 대한 지식을 통해 교육제도 개혁을 실시했다. 그가 학부대신으로 있던 시기에 제정된 교육 개혁안을 보면, 1895년 7월 2일 근대적 초등교육기관의 설립을 위해 소학교령을 제정하고, 교사 양성을 위해 만들어진 한성사범학교의 규칙과 부속 소학교 규정을 정비했다. 소학교령은 국민의 보통교육 실시를 목적으로 한 것으로 만 7세부터 15세까지 8년을 교육 연령으로 삼았는데, 이는 당시 서구의 국민교육 제도를 도입한 것이었다. 소학교령에 따라 장동, 정동, 계동, 묘동에 소학교가 세워졌다. 새롭게 설립된 소학교는 당시의 불안한 정세 때문에 제대로 홍보되지 못하여 교육생을 확보하기 어려웠다. 그러나 이 제도는 조선 근대 교육제도의 기본 방향을 결정했다는 점에서 의의가 있다.

또한 1895년 5월에 설립된 한성사범학교에 대한 관제를 개정하고 부속 소학교에 대한 규정도 제정했다. 한성사범학교는 보통교육을 담당할 교사를 길러내는 것을 목적으로 국문·한문·역사·지리·수학·물리·화학·박물·체조 등 근대적인 학과목을 가르쳤다. 이

1895년 고종이 교육입국조서를 반포하면서 설립된 우리나라 최초의 근대 고등교육기관인 한성 사범학교의 정경. 이 학교는 새로이 설립된 각종 학교에서 교육생을 가르칠 교사를 양성할 목적 으로 설립되었다.

학교는 우리나라 최초의 근대 고등교육기관이다.

이완용은 보통교육을 실시하고 근대 교육을 담당할 교사 양성제 도를 수립하는 과정에서 종래에 고등교육을 담당해왔던 성균관에 대한 개편을 함께 추진했다. 조선시대에 성균관이 갖는 상징성은 그 야말로 대단한 것이었다. 정치적 사건이나 사회적 이슈가 있을 때 성균관 유생들은 유학적 원리에 따라 시비를 논했고 단체행동을 통 해 조정에 정치적 압박을 가할 수 있었다. 성균관은 조선 엘리트 집 단의 상징으로 과거에 합격하여 관료로 진출할 수 있는 지름길 같은 곳이었다. 또한 유교 의례를 주관함으로써 유교의 나라 조선의 정 체성을 대표하는 기구이기도 했다. 그러나 갑오개혁으로 과거제가 폐지되면서 성균관의 위상도 변할 수밖에 없었다.

이완용은 교육과 의례가 접목된 성균관에 근대 교육기관으로서의 기능을 더욱 강조하면서 각국의 지리, 수학 등 근대적 교과목을 도입했다. 그러나 성균관이 전면 개편된 것은 아니었다. 한성사범학교, 소학교, 외국어학교 등 새로운 교육기관들이 설립되었지만, 종래 최고의 교육기관으로 자리한 성균관은 폐지되지 않았다. 교육뿐만 아니라 공자에 대한 제사를 지내는 등 유교 의례를 주관하는 성균관의 상징성 때문에 이를 쉽사리 폐지할 수는 없었던 것이다.

갑오개혁이 근대적 개혁을 표방하고 있었지만, 잇단 개혁 조치에 대한 반대 상소는 끊이지 않고 올라오고 있었다. 일본의 무력에 의해 겨우 유지되고 있는 취약한 정권이 500여 년이라는 긴 시간을 통해 형성된 유교의 기반을 바꾼다는 것은 거의 불가능한 일이었다. 그래서인지 근대적 행정관제 및 교육 개혁이 진행되었지만, 조선의 건국이념이었던 유교를 지탱하는 상징이었던 성균관은 여전히 부정되지 못했다.

그러나 이러한 변화에는 이완용이 성균관 개혁을 담당했다는 점도 영향을 미쳤을 것이다. 그는 유학이 변화하는 세상을 헤쳐 나가는 학문으로 한계가 있음을 알고 있었지만, 그렇다고 해서 이를 전면적으로 부정하지는 않았다. 훗날 이완용은 유교를 사람에게 효와 충을 가르치고 심성을 닦는 심학(心學)이라고 평가했다. 유학에 대한 그의 이러한 생각은 성균관의 관제 개혁과 경학원의 규칙 제정에 영향을 미쳤을 것이다

친미파 수장으로
정치적 도박을 시작하다

1895년 10월 8일 을미사변이 발생했다. 궁궐에서 총소리가 났고 대원군이 대궐에 들어가 정사를 본다는 소식을 접한 이완용은 심각한 일이 벌어졌다고 판단했다. 그 근거는 5개월 전 대원군의 손자였던 이준용(李埈鎔)의 옥사 사건을 처리했던 이윤용이 대원군의 미움을 사서 장인인 대원군과 사위인 이윤용이 원수지간이 된 데다가 대원군과 중전이 더 이상 화해할 수 없는 관계가 된 상황을 너무도 잘 알고 있었기 때문이었다. 그래서 대원군의 집권은 곧 중전의 실각을 의미하며, 이윤용과 자신의 신변에 위험이 닥칠 수 있다고 보았다. 이완용과 이윤용은 급히 미국공사관으로 피신했다. 미국공사관 서기관으로 있던 알렌은 평소 이완용과 친분이 두터웠기 때문에 공사관 숙소를 피신처로 제공했다. 친일 세력의 축출에 앞장섰던 이범진 역시 러시아공사관으로 피신했다.

　김홍집 내각은 먼저 친일파 색출에 앞장섰던 안경수, 이완용, 이범진, 이윤용을 파직했다. 뒤이어 박정양이 중추원 의장으로 좌천되고, 유길준이 내부대신으로 임명되었다. 그리고 미우라 공사의 압력으로 중전 폐위를 선포하고, 을미개혁을 단행했다.

　을미사변이 발생한 당일 오전부터 미국공사 실과 러시아공사 베베르는 계속 고종을 알현했고, 일본공사관을 방문하여 일본인의 관여 사실을 추궁했다. 신변에 위협을 느낀 고종은 미국공사와 러시아공사, 그리고 친분이 있던 선교사 언더우드(Horace Underwood), 헐버트(H. B. Hulbert), 아펜젤러(Henry Appenzeller) 등을 자주 불러들여 신변 보호를 호소하기도 했다. 『일당기사』에는 이 무렵의 일이 다음과 같이 기록되어 있다.

후(이완용)는 시국을 피하여 급히 미국공사관에 가서 잠시 머문 후 멀리 미국으로 도항하려고 했지만, 당시 정세를 살펴보기로 하고 몇 개월을 보냈다. 그러던 중 갑자기 고종의 부름을 받았다. 그때 어떤 이유인지를 알지 못한 채 이윤용과 함께 동행하여 (러시아공사관에서) 알현을 했는데 왕을 모신 자는 전 농상공부대신 이범진 한 명뿐이었다. 이때 신내각을 조직했고, 이완용은 외부대신이 되었다. [•]

이 기록에 따르면 이완용은 미국공사관에 피신한 상태에서 몇 개월을 보내다가 갑자기 고종의 부름을 받고 고종이 러시아공사관에 피신한 사실을 알게 된 것처럼 기록해놓고 있다. 그러나 이는 사실이 아니다. 『일당기사』의 저자 김명수가 의도적으로 이완용의 반일 활동을 생략했는지, 아니면 검열 과정에서 삭제된 것인지는 분명치 않다. 그러나 이 기록을 통해 당시 이완용의 좌절감과 고민을 엿볼 수 있다.

그렇다면 을미사변 이후 이완용의 행적을 재구성해보자. 미국공사관에 머물면서 궁궐 소식을 접하던 이완용 등은 러시아공사관에 피신해 있던 이범진 등과 연락을 취하면서 언더우드와 아펜젤러의

• 김명수 편, 『일당기사』, 일당기사출판소, 1927, 12쪽.

협조를 받아 고종을 미국공사관으로 피신시키려 했다. 1895년 11월 28일 윤웅렬(尹雄烈)을 중심으로 30여 명의 행동대가 무장을 하고서 고종을 궁에서 빼내기 위해 춘생문(春生門)으로 접근했지만, 궁궐 안에서 내응하기로 한 친위대가 나타나지 않았다. 계획이 사전에 발각된 것이었다.

일본은 춘생문 사건의 주동자 처벌을 요구했고, 이 일로 이범진과 윤웅렬은 상하이로 망명한다. 행동대를 이끌었던 이범진과 윤웅렬이 망명을 할 정도였다면, 이 사건을 함께 모의했던 이완용은 생명의 위협을 느꼈을 것이다. 미국으로의 망명까지 생각했다는 점을 통해 춘생문 사건의 실패 직후 이완용의 좌절감이 얼마나 컸는지를 미루어 짐작할 수 있다.

그러나 그는 불안감을 누르고 사태의 진전을 더 지켜보기로 한다. 러시아공사관과 미국공사관에서 을미사변에 일본인이 연루되어 있다는 점을 집중적으로 추궁하여 일본을 정치적으로 압박하고 있었으며, 김홍집 내각이 단발령을 시행하여 양반 유생층의 분노를 촉발시켰기 때문이었다. 수세에 몰린 김홍집 내각은 의병을 진압하기 위해 궁궐 경비를 담당하던 훈련대의 일부를 지방으로 파견했다. 이로 인해 궁궐 수비는 허술해졌다.

이때 미국공사관에 기거하던 이완용은 상하이에서 비밀리에 귀국한 이범진과 함께 다시 고종을 빼내오는 계획을 세웠다. 정치적으로 일본공사를 강하게 압박하고 있던 러시아공사 베베르는 을미사변으로 서울의 치안에 불안하기 때문에 러시아공사관과 러시아인을 보호한다는 구실로 군대를 불러들였다. 거사 전날인 2월 10일, 인천항에 정박 중이던 러시아 군함에서 수병 120명이 서울로 들어와 정동 주변을 경계했다. 고종을 자주 만났던 미국 선교사들이 이완용과 고종 사이의 연락을 담당했으며, 고종을 모시던 상궁 엄씨(영친왕의 모친)가 계획에 동참했다. 궁궐이 습격당하고 중전이 처참하게 죽자 고종은 생명의 위협을 느꼈다. 더구나 임오군란 때처럼 권력 행사에서 배제된 고종은 자신의 권력을 되찾기 위한 특단의 조치가 필요했다.

1896년 2월 11일 새벽, 고종과 세자는 궁녀의 가마를 타고 경복궁의 북문인 신무문(神武門)을 빠져나왔다. 신무문은 눈에 띄지 않고 궁궐을 출입할 수 있는 곳이었다. 1519년 조광조를 죽음으로 몰고 갔던 기묘사화를 일으키기 위해 훈구 세력이 중종을 몰래 만나려고 출입했던 곳도 바로 신무문이었다. 그로부터 400년 후에 왕이 김홍집 내각을 무너뜨리기 위해 몰래 이곳을 빠져나갔으니, 역사적으로 신무문은 궁궐을 둘러싼 음모가 진행되는 곳이었나 보다.

이완용은 이범진, 베베르와 함께 러시아공사관에서 고종과 세자를 맞이했다. 이완용과 고종은 4개월 만에 다시 만났다. 만약 아관파천이 춘생문 사건처럼 사전에 발각되었다면 이완용은 망명을 하거나 죽음을 당했을지도 모른다. 이완용 역시 목숨을 내놓아야 하는 일임을 잘 알고 있었다. 그러나 그는 용기를 내어 이 일을 감행했고 성공시켰다. 그의 나이 39세 때였다.

갑오개혁 전까지 이완용은 비슷한 또래의 젊은 개화파가 보여주었던 패기와는 상당한 거리가 있는 행보를 보였다. 그보다 7살 많은 김옥균, 3살 많은 홍영식, 1살 어린 서광범 등이 서른 미만의 젊은 나이에 갑신정변을 도모했을 때, 그는 과거에 급제했으나 관직에 오르지 않은 채 전주를 왕래하며 유람을 즐겼었다. 1885년, 유길준이 갑신정변 연루자로 지목되어 미국 유학 생활을 접고 조선으로 돌아와 한규설(韓圭卨, 1848~1930)의 집에 가택 연금되었을 때, 이완용은 홍문관 응교, 시강원 검교사서로 왕과 세자의 강목 강연에 참석하고 육영공원에서 영어를 배우는 등 고위 관료 자제들과 별반 다르지 않게 지내고 있었다.

주미대리공사를 그만두고 조선에 돌아온 후 3년 동안 이완용은 관직 생활의 경륜을 발휘하여 정치적으로 주목받지 않기 위해 스스로 민씨 척족과 거리를 유지하고, 되도록 실권을 가진 관직을 사양하면서 운신의 폭을 줄였다. 갑오내각이 들어서고 일본전권공사에 임명되었을 때도 스스로 사직하는 등 정치적 소용돌이에 휘말리는 데 대해 매우 신중한 자세를 보였다.

그러던 그가 1895년 6월부터 왕권을 제약하려는 친일 개화파들을 공격하기 시작한 것이었다. 중전이 살해되고 왕권이 무너진 위기의 순간에 그는 목숨을 건 정치 도박을 두 차례나 감행하여 정치 판도를 바꾸는 데 성공했다. 물론 두 차례의 결단에는 이범진이라는 걸출한 인물이 함께 있었다. 1866년 병인양요 때 프랑스 군과의 전투를 승리로 이끌었던 이경하(李景夏, 1811~1891)의 서자였던 이범진은 이완용보다 6살 많았고, 1879년 병과에 급제한 무관이었다. 서자이면서 무관이었던 이범진은 이완용보다 신분이 낮았다. 그러나 그는 중전의 신임을 얻으면서 1884년 홍문관 수찬, 이조 참판 등을 역임했다. 또한 갑오개혁 시기에 중전의 뜻을 받들어 러시아공사와 친분을 쌓았고, 친일 내각을 무너뜨리는 데 앞장섰다. 고종과 중전에 대한 충성심을 가졌다는 점에서 두 사람은 비슷했지만, 이완용이 신중하고 세련된 정치인이었다면 이범진은 투박하고 행동이 앞서는 인물이었다. 춘생문 사건의 실패 이후 이완용이 미국공사관에 기거하면서 미국 망명을 생각하던 때에 이범진이 상하이에서 비밀리에 귀국하지 않았더라면 이완용은 이러한 정치적 결단을 내리기가 쉽지 않았을 것이다.

그러나 다른 한편 그는 신중하기만 해서 기회를 놓쳐버리는 인물이 아니었다. 이범진의 추동이 있긴 했지만, 그는 자신의 정치적 입지에서 자신이 해야 할 역할을 비교적 정확히 알고 행동했다. 이완용은 미국 망명을 생각할 정도로 위기에 내몰리고 있었지만, 이런 상황에서 자신의 정치적 입지를 되찾기 위해 특단의 결정을 내릴 줄 아는 인물이었다.

정쟁을 가르며,
축출과 제휴를 거듭하며

러시아공사관으로 거처를 옮긴 고종은 새로운 내각을 조직했다. 원로대신이었던 김병시(金炳始, 1832~1898)와 이재순(李載純, 1851~1904)을 총리대신과 궁내부대신으로 내세우고, 박정양을 내부대신, 이완용을 외부대신 및 학부대신서리, 이완용의 형인 이윤용을 군부대신, 이용구를 탁지부대신에 임명했다. 조선 관료들에게 비교적 신망을 얻고 있던 원로 김병시를 총리대신으로 임명한 것은 정치적 변동으

1896년 고종과 왕세자가 옮겨간 러시아공사관 전경. 아관파천을 계기로 이곳은 한국 근대사를 논할 때 빼놓을 수 없는 무대로 자리 잡는다.

로 동요하는 인심을 수습하고 내각이 외세로부터 중립적이라는 인상을 표방하기 위한 정치적 고려였다. 그러나 김병시는 김홍집과 정병하(鄭秉夏, 1849~1896)의 피살 사건에 대한 해명을 요구하고 고종이 다시 환궁을 해야 한다고 주장하면서 취임에 응하지 않았다. 따라서 내부대신 박정양이 총리대신서리를 맡았다.

신내각이 구성되면서 고종은 다시 국정 운영의 전면에 나선다. 그는 을미사변 연루자로 김홍집 등 친일 내각원을 체포함과 동시에 중전 살해의 진상 규명을 천명하는 한편, 각지에서 벌어지던 의병 활동을 중전의 죽음에 대한 복수와 울분에서 비롯된 애국적 행위로 평가했다. 그리고 의병을 해산시키기 위해 유생들에게 신임을 얻고 있던 최익현, 이도재, 신기선, 남궁억 등을 각 도의 선유사로 임명하고, 단발령을 취소하는 명을 내렸다. 또한 잠시 러시아공사관으로 거처를 옮겼지만, '역적'이 체포되고 정국이 안정되면 곧바로 경운궁으로 다시 옮겨갈 것이라고 천명했다.

갑오개혁에서 아관파천으로의 정치적 변동과 각지의 의병 활동으로 흉흉해진 민심을 달래기 위해 내각은 1894년 6월 이전, 즉 갑오개혁 실시 이전에 발생한 아전의 세금 포탈, 백성의 미납 세금, 그리고 공인이 정부에 지고 있던 빚을 탕감해주는 등 민심 수습책을 제시했다. 그리고 을미사변으로 불탄 경운궁의 수리에 착수하여 공사가 끝나는 대로 고종이 경운궁으로 돌아갈 것임을 널리 알렸다.

그러나 불안정한 정국은 여전히 지속되고 있었다. 경복궁을 점령했던 일본군이 여전히 도성 안에 남아 있었기 때문에 현 내각의 전복 가능성이 완전히 사라진 것은 아니었다. 고종과 정동파 내각은 일단 러시아공사관에 머물면서 불안정한 사태를 수습하기 위해 친일 내각원을 색출하여 내각 전복의 가능성을 차단하고자 강력한 반일 의지를 표방했던 이범진을 법부대신 겸 경무사에 임명했다. 처음 러시아공사관에 피신하자마자 발표된 내각에 현 내각 수립의 일등 공신이었던 이범진이 빠져 있었던 것은 러시아공사 베베르의 정략적 의도에서 비롯된 것이었다. 베베르는 친러파인 이범진을 전면에 내세울 경우 일본의 정치 공세에 휘말릴 수 있다고 판단하여 우회적으로 친미파를 등용하고 미국인 고문을 채용하는 데 협조하고 있었다. 그러나 불안정한 국정을 수습하고 현 내각의 정당성을 확보하는 한편 친일 세력의 재집권 가능성을 제거하기 위해서는 친일 세력 색출에 앞장설 인물이 필요했다.

법부대신 겸 경무사에 임명된 이범진은 을미사변과 춘생문 사건에 대한 진상 조사를 실시했다. 이범진은 권형진(權瀅鎭)의 친형 권동진(權東鎭)과 그의 매제인 이기진(李起鎭), 이두황(李斗璜)의 동생인 이태황(李台璜), 우범선(禹範善)의 동생인 우락선(禹洛善) 등 김홍집 내각의 친일 세력이었다가 일본으로 망명한 인사의 친인척 등 10여 명을 체포하여 고문하면서 죄를 추궁했다.

　그러나 을미사변과 이범진의 조사 활동은 김홍집 내각의 내각원과 친분이 있던 많은 관료들에게 직간접적으로 여파가 미치는 문제였다. 예를 들어 정동파의 일원이면서 주미대리공사를 맡았던 이하영은, 김홍집과 함께 체포되어 경무청에 끌려가던 도중 군중에 의해 살해된 정병하와는 막역한 사이였기 때문에 이범진의 조사 과정에서 혹 자신의 이름이 나올까봐 노심초사하고 있었다. 이 일로 이하영은 자청하여 주일공사로 부임하길 원했고, 이완용과 이윤용은 그가 주일공사가 되는 데 협조했다. 이범진의 가혹한 수사는 직간접적으로 김홍집 내각에서 함께 일했던 정동파에게도 압박이 되고 있었다.

　이완용은 이하영을 주일공사로 부임시켜 일단 이범진의 수사로부터 그를 보호하는 한편 이하영을 통해 새로운 정치적 모색을 도모하고자 했다. 당시 일본공사관이 수집한 정보에 따르면 "이윤용과 이완용은 이하영과 서로 기맥이 통하고, 또 이하영은 전 내각원(일본에 망명해 있는 자)과 소식이 서로 통하여 은밀히 이범진에 반대해서 훗날 현 내각이 전도될 경우에는 서로 제휴할 책략을 하고 있음이 틀림없는 것 같다"는 것이었다.

이 내용에 따르면 이완용은 이범진과의 정치적 동맹 관계를 깨기 위해 이하영을 매개로 친일 세력과 연결할 수 있는 끈을 만들어놓으려고 했음을 알 수 있다. 불안한 정세 속에서 한발 앞서 대비책을 세워놓은 것을 보면, 그가 얼마나 신중하고 치밀한 성격의 소유자였는지 알 수 있다.

이범진의 독주로 정동파와의 알력이 커져가는 가운데 정계의 여론은 현 내각에 인재가 없음을 비난하는 데에서 나아가 전 내각이었던 김홍집 내각이 더 좋았다는 쪽으로 기울고 있었다. 이완용은 내각을 새로 조직하려면 김홍집 내각에서 일했던 개혁 성향의 인물을 등용할 수밖에 없다고 생각하고 있었다. 그러나 군국기무처가 발족한 후 2년에 걸친 정치적 격변 속에서 개혁을 주장해왔던 많은 관료들이 정계에서 축출되었기 때문에 인력 풀은 크게 축소되어 있었다. 따라서 비록 그들이 친일 성향의 인물이라 하더라도 국가의 발전이란 대의를 생각하면 그들을 등용할 수밖에 없었다. 이완용이 이범진을 견제하고 현 내각이 겪고 있는 인력난을 해결하기 위해 친일 세력과의 연대를 생각하고 있었다는 점은 그의 합리적 사고를 엿볼 수 있는 대목이기도 하다.

그러나 이범진이 있는 한 친일 세력을 끌어들이는 것은 불가능했다. 따라서 이완용은 그를 축출하는 계획을 세움과 동시에 혹 그 계획이 실패해서 정치적 위기에 빠진다면 이하영을 통해 친일 세력과 연합할 것까지 고려했다. 이에 이완용은 일본 군대의 조속한 철수를 요청하던 자세에서 한 걸음 물러났다. 그는 외부대신으로서 일본 군대의 철수를 요청해놓고 있었다. 그러나 일본이 공사관과 영사관 그

리고 재조일본인의 보호를 위해 아직 군대를 철수할 수 없다는 뜻을
전해오자, 저동에 있는 양향청과 죽동에 있는 일본 상인 미네오(峰
尾)의 집을 삼군부에 주둔 중이던 일본군이 사용할 수 있도록 조치
했다. 만일의 사태를 위한 또 하나의 포석이었다.

정계 분위기가 이범진에 의해 좌우되자 서재필과 윤치호 등이 이
에 제동을 걸고 나섰다. 김홍집 내각 당시 유길준은 서재필에게 중
추원 고문관을 제안했고, 이 제안을 받아들인 서재필은 1895년 12월
에 귀국했지만 당시의 불안한 정치 상황으로 인해 업무에 임할 수
없었다. 미국인 선교사 언더우드의 집에 머물던 그는 아관파천 후
정동파 내각이 들어서면서 중추원 고문과 농상공부 고문에 임명되
었다.

서재필과 윤치호는 이범진의 입각 때부터 그에게 불만을 갖고 있
었다. 아관파천을 성사시킨 일등 공신이며 러시아공사의 후원을 받
고 있던 그를 부담스럽게 여겼고, 을미사변과 춘생문 사건을 정치적
으로 이용할지 모른다는 의구심도 갖고 있었다.

한편 이범진은 일본에 대한 반감을 강하게 드러내면서 세력을 확
장하고 있었다. 그는 자파인 주석면(朱錫冕)을 학부 서기관에 임명하
는 한편 김홍륙(金鴻陸, 1863~1898)을 외부협판에 기용하려 했다. 김
홍륙은 천민 출신으로 블라디보스토크를 왕래하면서 러시아어를 배
운 뒤 역관이 되어 이범진과 러시아공사 베베르 사이에 통역을 담당
했고, 아관파천 때는 고종과 베베르 사이의 통역을 담당한 인물이었
다. 이에 서재필과 윤치호는 베베르 공사를 찾아가 이범진이 권력을
남용하고 있다고 비난하면서 이를 제재할 것을 요청했다.

서재필과 윤치호의 배후에는 이완용이 있었다. 이완용과 이윤용은 이하영을 일본에 보내 뒷일을 대비한 후 안경수, 서재필, 김가진 등과 힘을 합해 이범진을 내각에서 몰아내려고 준비하고 있었다. 이때 이완용은 윤용선, 조병직, 한규설이 고종의 환궁을 주장하는 데 대해 표면적으로 반대하고 있었지만, 이범진을 축출하기 위한 방편으로 몰래 환궁을 주장하는 이들과 연계하려고 했다. 이러한 이완용의 행동에 대해 일본공사 고무라 주타로(小村壽太郎)는 "그는 갑이나 을 어느 파에나 투신할 수 있는 여지를 갖고 있고, 이는 그 일신의 안전을 꾀하는 데 지나지 않는다"고 보고 있었다. 이완용은 정적을 축출하기 위해 등을 돌렸던 정치 세력과의 연대도 모색 가능한 막후 정치인이 되어가고 있었다.

　아관파천 이후 성립된 내각이 아직 대내외적으로 안착되지 못한 상태에서 친러파인 이범진과 친미파인 정동파 사이에 알력 관계가 형성되는 것은 조선에 대한 영향력을 확대하려는 베베르 공사의 입장에서도 좋은 일이 아니었다. 이범진 외에는 이렇다 할 친러파가 없는 상황에서 그를 적극적으로 후원할 경우, 러시아 세력은 정계에서 고립될 수밖에 없었다. 또한 정동파가 러시아에 대해 반감을 갖는다면 조선에 대한 러시아의 영향력이 크게 줄어들 수밖에 없었다.

　이런 상황에서 일본 정부는 이범진의 축출을 위해 고종의 조속한 환궁과 을미사변 관련자에 대한 잔인한 고문을 금지할 것 등을 러시아 측과 협상하라고 일본공사 고무라에게 지시했다. 한편 베베르 공사는 이범진이 주도하는 일본 배척의 분위기 때문에 일본과 불화가 생긴다면, 러시아의 남하에 반대하면서 일본을 후원하고 있는 영국과도 외교적으로 불편해질 수 있겠다는 생각을 하고 있었다.

이범진은 1896년 4월 을미사변의 진상 규명을 종결한 후 법부대신직을 사임하고 총리대신 자리를 노리면서 자신의 정치 세력을 내각에 등용시켰다. 그러나 베베르 공사와 고무라 공사는 "러시아 · 일본 양국 대표는 폐하가 관대하고 온화한 인물을 그 각신에 임명하는 동시에 그의 신민들에게 관대하고 인자한 태도로 대하기를 항상 권고한다"는 데 합의함으로써 사실상 이범진에 대한 불신임을 선언하기에 이른다. 이범진은 그해 6월 미국전권공사로 발령받아 7월에 조선을 떠난다. 그리고 그의 퇴진과 함께 친일 세력으로 낙인찍힌 서광범이 미국공사 실의 후원으로 중추원 일등의관에 임명되었다. 이완용은 러시아공사와 일본공사의 힘을 지렛대 삼아 이범진을 축출하는 데 성공했다.

그 후 이범진은 주미공사관에서 3년을 지낸 뒤 1900년 주프랑스공사를 지냈고, 1901년 다시 주러시아공사로 임명되었다. 그리고 러일전쟁과 을사조약을 거치며 러시아공사관이 폐쇄되자 공사 자리에서 물러났다. 이후 그는 조선으로 돌아오지 않고 러시아에 머물면서 고종의 헤이그 특사 파견을 지원하는 한편 아들 이위종(李瑋鍾, 1887~?)을 특사인 이준과 이상설의 통역으로 동행시켰다. 고종의 양위 이후 연해주에서 의병 부대를 조직하는 등 항일 활동을 펼쳤던 그는 경술국치 다음 해에 자결했다. 이완용의 정치적 동맹자였던 그는 이때부터 이완용과는 함께할 수 없는 길로 들어선 것이다.

한편 이범진과의 갈등 속에서 정치적 입지를 강화해가던 이완용

아관파천 이후 조선 정계에서 친러파로 자리했던 이범진은 러시아공사와 일본공사의 힘을 지렛
대 삼은 이완용에 의해 정계에서 축출된 후 그와는 다른 삶의 길에 들어선다. 1910년 8월 4일
자 『L'Actualité』에 수록된 이범진(왼쪽)과 그의 아들 이위종(오른쪽)의 모습. 사진은 수록 이전
시기에 촬영된 것이다.

은 자신의 정치적 기반의 하나였던 미국에 은혜를 갚아야 했다. 고종 역시 미국의 관심을 붙들어놓기 위해 미국 자본을 유치할 필요가 있었다. 이완용과 고종의 이해관계 속에서 경인철도 부설권은 미국인 모스(James Morse)가 차지하게 되었다. 일찍이 미국전권공사를 파견할 당시에 고종은 미국 차관을 제공받을 목적으로 경인철도 부설권을 미국인에게 넘길 것을 알렌에게 약속한 바 있었다. 그러나 알렌이 미국 차관 도입에 실패함으로써 이 약속은 실행되지 못했다. 그러다가 갑오내각에서는 일본에게 300만 원의 기부금을 받는 대신 경인철도 부설권을 일본에 넘겨줄 것이라고 약속했었다.

일본은 정부가 나서 공채를 모집하여 경인철도를 부설할 계획을 세우고 있었는데, 이는 조선과 일본의 무역 관계에서 인천항이 제1의 무역항으로 등장했던 것과 관련이 있다. 청일전쟁 이전에 일본은 조선과의 무역에서 청나라에 뒤지고 있었다. 청나라 상인들은 리홍장이 설립한 기선 회사인 초상국(招商局)을 통해 조선에 서양 상품을 수출하여 막대한 이윤을 얻고 있었으며, 서울과 인천 등지의 상권을 크게 확장하고 있었다. 반면에 일본 상인들은 자본력이 미약했기 때문에 투기적 이윤을 노리는 등 시장에서 신용을 얻지 못하고 있었다. 이로 인해 일본은 청상 세력을 누르고 조선과의 무역을 장악하기 위해 경인철도에 관심을 가질 수밖에 없었다. 물론 서울과 인천 사이의 유통망을 장악한다는 것은 정치적·군사적으로도 매우 유리한 고지를 점하는 것이었다.

그런데 정치적 변동으로 인해 반일적이며 친미적인 정동파가 집권하면서 상황이 바뀌었다. 일본은 이완용이 경인철도 부설권 계약을 추진하려는 것을 알고 이를 저지하려 했다. 일본공사관에서는 이완용에게 경인철도 부설에 대한 우선권이 일본에게 있음을 주장하면서 이 계약이 국제적 약속을 무시하는 처사라고 항의했다. 그러나 이완용은 경인철도 부설에 대한 우선권이 이미 오래전 미국인에게 있었기 때문에 국제관례에 어긋나지 않는다면서, 알렌과 서재필을 통해 모스와의 계약을 성사시켰다. 이에 일본은 미국과의 외교적 마찰을 피하기 위해 모스와의 계약을 더 이상 방해하지 않은 대신 모스와 합동으로 철도를 부설할 것을 미국공사에게 제안하여 약속을 받아냈다. 일본은 단독 부설권을 얻는 데는 실패했지만, 정치적 영향력이 축소되는 가운데서도 미국공사와의 교섭을 통해 경인철도의 공동 부설에 합의할 수 있었다. 이후 모스는 경인철도 부설 비용을 마련하는 데 어려움을 겪는다. 미국 자본가들은 조선에 대한 투자가 경제적으로 이득이 된다는 확신을 갖고 있지 않았다. 모스는 경인철도 공사 개시를 지연시키다가 결국 부설권을 일본에게 넘겨주고 말았다.

  이완용은 미국의 지원에 보답했지만, 미국은 그 보답에 응할 만큼 조선에 대해 큰 관심을 갖고 있지 않았다. 이때 미국은 중국 상하이에 경제적 진출을 시도하는 한편 필리핀과 만주에 대해 관심을 갖기 시작했다. 반면 조선에 대해서는 조미통상조약 체결 직후부터 동아시아 정세에 변수가 생기지 않도록 현 상태로 유지되기를 원하고 있었다. 따라서 미국 정부는 미국공사관 및 선교사들에게 조선 왕실과 내각의 일에 개입하지 말 것을 수차례 지시했다. 그러나 알렌을 비롯한 미국인 선교사들은 기독교 포교와 경제적 이득을 위해 본국 정부의 훈령을 위반하면서 정계에 깊게 관여했다. 이완용의 정치적 후원자는 미국 정부가 아니라 고종의 결정에 영향을 미칠 수 있는 조선의 미국인들이었다.

이범진과의 정치적 갈등 속에서도 자신을 후원한 미국인에 대한 보답을 잊지 않는 모습과, 자신이 주도하는 내각에 닥친 정치적 위기에 대처하기 위해 친일 세력과의 연합까지 구상해놓은 모습에서 이완용의 치밀한 성격을 엿볼 수 있다. 또한 서재필, 윤치호, 김가진 등 자파 세력을 활용할 줄 아는 정치 세력의 수장으로서의 모습도 발견할 수 있다.

반일 색채가 짙은 이범진의 추동에 의해 춘생문 사건과 아관파천을 결행했을 때에는 정치 세력의 수장이란 역할과 왕에게 충성을 다하는 신하의 모습이 혼재되어 있었다. 그러나 이범진을 축출하려는 이완용의 모습에서는 정치 세력의 수장으로서의 입장이 전면에 드러난다. 이제 그는 왕의 신임과 신하의 충성심으로 정치적 행보를 결정하는 젊은 관료의 모습을 완전히 탈피한다. 정동파의 수장으로서 자파 세력의 유지와 확대를 위해 활용 가능한 세력과 연대를 모색할 줄 아는 정치인이 된 것이다. 그리고 그는 점차 정치적 갈등 속에서 자신의 세력을 유지하는 방법을 체득한 경륜 있는 정치인이 되어가고 있었다.

3장

정계의 중심에서
세상과 만나다

보수 세력과 고종의
틈바구니에서

이범진이 정치적으로 수세에 몰려 법부대신을 사직한 후 정치 판도
는 조금씩 변하기 시작한다. 전반적으로는 의병 활동이 다소 누그러
졌지만, 일본에 대한 반감이 커지면서 일본인에 대한 습격 사건과
의병 봉기는 지속되었다. 그리고 갑오내각이 실시한 새로운 제도들
에 대한 불만이 터져 나오면서 신분제 폐지가 부당하다는 상소에서
부터, 행정과 징세의 혼선이 빚어지고 있다면서 신제도의 폐지를 주
장하는 상소 등이 올라왔다. 실제로 신제도와 구제도의 혼선이 빚어
지면서 중앙 및 지방 행정 체계는 상당히 혼란스러운 상태였다. 신
제도 시행에 필요한 제반 인프라가 구축되지 못한 데다가 이와 함께
정리되어야 할 구제도가 여전히 시행되었기 때문에 신식에 대한 거
부감이 확산되고 있었다.

　고종은 1896년 4월 이범진이 법부대신을 사직한 직후 원로대신을

비롯한 수구 성향의 관료들을 발탁하기 시작한다. 갑신정변 세력을 탄압하다가 살해된 한규직의 동생 한규설은 법부대신에, 청군과 연합하여 갑신정변 세력을 공격했던 심상훈(沈相薰, 1854~1907)은 탁지부대신에 임명되었다. 원로대신 윤용선(尹容善, 1829~1904)은 총리대신에, 그리고 을미사변 이후 봉기한 의병을 달래기 위해 선유사로 파견되었던 신기선과 이종건(李鍾健, 1843~1930)은 각각 학부대신과 경무사로 임명되었다. 신기선이 학부대신에 임명됨에 따라 학부대신서리를 겸하고 있던 이완용은 외부대신직만을 맡게 된다. 신기선은 갑신정변 연루자로 지목되어 귀양을 가는 등 고초를 겪었지만, 갑오개혁 이후에는 근대적인 개혁에 반대하는 상소를 올리는 등 수구 성향을 강하게 드러내는 쪽으로 입장을 바꾸었다. 이종건도 무반출신으로 갑신정변 직후 우포도대장에 임명되어 정변 연루자를 체포하는 데 앞장선 인물이었다.

이들의 입각은 정동파 중심의 내각원과 새로운 갈등을 예고하는 것이었다. 신기선은 취임의 전제 조건으로 단발과 양복 착용을 금지시키고 한글과 양력 사용을 중지하는 한편 행정 기구 역시 의정부 6조 체제로 복구할 것을 내걸었다. 표면적으로는 고종이 이 주장을 받아들이지 않았지만, 관립학교 학생들의 교복 착용을 금지하고 일요일 휴업을 폐지하는 조치를 승인함으로써 고종은 이들의 정치적 입지를 넓혀주었다.

이범진의 축출 이후 갑오개혁에 따른 사회적 혼선이 빚어지자 양반을 비롯한 보수 기득권 세력의 목소리가 커져갔다. '신식'에 대한 불만 여론은 왕권을 강화하려 했던 고종에게 좋은 기회가 되었다.

그는 적극적으로 여론에 부응하며 구체제를 유지하려는 정치 세력을 등용하여 축소된 왕권을 확대하려 했다. 이러한 상황은 이범진 퇴진 이후 정계를 주도했던 이완용에게는 새로운 갈등을 안겨주는 것이었다.

보수 성향의 관료들과 처음으로 정치적 마찰이 불거진 것은 지방 제도 개편 문제에서였다. 6월 11일 내부대신 박정양은 갑오개혁 이전 23부로 개편된 행정제도를 다시 13도제로 개편하는 대신 지방관에 대한 통제권을 내부대신이 갖는 개혁안을 제출했다. 그러나 심상훈은 이 안이 제출되기도 전에 박정양이 지방관 임용권을 장악하여 자파 세력을 강화하려 한다고 비판하고 나섰다. 결국 제출안은 회의에 오르지도 못한 채 파기되었다. 이에 박정양이 다시 일부 조항만을 수정하여 안을 내각에 상정했지만, 보수 성향 관료들의 반대에 부딪쳐 이는 통과되지 못했다.

지방 제도 개편을 둘러싼 갈등 속에서 보수파는 신기선이 제안했던 내각의 폐지와 의정부의 부활을 골자로 한 중앙행정부 개편을 요구했다. 보수파의 이러한 주장 배후에는 사실 고종이 자리하고 있었다. 고종은 아관파천으로 권력을 회복할 수 있었지만, 왕실과 정부의 분리라는 갑오개혁의 원칙하에서 내각을 완전히 장악한 것은 아니었다. 이완용은 왕을 중심으로 하는 통치 체제에 대해서는 동의했지만, 왕실과 정부의 분리를 통해 왕의 권력 행사를 일정하게 제약하고 내각의 권력을 강화하려 했다. 이러한 입장은 왕과 내각이 분명하게 권력을 양분하는 형태는 아니었지만, 그렇다고 해서 왕에게 모든 권력을 집중시키는 형태도 아니었다. 굳이 표현하자면 왕과 내각이 조화를 이루면서 통치권의 일부인 행정권을 내각이 어느 정도 행사하겠다는 것이었다.

고종의 입장에서 보면, 왕실과 정부의 분리라는 갑오개혁의 원칙이 관철될 경우 통치권의 일부를 상실할 수밖에 없었다. 그는 의정부 제도를 부활시켜 행정 권력을 다시 자신의 통치권 내로 편입시키려 하고 있었다.

그러나 러시아공사관에 머물던 고종으로서는 러시아와 미국의 지원을 받고 있는 정동파를 일거에 축출할 수는 없었다. 여전히 일본 군대가 서울에 주둔하고 있는 상황에서 섣불리 정동파를 제거할 경우 사태가 자신에게 불리하게 작용할 가능성도 있었다. 실제로 1896년 7월에 고무라에서 하라 다카시(原敬)로 일본공사가 교체되자 서울에서는 박영효와 의화군[義和君, 고종의 칭제 이후 영친왕(義親王), 1877~1955]이 돌아와 내각을 전복시킬 것이며, 일본이 군함을 동원할 것이라는 풍설이 떠돌고 있었다. 이로 인해 서울에서는 쌀값이 폭등하는 현상도 나타났다.

또한 보수 세력으로 다시 내각을 구성할 경우 이미 국내 문제에 깊이 개입하고 있는 서양 세력과의 교섭, 서양 문물의 수용 등에 차질을 빚을 뿐만 아니라 대내외적으로 반발에 부딪칠 수도 있었다. 따라서 고종은 왕권을 강화하면서 갑오개혁 이전에 추진했던 동도서기적 입장의 개화를 추진하기 위해 정치 세력 간의 갈등을 부추겨서 서로를 견제하도록 하려 했다.

고종은 김병시에게 의정부 제도를 부활시키라는 밀지를 내린다. 이에 김병시는 종전 6조의 6개부에다가 외부를 증설하여 모두 7개부로 조직을 개편하고 대신과 협판의 명칭을 상서(尙書)와 시랑(侍郞)으로 변경하는 의정부 제도의 복구안을 제출한다. 신기선과 심상훈은 승정원을 부활시키는 한편 관명과 직명을 예전으로 복구할 것을 요청했다. 심지어 내부대신 직속하에 있던 경무청을 다시 포도청으로 바꾸어 국왕이 관할할 것을 주장하는 대신도 있었다. 고종의 후원을 받는 보수파의 구제도로의 복구 요구가 거세지면서 정동파와의 갈등은 전면화되어갔다.

이때 보수파를 강하게 비판하고 나선 이는 서재필이었다. 의정부 복구를 둘러싼 신기선과 서재필의 설전은 1896년 6월 22일자 『한성신보』에 보도되었다. 서재필은 조선이 지금 점차 개화의 길로 들어서서 나라의 발전 조짐을 보이고 있는데 신기선이 무슨 의도로 구시대의 몽매함으로 구제도를 부활시키려 하는지를 따져 물었다. 이에 신기선은 갑신정변의 역적으로 망명하여 외국에 귀화한 후 외국의 신하된 자가 이제 와서 무슨 염치로 조선에 와서 해괴한 말을 늘어놓으면서 중화를 오랑캐로 바꾸려고 하는지를 되물었다. 이처럼 서재필과 신기선의 날선 설전이 진행되는 동안 보수 세력은 정동파 내각에 대한 선제공격에 나섰다.

신기선과 심상훈은 재야의 정성우(鄭惺愚)에게 서재필을 비롯한 정동파에 대한 탄핵상소를 올리도록 했다. 정성우는 갑신정변의 역적들이 살아 돌아와서 갑오의 난을 일으키고 을미의 대역을 양성했다고 하면서 정동파를 벌할 것을 주장했다. 이 상소에서는 서재필을 흉도로 지목하고, 갑오년의 역적으로 김가진과 안경수를, 탐관오리로 박정양과 조병직, 그리고 이윤용을 꼽았다. 특히 이윤용에 대해서는 공과 죄가 모두 큰데 한 집안사람이 모두 탐관이었다고 하면서 이완용에 대한 공격을 넌지시 덧붙였다. 그리고 고종의 환궁과 함께 구제도의 복구를 주장했다.

서재필 등은 정성우를 비방죄로 고등재판소에 고발했고, 고등재판소에서는 정성우에게 태 100대와 징역 3년, 그리고 서재필에 대한 배상금 1천 원을 선고했다. 그러나 고종은 특지를 내려 정성우의 형벌을 귀양 3년으로 감해주는 한편 김옥균을 암살하고 돌아온 홍종우를 궁내부 외사과장에, 박영효 암살에 실패하고 돌아온 이세직(李世稙)을 법무주사에, 원로대신 정낙용(鄭洛鎔)을 한성판윤에 임용하여 보수 세력에게 힘을 실어주었다.

조선 정계에 새로운 갈등이 불거졌지만, 러시아공사 베베르는 방관적 입장을 취하고 있었다. 그는 일본과의 외교적 마찰을 원하지 않았을 뿐만 아니라 보수 세력과 국내 유생층이 환궁을 요구하고 있었기 때문에 조선의 정치 문제에 간섭한다는 인상을 주고 싶어하지 않았다. 한편 이 무렵 러시아 니콜라이 황제의 대관식에 참가하기 위해 러시아에 머물고 있던 민영환(閔泳煥)이 좋지 않은 소식을 전해왔다. 민영환은 러시아로 출발하기에 앞서 고종으로부터 러시아의 지원을 받을 수 있는지를 알아보라는 지시를 받았었다. 그런데 러시아는 군사교관의 파견은 가능하지만 차관 제공은 어려우며, 고종의 환궁에 대해서도 왕의 의지에 따라 결정해도 무방하다는 입장을 민영환을 통해 알려왔다. 러시아의 지원을 기대했던 고종과 정동파에게는 실망스러운 소식이었다.

이러한 상황에서 1896년 8월 14일 보수 세력은 망명자 유길준과 공모하여 반역을 계획했다는 사건을 조작하여 유세남과 김춘희 등을 체포한다. 이를 통해 을미개혁 세력에 대한 반감이 확산되는 분위기를 조성한 신기선과 이종건은 현 내각의 정동파가 을미개혁의 일본파와 연계되었다는 내용의 상소를 사주했다. 이에 정동파는 서재필을 경무청 고문에 임명하도록 손을 쓰고, 법무고문 그레이트하우스(C.R. Greathouse)의 도움으로 진상을 규명할 수 있었다. 결국 유길준 관련 모반 사건은 허위임이 드러났지만, 이 사건을 조작했던 신기선과 이종건은 정치적으로 어떠한 타격도 입지 않았다. 고종과 보수 세력은 정동파가 갑오내각과 을미내각에 동조했던 사실을 부각시킴으로써 당시에 고조된 국내의 반일 감정을 더욱 증폭시켜 구체제를 복구하려 했다.

아관파천 이후 성립된 반일 성향의 정동파가 정치적으로 수세에 몰리고 있는 상황을 틈타 일본은 갑오개혁 때 체결한 잠정합동조관(暫定合同條款)에 근거하여 경부철도 부설권을 허가해달라고 외부대신 이완용을 압박하고 있었다. 이완용은 내각에서 이 문제를 논의했지만, 의병이 창궐하고 있고 철도 부지를 수용할 만큼 국가 재정이 넉넉하지 못하므로 현재로선 경부철도 부설이 어렵다는 결론을 내렸다. 일본은 경부철도 부설 허가를 내준다면 공사는 적당한 시기에 진행할 것이며, 잠정합동조관에서 이미 부설권을 약속한 바 있으니 지금 당장 이를 허가해달라고 이완용에게 수차례 요청했다.

경부철도 부설은 일본에게 매우 중요한 정치적·군사적 목적을 갖고 있었다. 러시아가 만주에 적극 진출하면서 시베리아철도와 만주철도를 연결하는 공사를 추진하고 있었기 때문에 일본은 이에 대한 대응으로 조선을 관통하는 철도 부설을 구상하고 있었다. 따라서 러시아와의 대립에서 우위를 점하기 위해서라도 경부철도 부설권을 반드시 따내야 하는 입장이었다. 일본은 잠정합동조관에서 약속한 경인철도 부설권을 모스에게 넘긴 사례를 들먹이면서 이번에 조선이 러시아 등에게 경부철도 부설권을 넘겨준다면 무력시위를 감행할 것이라고 이완용을 협박했다.

반면에 고종은 러시아의 지원을 더 끌어내기 위해 눈치를 보면서 경부철도 부설권의 허가를 지연시키고 있었다. 이완용은 사면초가에 빠져 있었다. 정치적으로 수세에 몰리는 상황에 대비해서 일본 및 친일 세력과의 연대 가능성을 열어놓고 있던 이완용은 고종의 뜻에 따라 일본에 대해 강경한 입장을 취할 수는 없었다. 또한 무력시위도 불사하겠다는 일본의 협박이 현실화될 경우 불안한 정국이 어떻게 급변할지도 예상할 수 없는 문제였다. 위기 상황을 돌파할 뾰족한 방법이 보이지 않자 이완용은 9월 초에 병을 핑계로 세 번에 걸쳐 사직상소를 제출하고 업무에 임하지 않았다.

이때의 상소에는 이완용의 복합적인 심정이 드러나 있다. 그는 "공적으로는 진퇴양난의 두려움을 품고 있고, 사적으로는 깊어만 가고 낫지 않는 병이 있습니다. 그렇게 되면 제 아무리 노력해도 일을 만나 실수 없는 자는 있지 않습니다"라고 하며 정치적으로는 보수 세력과 정동파의 갈등, 외교적으로는 고종과 일본의 갈등을 해결할 수 없는 자신의 어려움을 토로했다.

그러면서도 사직하지 말고 나와 업무를 보라는 고종의 명을 어기면서 상소를 올린 것은 고종에 대한 섭섭한 마음과 동시에 경부철도 부설권을 허가해야 한다는 압박이 함께 깔려 있었다. 그래서 이완용은 세 번째 상소에서 "신이 구차하고 편안하게 미적대면서 그럭저럭 세월이나 보내게 된다면 신병(身病)이 시름시름 고질이 되는 것이야 스스로 안타까워할 것도 없지만, 국사(國事)가 점점 날이 갈수록 잘 못되는 데에야 어찌하겠습니까. 이것이 신이 화급히 물러나기를 구하여 그만두지 않는 까닭입니다"라고 하면서 정치적 갈등과 외교적 마찰이 가져올 위험을 간접적으로 경고했다.

그러나 고종은 계속 이완용의 사임을 허락하지 않았다. 이완용의 강경한 사직상소는 이후 고종과 이완용의 관계에 틈이 벌어지는 계기로 작용한다. 이완용이 출근하지 않고 있던 상황에서 『아사히신문』 1896년 10월 8일자에는 이윤용과 이완용에 대한 고종의 총애가 예전만 같지 않다는 기사가 실렸다. 결국 이완용의 거듭되는 상소로 고종은 그에게 휴가를 주었다.

이완용의 사직은 러시아공사와 미국공사의 의구심을 불러일으키기에 충분한 것으로, 일본 역시 이완용의 사직 원인을 탐문하려고 했다. 일본은 경부철도 부설에 대한 고종과의 입장 차이 때문이라고 보고 있었지만, 보수 세력과의 정치적 대립 속에서 정동파의 수장격인 이완용의 사직은 여러 갈래로 여파가 미칠 수밖에 없었다. 주목할 점은 이완용이 9월 초에 사직상소를 올릴 때 내부대신 박정양 역시 매관 혐의를 받고 있는 자신의 죄를 청하면서 사직상소를 올렸다는 것이다. 이는 고종에 대한 압박용임과 동시에 정동파 내의 강경파를 겨냥한 것이었을 가능성이 높다. 즉 내각제를 통해 권력의 분립을 생각하고 있던 서재필과 의견을 같이하는 정동파 내의 강경한 입장을 누그러뜨려 타협점을 찾으려는 시도였을 가능성도 추측해볼 수 있다.

이완용이 휴가로 업무를 보지 않고 있던 9월 24일, 정동파는 보수 세력이 제안한 의정부 복구안에 합의했다. 이는 수세에 몰린 상황에서 고종의 뜻을 거스를 수 없다는 정치적 판단에서 비롯된 것이었다. 뒤이어 신기선이 서양을 경멸하고 기독교를 비난하는 내용의 『유학경위(儒學經緯)』를 저술하여 배포한 데 대해 외국 공사들이 반발하여 이를 폐간시키는 사건이 발생했다. 이에 신기선은 10월 1일 학부대신직에서 물러났다. 정치적 타협으로 갈등이 잠시 누그러진 상황에서 갈등의 한 축이었던 신기선의 사임은 정치적으로 이완용의 입지를 강화시켜주는 기회였다.

이러한 정치적 타협 속에서 이완용은 10월 14일 다시 외부대신으로 복귀했다. 경부철도 부설권 허가 문제로 사직상소를 올린 후 휴가를 갔던 이완용이 아직 이 문제가 해결되지 않았음에도 외부대신으로 돌아온 것을 보면, 이때의 사직상소가 단지 경부철도 부설권 문제로만 국한해서 제출된 것이 아니었음을 알 수 있다.

휴가에서 돌아온 이완용은 보수 세력이 일시적으로 위축된 상황에서 새로운 국면 전환을 도모할 기회를 보고 있었다. 그러나 장애가 모두 사라진 것은 아니었다. 러시아공사관에서 고종을 지근거리에서 모시고 있던 김홍륙이 새로운 세력으로 등장하고 있었다.

독립협회를 중심으로
세력 결집을 시도하다

아관파천으로 정권을 잡은 이완용 등의 정동파는 1895년 갑오내각에서 자신들이 추진하려다가 실패한 순한글신문을 창간하기 위해 1895년 12월에 귀국한 서재필을 지원했다. 서양에 대한 정보를 접하기 시작했던 1880년대부터 정부 관료와 개화파는 신문의 중요성을 깨닫고 있었다. 1882년 임오군란으로 반일·반외세 감정이 크게 고조되었을 때 고종은 『한성순보(漢城旬報)』를 발간하여 양반을 비롯한 식자층에게 서양 문물을 소개하면서 서양 문명이 부국강병을 위해 도입할 만한 것임을 알리려고 했다. 신문은 정부 정책을 선전하고 조선인을 계몽하는 데 매우 유용한 도구였기 때문에 갑신정변이란 정치적 소용돌이를 겪은 뒤에도 『한성순보』에 이어 『한성주보(漢城週報)』를 발간했다. 그러나 1888년 3월, 재정 적자로 『한성주보』가 폐간된 후 일반 조선인을 대상으로 한 신문은 발간되지 못하고 있었다.

한편 1894년에 일본인 아다치 겐조(安達謙藏)는 재조일본인을 위해 『한성신보(漢城新報)』를 발간하기 시작했다. 이 신문은 일본 외무성의 도움으로 창간되었는데, 신문이 없던 서울에서 갑오개혁 시기에 정치적 사건을 보도했으며 1895년 1월부터는 4면 중 3면을 국한문으로 발행하면서 조선인 식자층을 대상으로 일본에 유리한 여론을 형성하는 역할을 했다. 을미사변을 대원군의 짓이라고 보도했던 『한성신보』가 1896년 2월 18일에 고종의 러시아공사관 피신을 비난하는 기사를 내보내자 이완용이 일본공사에게 『한성신보』의 보도 태도를 비난하며 앞으로 이런 일이 없도록 해달라는 공문을 보낸 적도 있었다.

반일 정책을 추진하던 정동파로서는 당시의 유일한 신문으로 정동파에 비우호적인 『한성신보』의 이러한 보도 태도를 좌시할 수 없었다. 따라서 이들은 서재필의 『독립신문』 창간을 적극적으로 후원했다. 당시에 일본공사관도 『독립신문』 창간이 『한성신보』를 겨냥한 것이라고 보고 있었다.

1896년 3월 11일, 중추원 고문이었던 서재필은 신문 발행을 담당하는 농상공부 고문으로 자리를 옮겼다. 뒤이어 주미공사관 통역관이었던 이채연을 농상공부협판에 임명했다. 그리고 아관파천 직전 김홍집 내각에서 서재필에게 약속했던 신문 창간비 4,400원을 보조하고, 신문사 사옥으로 사용할 수 있도록 정동에 있는 정부 건물을 서재필 개인 소유로 등록하게 해주었다. 그 외에도 정동파 내각은 신문 우송료를 당시의 관보 우송료와 동일하게 할인해주는 한편 관료의 신문 구독료를 봉급에서 거둘 수 있도록 편의를 제공했다. 또한 중앙과 지방의 관료뿐만 아니라 학교 생도에게도 신문 구독을 지시하면서 동시에 『한성신보』의 구독을 중지하라고 했다.

한편 서재필은 『독립신문』 발간을 통해 조선인에게 서구를 모델로 하는 독립국가상을 전파하고자 했다. 이에 『독립신문』은 정동파의 정책을 지지하는 여론을 형성하는 한편 자유와 독립이라는 서구 이념을 전파하면서 서양인의 생활 습관과 기독교를 조선인이 본받아야 하는 문명개화의 상징으로 선전했다. 서재필은 의회 설립을 통한

1896년 4월 창간 당시에 『독립신문』은 한글판 3면과 영문판 1면으로 구성되었으며, 주 3회 격일간으로 발행되었다. 『독립신문』 창간호의 1면과 4면(영문판) 모습.

권력 분립을 지향하고 있었기 때문에 왕을 중심으로 통치권의 일부를 분점하려는 다소 소극적인 정치 개혁을 지향했던 이완용과는 입장이 달랐지만, 교육과 계몽을 통해 조선 사회를 변화시켜야 한다는 큰 틀에서는 소통하는 부분이 있었다.

『독립신문』은 창간호부터 정동파의 정책을 지지하는 여론을 조성하는 한편 의병 활동으로 고조된 반일 감정이 서구 일반 또는 개화에 대한 반감으로 확산되는 분위기를 차단하려고 노력했다. 그러나 최익현 등과 같이 척사론을 고수하던 유생층은 『독립신문』과 서재필을 지속적으로 비난하고 나섰다.

1896년 6월부터 정계에서는 정동파와 보수 세력의 대립이, 정계

외곽에서는 문명화를 주장하는 『독립신문』과 구제도로의 복귀를 주장하는 유생층의 대립이 진행되고 있었다. 정동파는 1895년 2월 박영효가 제안했던 영은문(迎恩門) 철거 계획을 추진하는 한편 그곳에 독립문을 세울 것을 제안한다. 앞서 박영효는 청일전쟁으로 청과의 조공 관계가 폐지되자 이를 기회로 조선인에게 독립심을 고취하기 위해 조공 관계의 상징물이었던 영은문, 모화관, 홍제원 그리고 청제공덕비를 헐어버리자는 제안을 했고, 뒤이어 영은문과 청제공덕비가 철거되었다. 정동파는 이미 철거되어 기둥만 남아 있던 영은문 자리에 독립문을 세움으로써 아관파천으로 실추된 조선의 이미지를 회복시켜 환궁을 주장하는 여론을 포섭하려 했다. 또한 독립을 유지하기 위해서는 변화와 개혁이 필요하다는 점을 대내외적으로 선전하여 그들의 정치적 입지를 강화하고자 했다.

그런데 독립문 건립 문제에는 고종과 서재필 등의 이해관계도 얽혀 있었다. 고종은 환궁을 요구하는 여론과 러시아에 의해 국내 정치가 좌우되고 있다는 국내외의 의구심을 잠재울 방편으로 독립문 건립을 환영했다. 서재필은 독립문 건립을 계기로 조선 인민이 독립 국가 유지와 문명개화를 동일선상에서 이해할 수 있도록 계몽하는 한편 조선 인민의 정치의식을 고양시키려 했다. 독립문 건립은 정치적 주도권을 유지하려는 정동파, 외세에 의지하고 있다는 이미지에서 벗어나려는 고종, 조선인의 정치의식을 고양시키려는 서재필 등 각기 다른 입장이 '독립국'이라는 기치 아래 모여 나온 결과물이었다.

이완용 등은 독립문 건립을 계기로 보수 세력의 발호에 대응하여 개혁을 표방하는 세력의 결집을 시도했다. 보수 세력과 유생층의 공격을 받고 있던 서재필 역시 『독립신문』의 발간만으로는 자신의 목적 달성이 어렵다고 보았기에 정치적 당파를 조직하여 그들의 힘을 빌리고자 했다. 보수 세력을 대립 축으로 한 양자의 이해관계는 7월 2일 독립협회의 설립으로 이어졌다.

이완용, 안경수, 김가진 등 14인의 발기인은 독립협회 창립총회를 개최하면서 독립문과 독립공원을 건설한다는 사업 목적을 표방함과 동시에 위원장으로 이완용을 선출했다. 또한 회석회의 겸 회계장에는 안경수(安駉壽, 1853~1900)를, 고문에는 서재필을 선출했다. 회원들은 대부분 1880년대 이후 추진된 서양 문물의 도입 과정에서 외국을 방문하거나 그곳에서 유학한 이들로 외국 상황을 비교적 잘 알고 있는 관료들이었다. 처음에 독립협회는 이들 관료의 정치적 결사체의 성격이 강했다.

갑오개혁 때부터 관료들 사이에서는 자파 세력을 결집하는 단체를 설립하려는 움직임이 있었다. 1895년에 박영효는 친일 개화 성향의 관료 모임인 조선협회의 설립을 주도했다. 박영효가 망명한 후 김윤식 등은 이 협회의 이름을 건양협회로 바꾸었지만, 결국 이완용의 반대에 부딪혀 건양협회는 해산되었다.

독립협회의 성격은 박영효가 주도해 결성했던 조선협회와 비슷하다. 왕권이 축소되면서 정치적 권력의 공백이 생기자 관료들이 자신의 목소리를 키우기 위해 비슷한 지향과 인맥을 이용해 결사체를 형성한 것은 상당히 자연스러운 현상이었다. 또한 상황이 급변하여 정치 세력의 지형도가 바뀌면 쉽게 해산될 수밖에 없는 운명인 것

독립협회에서는 영은문을 헐어낸 후 1897년 독립문을 완공했으며, 그 뒤편에 있던 모화관을 개조하여 독립관이라 이름 짓고 독립협회 회관으로 사용하였다. 독립관에서는 토론회를 비롯한 각종 행사가 개최되었다.

도 자연스러운 현상이었다.

독립협회도 관료들이 자신의 정치적 기반을 강화하기 위해 조직한 것이었다. 그러나 서재필이 『독립신문』을 발행하고 독립문과 독립공원 건립이라는 사업 목적을 분명히 천명한 후 고종의 후원을 받으면서 독립협회는 이전의 협회와는 달리 조선인을 대상으로 정치선전 활동을 전개할 수 있었다.

독립협회는 독립문 건립을 위한 모금 활동을 펼쳤다. 고종도 황태자 명의로 천 원을 기부했다. 쌀 한 가마가 5~6원 정도였으니 꽤 큰돈이었다. 이완용도 100원을 협회에 기부했다. 그리고 11월 21일에는 국민적 모금운동으로 확산된 독립문 건립을 알리는 정초식이 개최되었다.

현직 관료, 각국 외교사절단, 그리고 학생과 일반 시민 등 5~6천 명이 운집한 가운데 총대의원 이완용, 이채연, 권재형의 명의로 정초식이 거행되었다. 먼저 배재학당 학생들이 「독립가」를 합창하고, 선교사 아펜젤러가 축하 기도를 했다. 안경수가 인사말을 한 뒤 이채연, 이완용, 서재필 순으로 축사가 이어졌고, 다시 배재학당 학생들이 「진보가」를 합창했으며, 육영공원 학도들이 체조 시범을 보였다. 독립문 정초식은 요즘의 기념식과 거의 흡사하게 진행되었다.

이완용은 이때 처음으로 정초식에 모인 대중 앞에서 「우리나라의 미래」라는 제목의 연설을 했다.

독립을 하면 나라가 미국과 같이 세계에 부강한 나라가 될 것이요. 만일 조선 인민이 합심을 못하여 서로 싸우고 해치려고 한다면 구라파에 있는 폴란드란 나라처럼 모두 찢겨 남의 종이 될 것이다. 세계 역사에 두 본보기가 있으니 조선 사람들은 둘 중에 하나를 뽑아 미국같이 독립이 되어 세계에서 제일 부강한 나라가 되든지 폴란드같이 망하든지 좌우간에 사람 하기에 있는 것이니 조선 사람들은 미국같이 되기를 바라노라.•

이완용은 주미공사서리로 3년간 미국에서 지낸 경험을 되살려 미국과 같이 세계에서 제일 부강한 나라가 되기 위해서는 조선 인민이 독립을 위해 합심해야 한다고 했다. 국내 여론이 개혁과 구제도의

•『독립신문』, 1896년 11월 24일.

복구를 둘러싸고 대립하고 있던 상황에서 이완용은 국민의 단결만이 독립국가가 될 수 있는 유일한 길이라고 하면서 인민에게 애국심을 가질 것을 호소했다. 이날의 연설을 통해 그는 관료가 아닌 독립협회라는 정치단체의 위원장으로서 조선 인민과 처음으로 직접 만났다.

독립문 정초식이 거행된 후 독립협회는 개혁 정책의 정당성을 선전하기 위해 회원들을 대상으로 1896년 11월 『대조선독립협회회보』를 발간한다. 이완용은 독립협회를 자신들의 정책에 우호적인 관료들을 결집시키고 개혁과 독립 의식을 널리 확산시킴으로써 정부 내에서 주도권을 유지하기 위한 정치단체로 간주했다. 독립협회 고문이었던 서재필 역시 『독립신문』을 통해 정동파의 정책을 지지하는 여론을 조성하는 한편 이완용을 서양 각국과의 교제에서 뛰어난 능력을 발휘하는 관료라고 평가했다.

정계의 주도권 다툼, 그리고 고종의 환궁

고종이 러시아공사관에 머물던 1년 동안 이완용은 고종을 등에 업고 세력을 얻은 보수 세력에 맞서 정동파의 입지를 유지하려 하고 있었다. 정동파가 보수 세력의 반격에 맞서는 동안 고종과 러시아공사 사이에서 통역을 담당했던 김홍륙은 이용익(李容翊, 1854~1907) 등과 결탁하여 정치적 영향력을 확대하기 시작했다. 김홍륙은 함경도의 천민 출신으로 블라디보스토크를 왕래하면서 러시아어를 배워 역관이 된 인물이었다. 그는 이범진과 러시아공사 베베르 사이의 통역을 담당했으며, 춘생문 사건에도 관여했다. 당시 조선 정계에서 러시아어를 구사할 수 있는 거의 유일한 인물이었기에 김홍륙은 고종이 러시아공사관으로 피신했을 때 비서원승으로 임명되어 고종을 가까이에서 모시게 되었다. 한편 이용익은 일찍이 보부상 조직에 관여하면서 민영익과 친분을 쌓았고, 임오군란 당시 중전 민씨가 장호원에 피신했을 때 중전과 고종 사이의 편지를 전달하면서 중전의 신임을 얻어 관계에 진출했다. 그는 함경도와 평안도의 금광을 돌아다니면서 금광 개발에 대한 풍부한 지식도 갖고 있었다.

1896년 10월, 보수 세력을 대표하는 신기선이 학부대신을 사직하면서 정동파는 정적을 누르는 데 성공했다. 그러나 출신을 알 수 없는 김홍륙 등이 러시아공사와 고종을 등에 업고 부상해서 그 자리를 차지하기 시작했다.

한편 10월 21일, 니콜라이 황제의 대관식에 참석한 민영환이 러시아 차관을 얻는 데 실패한 채 러시아 군사교관 14명만을 데리고 귀국했다. 그는 고종에게 러시아가 적극적으로 조선을 도울 의사가 없으므로 더 이상 러시아공사관에 머물 필요가 없다며 환궁을 요청했다.

이완용은 기대했던 러시아의 원조가 성사되지 않자 실망하는 한편 김홍륙 등을 후원하면서 조선 내정에 적극적으로 간섭하려는 러시아공사에 대해 불만을 갖기 시작한다. 이에 그는 일본공사관원과 친분이 있는 독립협회 회장 안경수를 통해 은밀히 일본과의 제휴를 도모했다. 안경수는 이완용, 이윤용, 민영환 등의 의중을 일본공사관에 전달하여 일본의 협조를 끌어내려고 했다.

이완용은 왕이 더 이상 자신을 총애하지 않으며, 새롭게 등장한 김홍륙 등을 비롯하여 정계에 남아 있던 보수적인 원로대신들도 자신과 형인 이윤용을 꺼려한다고 판단하고 있었다. 사직하고 싶은 마음도 있었지만, 미국공사 실이 고종에게 자신과 형의 유임을 간절히 요청하고 있고, 러시아공사도 미국공사의 의견을 존중하여 고종에게 이들의 사임을 만류하는 상황이었기에 그는 고민하고 있었다.

그러면서도 그는 현 상황을 타개할 대책을 세우고 있었다. 이완용은 러시아의 영향력을 견제할 수 있는 세력이 일본임을 알고 있었다. 그러나 일본을 끌어들이는 것은 조선에서 일본과 러시아가 충돌할 계기를 마련해주는 것으로 조선이 일본과 러시아의 틈바구니에 끼게 되면 더 큰 어려움이 생길 것이라고 내다보고 있었다. 1904년 러일전쟁이 발발하면서 조선이 일본의 점령지가 되었던 사실을 상기한다면 외부대신으로서 그의 예견은 매우 정확한 것이었다.

그는 러·일의 충돌을 피하기 위해 미국인을 고문으로 고빙(雇聘)하여 내정 개혁을 위임하는 방법을 강구했다. 그리고 러시아의 세력 확대를 저지하는 일이라면 일본 정부가 나서줄 것이라고 보고 일본 정부가 미국 정부에 미국인 고빙을 알선해줄 것을 요청했다. 나아가 미국인 고문에게 내정 개혁을 위임하여 실행하려면 러시아공사의 영향력을 축소해야 하는데, 그 방법 중 하나가 고종의 환궁이라고 보았다.

이에 이완용은 안경수를 통해 미국인 고빙에 대한 일본 정부의 알선을 끌어내려 했고, 다른 한편 민영환을 설득해서 내각 대신들이 사표를 불사하는 환궁 주청에 나서도록 했다. 그리고 민영환과 자신이 합의한 내용을 밝히지 말라고 안경수에게 지시했다.

독립협회 위원장 이완용의 계획에 따라 독립협회 회장 안경수는 자파 세력의 위기를 타개하기 위해 물밑에서 정치 공작을 실행에 옮기고 있었다. 그러나 계획을 실행하는 데는 몇 가지 난관이 기다리고 있었다.

고종의 환궁을 압박하려면 원로대신들 사이에서 여전히 영향력을 행사하고 있는 민영준을 설득할 필요가 있었다. 그는 1894년 이전에 민씨 척족 세력의 거두로서 청의 위안스카이를 등에 업고 국정을 전담했으나 부정부패를 일삼아서 농민군의 지탄 대상이 되었으며, 이로 인해 일본으로 피신해 있었다. 민영준은 그곳에서 일본 정계의 인물들과 교제하고 있었기 때문에 그의 입각은 일본 정계 내에서 일고 있던 조선에 대한 반감을 누그러뜨릴 수 있는 방법 중 하나였다. 그러나 민영준을 설득하기란 쉽지 않았다.

그래서 이완용은 일본에 있는 송병준(宋秉畯, 1858~1925)을 활용하려는 계획을 짰다. 송병준은 민영환의 식객으로 있다가 무과에 급제하여 오위도총부 도사, 감찰 등을 지냈고, 김옥균을 암살하기 위해 일본에 건너갔다. 그러나 김옥균에게 설득당해 그의 동지가 되었고, 1886년 귀국하자마자 역적 김옥균과 함께 모의한 자로 지목되어 투옥되었다. 결국 그는 민영환의 주선으로 석방되었지만, 다시 김옥균과의 관계로 인해 체포령이 내려지자 일본으로 피신했고, 일본에 있던 민영준과는 매우 긴밀한 사이였다. 그래서 송병준에게 조선에 있는 민영환을 일본 정부가 적극 후원하게 하자고 하면서, 민영준을 설득해서 그를 귀국시킬 수 있는 기회를 만들자고 했다.

송병준에 대한 이완용의 계획이 어떻게 실행되었는지는 알 수 없다. 다만 민영환이 고종에게 환궁을 요청하면서 조선의 안위를 위해서는 일본과의 관계 개선이 시급하다는 것을 피력했다는 점, 그리고 모스가 자본금을 모집하지 못해 부설이 지연되고 있는 경인철도에 대해 이완용이 계약을 파기할 수 있는 상황을 탐문하여 일본인에게 철도 부설권을 양도할 수 있음을 은근히 내비치고 있었던 점을 통해 미루어본다면, 일본 정부를 움직이기 위해 이완용이 안경수를 시켜 물밑에서 송병준과의 연락을 시도했을 가능성을 배제할 순 없다.

이완용은 일본 정부의 환심을 사려 했지만, 일본 정부는 좀처럼 움직이지 않았다. 그 이유는 일본 정부가 러시아와의 마찰을 원하지 않았으며, 조선 각지에서 일고 있는 반일 감정 때문에 조선에 간섭하고 있다는 인상을 피하기 위해서였다. 또한 조선 정계가 어떻게 변할지 예측할 수 없는 상황에서 이완용의 계획에 적극 동의할 수도 없었다.

그러나 이완용은 일본이 미온적인 반응을 보이고 있음에도 불구하고 이 계획을 실행에 옮겼다. 안경수를 통해 일본공사와의 관계를 돈독히 하는 한편 환궁 문제에 대해 중립적이었던 박정양, 이채연, 민종묵 등을 설득했다. 그리고 민영환을 앞세워 고종 환궁운동을 벌여 나갔다.

새로이 고종의 신임을 얻었던 김홍륙은 환궁운동에 반발하면서 이들 세력을 무력화시키기 시작했다. 당시에 내각원들은 정무를 집행하느라 고종을 매일 알현할 수 없었던 반면 김홍륙 등은 매일 고

민영환(閔泳煥, 1861~1905). 고종의 명을 받고 러시아 황제의 대관식에 참석해 러시아의 의중을 파악하고 돌아온 그는 고종이 러시아공사관에서 나올 것을 요청하며 환궁운동에 앞장섰다.

종 곁에서 국정과 인사에 대해 이야기를 주고받을 수 있었다. 여기에 러시아공사와의 친분을 두텁게 쌓고 있던 엄귀인(嚴貴人)이 합세하면서 이들의 영향력이 내각 관료의 세력을 압도하고 있는 형세였다.

이런 상황에서 성품이 곧고 괄괄한 민영환이 인사 문제에 대해 고압적인 태도로 간섭하는 김홍륙과 말다툼을 했다. 환궁운동에 앞장선 민영환에 대해 불만을 갖고 있던 김홍륙은 이를 계기로 러시아공사와 고종에게 민영환을 비난했고, 이 일로 민영환은 스스로 6개국 (영국·프랑스·독일·러시아·오스트리아·이탈리아) 공사를 희망하며 조선을 떠났다.

김홍륙과 사이가 나쁘지 않았던 박정양마저도 정계에 남아 있는 것이 쉽지 않았다. 뇌물을 받고 지방관을 추천한 것을 박정양이 승인한 사건이 문제가 되자, 김홍륙은 유생들을 사주해 박정양의 매관을 고발하는 상소를 올리게 했다. 결국 박정양은 내부대신을 사임하는 상소를 올려 정계를 떠나려 했다.

신중한지라 갈등의 전면에 나서지 않았던 이완용도 김홍륙과 마찰을 빚었다. 김홍륙은 자파인 이세직을 외부 참서관에 임명했다. 이세직은 김옥균과 박영효를 암살하기 위해 홍종우가 일본에 파견되었을 때 그와 동행한 인물인데, 이완용은 정동파와 함께 이세직의 임명을 거절했다. 이 일로 김홍륙은 이완용에게 반감을 갖게 되고, 이완용과 고종 사이를 이간질하기 시작했다. 김홍륙 등의 정치 공세로 인해 민영환, 박정양이 정계에서 물러나면서 이완용의 고종 환궁 계획은 성공하지 못한다. 그리고 새롭게 등장한 고종의 '총신'에 의해 그는 점차 정계에서 밀려난다.

그러나 정동파는 아직 고종에게 유용한 세력이었다. 김홍륙 등의 득세로 실권은 상실했지만, 미국공사관과 소통할 수 있는 이완용 등을 내각에서 완전히 밀어낼 순 없었다. 또한 보수 세력과 정동파 세력을 서로 견제시킴으로써 왕권을 강화해가던 고종은 김홍륙 등의 독주를 견제할 정치 세력이 필요했다. 그래서 고종은 정동파를 정치적 위기에 몰아넣으면서도 "언제고 다시 내가 너희를 신임할 수 있다"는 신호를 보내고 있었다.

환궁 분위기가 무르익어가던 1897년 1월 중순, 고종이 미국공사관으로 파천할 가능성이 있다는 소문이 은밀히 나돌았다. 정동파가 고종의 의중이라면서 러시아의 간섭에서 벗어나기 위해 일본공사관이나 미국공사관으로 옮겨가는 문제를 은밀하게 타진했기 때문이었다. 이에 대해 김홍륙 등은 크게 반발하여 고종에게 미국공사관 파천은 불가능하다고 협박에 가까운 말을 했고, 김홍륙의 발칙함에 고종은 크게 기분이 상했다. 이처럼 고종의 의중이 달라지면 언제든 상황이 변할 가능성이 있었기 때문에 이완용은 정계에서 완전히 떠날 순 없었다.

이완용의 고종 환궁 계획은 실패했지만, 고종은 환궁할 수밖에 없는 상황에 몰리게 된다. 처음 러시아공사관에 피신했을 때 정국이 안정되고 경운궁의 수리 작업이 끝나는 대로 환궁하겠다는 교지를 내린 적이 있기 때문에 고종은 환궁 요청 상소가 올라올 때마다 경운궁의 수리가 끝나지 않았다는 이유로 이를 받아들이지 않았다. 그러던 중 1897년 1월 말 경운궁의 수리가 거의 끝나감에 따라 유생층이 줄기차게 주장해왔던 환궁을 더 이상 미룰 명분이 사라졌다. 김병시와 조병세 등 원로대신들이 먼저 고종의 환궁을 건의하는 상소를 올렸고, 여기에 유생 200명이 연명하여 같은 상소를 올렸다. 또한 환궁을 촉구하는 서울의 시전 상인들이 철시를 하려는 움직임도 포착되고 있었다.

내각원 또한 민심의 이반을 이유로 고종의 환궁을 촉구했다. 고종은 1897년 2월 20일 마침내 경운궁으로 돌아왔다. 결과적으로 고종의 환궁이 실현되었지만, 이완용은 환궁을 주도하지 못함으로써 자신이 계획했던 미국인 고문을 통한 내정 개혁 역시 실현할 수 없었다. 원로대신, 유생, 정동파 등은 고종의 환궁에 찬성했지만, 어느 누구도 정국을 주도하지는 못했다. 따라서 정계 개편의 주도권은 환궁으로 왕의 건재를 과시할 수 있었던 고종의 손에 넘어갔다.

고종과의 대립,
뒤이은 중앙 정계에서의 퇴출

고종은 환궁 후 대외적으로 조선의 위상을 높이기 위해 쇄신을 표방하면서 정계를 개편했다. 러시아공사 역시 고종의 뜻에 따라 내각원이 아니면서도 영향력을 행사해왔던 김홍륙 대신 친러 성향의 인물들이 정부 요직에 기용되도록 입김을 불어넣었다.

고종은 의정부 의정에 김병시, 궁내부 특진관에 조병세(趙秉世, 1827 ~1905)와 정범조(鄭範朝, 1833~1898) 등 비교적 신망 있는 보수적 인사들을 등용했다. 그리고 독립국의 이미지를 구축하기 위해 칭제건원(稱帝建元)을 추진하는 한편 교전소를 설치하여 왕권 강화와 제도 개혁을 추진했다.

그러나 러시아의 지원을 기대하던 고종에게 불쾌한 소식이 전달되었다. 일본이 아관파천 기간 동안 러시아와 일본의 외교적 마찰을 조율하기 위해 체결했던 베베르-고무라 각서(1896)와 로바노프-야마가타 의정서(1896)의 내용을 공개한 것이었다. 협정 내용은 러시아가 일본과의 협의 없이는 조선에 재정 및 군사 지원을 할 수 없다는 것이었다. 고종이 러시아와 차관 교섭을 추진하던 상황에서 비밀리에 체결된 러·일 간의 협정 내용이 공개되면서 고종을 비롯한 조선 정계에 러시아에 대한 실망과 반감이 일었다.

내각에서는 이 협정서를 외교상 보통의 통지서 정도로 간주하여 처리할 것을 결정했고, 외부대신 이완용은 이 협정서에 조선 정부가 관여한 바가 없기 때문에 이는 조선의 자주권 행사와 무관하다는 내용으로 일본공사 가토 마쓰오(加藤增雄)에게 회답했다.

그러나 러·일의 협정은 조선의 독립국으로서의 이미지를 실추시
킨 사건이었다. 『독립신문』 역시 이 협정에 대해 매우 불쾌한 입장
을 표명하면서 조선이 명실상부한 독립국이 되려면 정부를 개혁해
야 한다고 목소리를 높였다. 이완용 역시 정부가 진보되지 못해서
재정과 군사 등 중대 사안에 대해 타국의 간섭을 받는 치욕을 겪게
되었다고 하면서 정부 개혁론을 강하게 주장하고 나섰다. 구제도를
복구하고 왕권을 강화하고자 하는 고종의 계획이 조선의 국가적 이
미지가 실추되는 사건에 봉착하여 정부 개혁을 주장하는 여론에 밀
리기 시작한 것이었다.

환궁과 러·일 비밀 협정을 계기로 국정 쇄신의 분위기가 일어나
자 이완용은 다시 정부 조직 개편을 주장함으로써 개혁을 통해 정계
의 주도권을 잡으려고 했다. 한편 고종은 갑오개혁 때 폐지된 의정
부를 부활시켜 왕권을 강화하려 했기 때문에 이완용이 주장하는 의
정부 관제 개정을 위한 교전소 설치를 전면적으로 반대할 수는 없었
다. 이에 고종은 3월에 교전소를 설치하고, 구성원으로 보수적인 원
로대신인 의정 김병시 등 5명과 박정양, 이완용, 서재필 등 정동파
3명, 그리고 르장드르(Charles Le Gendre), 그레이트하우스, 브라운(J.
McLeavy Brown) 등 외국인 고문 3명을 임명했다.

그러나 인적 구성으로 볼 때 교전소에서는 제대로 된 논의를 진행
할 수 없었다. 표면적으로는 구본신참(舊本新參), 즉 구제도를 근본으
로 하고 신제도를 참작한다는 뜻을 표방한 고종의 의중은 사실상 구
본에 방점이 찍혀 있었다. 반면에 교전소의 구성원 11명 중 개혁을

주장하는 정동파와 외국인 고문이 6명으로 이들은 과반이 넘었다. 보수 성향의 원로대신들은 교전소 활동을 탐탁지 않게 생각했고, 회의에도 여러 차례 불참했다. 또한 그들이 불참한 가운데 정동파와 외국인 고문에 의해 이뤄진 회의 내용에 대해 고종의 불만도 커져갔다.

4월에 들어서는 러시아 군사교관 고용 문제로 이완용, 서재필과 그레이트하우스 간의 의견이 갈리면서 회의가 거의 열리지 못했다. 이완용은 박정양, 서재필과 함께 교전소 회의를 계속할 것을 주장했지만, 구성원의 불참과 사퇴 속에서 회의는 제대로 진행되지 않았다.

이때 이완용은 외부대신으로 고종, 러시아, 일본 사이의 이견을 조율하는 임무를 맡고 있었는데, 이 과정에서 고종과의 신뢰 관계가 점차 무너지고 있었다. 첫 번째 문제는 2월 말 러시아공사 베베르가 영흥, 길주, 삼수, 단천의 금광과 석탄 채굴권을 4명의 러시아 사업가에게 허가해줄 것을 요청한 데서 비롯되었다. 고종은 러시아공사관에 머물 때 이미 베베르에게 이를 약속한 바가 있고, 환궁한 지 얼마 되지 않은 상황에서 러시아의 요구를 거절하기 곤란하다면서 러시아공사가 요구한 4개 지역 중 2곳의 채굴권을 허가해줄 것을 이완용에게 지시했다. 그러나 이완용은 러시아인에게 채굴권을 허가해줄 경우 현재 협상 중인 독일과의 은산금광 채굴권 협상에서 불리해질 수 있다는 이유로 고종의 지시에 반대했다. 이에 대해 고종은 독일에게 은산금광 이외에 2개 지역의 광산을 선정하도록 하고 그중 한곳의 채굴을 허가해주는 대신 러시아의 요구를 들어주면 별 문제가 없을 것이라고 하며 러시아에 대한 광산 채굴권 허가를 다시 지시했다. 이완용은 러시아에 한곳의 채굴권만을 허가해줄 것을 다시 요청했고, 고종의 재가를 받았다. 두 사람의 입장 차이가 일단 타협안을 찾은 셈이었다.

외국에 대한 이권 분배 과정에서 불거진 고종과 이완용의 의견 대립은 이미 경부철도 부설권 허가 문제에서도 드러나 있었다. 그때에도 고종은 통치권을 유지하기 위해 러시아의 재정적·군사적 원조를 기대하면서 일본에 대한 경부철도 부설권 허가를 지연시켰던 반면, 이완용은 외교적 마찰을 되도록 피하는 방향으로 경부철도 부설권을 허가하는 것이 타당하다는 입장을 견지했다. 외국에 이권을 주는 문제에서 고종과 이완용의 정치적 입장이 갈리고 있었던 것이다. 그럼에도 불구하고 이완용은 되도록 고종의 지시를 반영하려 했다. 그래서 외교적 마찰이 불거지지 않도록 매번 타협안을 제시해 고종을 설득하곤 했다. 고종 역시 이완용이 제시한 타협안이 외교적 마찰을 일으키지 않으면서 적절한 선에서 일을 해결할 수 있다고 생각했다. 그래서 고종은 외교적 마찰이 불거질 때면 이완용에게 문제의 처리를 맡기곤 했다.

그러나 외교 문제에 대한 고종과 이완용의 이러한 관계는 그해 5월 러시아 군사교관의 추가 고용건 문제로 균열을 일으키기 시작했다. 베베르는 고종의 환궁에 대해 크게 이의를 제기하지 않았는데, 러시아 군사교관이 훈련하는 시위대를 통해 고종에 대한 러시아의 영향력을 여전히 유지할 수 있다고 보았기 때문이었다. 베베르는 고종의 환궁 전에 시위대를 훈련할 러시아 교관의 추가 고용을 요청했고,

내락을 받아두었다. 그리고 환궁 후 고종과 러시아의 관계가 삐거덕거리기 전에 이 문제를 매듭지으려 했다. 베베르는 고종에게 러시아의 군사교관 160명의 추가 파견안을 수락하지 않는다면 궁궐 경비병을 철수시키겠다고 위협하고 나섰다.

사실 고종은 환궁 직전부터 러시아공사의 적극적인 간섭에 부담을 느끼고 있었다. 그는 러시아와의 관계 악화를 우려해 금광 채굴권을 허가해주기는 했지만, 러시아 군사교관의 추가 고용에 대해서는 주저하고 있었다. 고종은 자신의 안위를 위해서는 시위대를 강화해야 했지만, 러시아 교관을 고용하면 러시아의 간섭이 더 심해질 수 있다고 생각했다. 고종은 베베르의 요청을 허락도 거절도 할 수 없는 상황에 빠졌다. 반면에 이완용은 러시아의 영향력을 배제하기 위해서라도 이 문제를 허가할 수 없다는 강경한 입장을 취하고 있었다.

한편 미국공사 실은 조선에서 미국의 이권을 확보하기 위해 러시아의 군사교관 추가 파견에 찬성하고 있었다. 실은 조선의 치안이 불안해져서 미국이 확보한 운산금광 운영이 어려워지면, 추가 이권의 획득이 어렵다고 본 것이었다. 그는 그레이트하우스와 알렌을 동원해 이완용을 설득하려고 했다.

이완용은 "지금 우리나라가 러시아로부터 무관을 고용하는 일은 실로 조선의 흥망이 걸린 것이다. 나의 생사는 논할 가치가 없지만, 조선은 한 번 죽으면 다시 소생할 수 없다. 내 몸이 죽어서 이 일을 방지할 수 있다면 지금 죽는 것이 영광스러운 것이다"라고 하며 자신의 입장을 굽히지 않았다. 그가 이처럼 강경한 입장을 고수했던 또 다른 이유는 서재필을 포함한 정동파가 배후에 있기 때문이었다.

미국공사 실은 서재필이 이완용을 사주하고 있다고 보았기 때문에 서재필을 찾아가 이완용을 설득해줄 것을 종용하기도 했다. 그러나 서재필 역시 강경하게 거절하면서 미국공사의 이 같은 행동을 『독립신문』에 게재하겠다고 되받아쳤다. 일본 역시 로바노프-야마가타 의정서를 들먹이면서 이 문제가 양국의 합의를 위반하는 것이라고 반대했으며, 러시아공사에게 동조하는 미국공사에 대해 강력히 항의했다.

일본의 강력한 반발에 부딪친 고종은 고용 교관의 수를 반으로 줄이는 중재안을 제시했고, 이에 대한 결정을 내각에 위임했다. 러시아 군사교관 초빙건을 둘러싼 러시아와 일본의 외교적 마찰로 인해 부담을 느꼈던 고종은 일단 내각으로 결정을 미룬 것이다. 그러면서도 고종은 자신의 중재안이 내각에서 결정될 수 있도록 원로대신 심상훈을 뒤에서 조종하고 있었다.

고종이 낸 중재안에 대해 내각원들은 대부분 반대했다. 고종의 밀지를 받은 군부대신서리 심상훈만이 찬성했을 뿐이다. 고종의 중재안이 내각회의에서 반대에 부딪히자 고종은 심상훈에게 은밀히 지시해서 러시아 교관 수를 21명으로 줄이는 절충안을 마련해 외부를 경유하지 않은 채 러시아공사에게 보냈다. 심상훈의 절충안을 받은 베베르 공사는 러시아가 조선의 군제 개혁을 원조하겠다는 조회를 외부대신 이완용에게 발송했다. 이완용은 외부를 거치지 않은 고빙의뢰 건은 정당한 절차를 거치지 않은 것이기 때문에 인정할 수 없다는 조회를 러시아공사에게 보낸 후 심상훈의 월권행위에 대한 항

의로 사직상소를 올렸다. 심상훈 뒤에 고종이 있다는 것은 누구나
아는 사실이었다. 이완용은 그동안 쌓여 있던 고종에 대한 불만을
사직상소를 통해 드러냈다.

교전소 회의가 고종과 보수 세력의 불만으로 제대로 진행되지 못
하는 가운데 불거진, 러시아 교관 고빙 건을 둘러싼 고종과의 입장
차이는 이완용의 정치적 입지가 크게 좁아지고 있음을 증명하는 것
이었다. 신중하고 조심스러운 이완용이 이처럼 강경한 입장을 보인
것은 군신의 신뢰 관계만으로 고종과의 관계가 유지될 수 없음을 분
명히 밝힌 것이나 다름없는 일이었다. 그와 동시에 정치 세력의 수
장으로서의 이완용과 통치권자로서의 고종 사이에 균열이 생겼음을
의미하는 것이었다.

이완용의 사직상소로 내각의 반대 여론은 더욱 커졌고, 러시아와
일본 사이의 외교적 마찰 또한 더욱 불거졌다. 베베르는 일본과 교
섭 중이므로 고빙 건은 일단 유보하겠다고 통보했다. 그러던 와중에
유생 채광묵(蔡光默, 1850~1906)은 이완용이 외부대신으로 갑신정변
과 을미사변의 역적들을 소환하는 일을 방기했을 뿐만 아니라 오히
려 비호하고 있다면서 그의 처벌을 요청하는 상소를 올렸다. 이는
러시아를 반대하는 데 앞장섰던 이완용에 대한 정치적 공격이었다.

교전소 부총재와 외부대신으로서 자신의 입지가 사라진 상황에서
이완용은 계속 사직상소를 올렸다. 그러나 고종에게는 여전히 이완
용이 필요했다. 러시아의 간섭이 부담스럽긴 했지만 섣불리 일본을
끌어들일 수도 없었던 그에게 이완용은 러시아를 견제하면서도 원
조를 구할 수 있는 미국과 소통 가능한 인물이었다. 또한 개화 성향

의 고위 관료 중에서 자신의 통치권을 크게 위협하지 않았던 이완용은 고종이 국정 운영 과정에서 쇄신의 카드로 내놓을 수 있는 몇 안 되는 인물이었다. 고종은 이완용의 사직을 허락하지 않았고, 여전히 그가 외부대신으로 있으면서 정치인이 아닌 왕의 충성스러운 관료로 외교적 마찰을 중재해주길 원했다. 고종은 이완용이 자신과 정치적 입장을 달리한다는 점을 알고 있었지만, 신중하고 충성심 있는 그가 자신을 배신하지 않을 것이라는 믿음도 갖고 있었다. 두 사람 사이의 균열이 확인되고 있었지만, 그것은 더 이상 확대되지 않았다.

한편 조선에 대한 강압적인 간섭 정책을 펼치기 위해 러시아 외무성이 베베르를 경질할 것이라는 소문이 돌았다. 이에 베베르는 러시아 정계에서 자신의 입지가 크게 축소되었음을 알았으나, 여전히 조선에 남아 궁내부 고문관으로 지내길 원했다. 베베르가 부담스러웠던 고종은 이완용을 시켜 궁내부 고문관인 프랑스인 르장드르의 임기가 아직 끝나지 않았고, 미국이 임기 만료 전에 고문관의 교체를 원하지 않는다고 주장하게 했다.

강력한 반러 세력이 된 이완용은 베베르의 압력에 의해 1897년 7월 외부대신에서 물러나 학부대신이 되었다. 그리고 그해 9월 평안남도 관찰사로 임명되면서 중앙 정계에서 밀려났다.

러시아 견제의 배후 세력으로
재기를 노리다

이완용은 평안남도 관찰사로 임명되었으나 그곳에 부임할 수 없었다. 러시아에 대한 반감이 커져가던 상황에서 고종이 러시아의 영향력에서 벗어날 방법을 강구하고 있었기 때문에 이완용은 이 기회를 틈타 고종의 신임을 얻어 재기할 가능성을 엿보았기 때문이었다. 그는 여주에 있는 양부의 건강 악화를 이유로 자신이 멀리 떠날 수 없기 때문에 사직할 수밖에 없다는 상소를 올렸다. 이에 반러 세력으로서 이완용이 필요했던 고종은 상소를 받아들인 후 그를 중추원 의관으로 임명했고, 다시 1897년 9월 29일 비서원경으로 임명하여 자신의 곁에 두었다. 여기에는 베베르의 후임으로 온 스페이어(Alexis de Speyer)의 간섭을 견제하고자 하는 고종의 정치적 의도가 깔려 있었다.

1897년 9월 베베르의 후임으로 서울에 도착한 스페이어 공사는 조선 정계 내의 반러 세력을 축출하기 위해 고종을 더욱 압박했다. 그는 제물포에 러시아의 극동함대를 정박시켜놓은 후 고종이 자신의 요구를 들어주지 않을 경우 왕실 호위를 맡고 있는 시위대를 철수시키겠다고 협박했다. 또한 이완용의 후임으로 외부대신에 임명된 친러 성향의 조병식은 고종을 설득하여 러시아의 요구를 수용할 것을 주장했다. 이러한 강압으로 인해 고종은 유보되었던 러시아 군사교관 고빙을 허가하는 한편 재정고문이자 총세무사로 관세를 감독했던 영국인 브라운을 해고하고 러시아인 알렉세예프(K. Alexeev)

를 그 자리에 임명했다.

한편 일본은 로바노프-야마가타 의정서를 위반했다며 러시아와 대립각을 세우고 있었다. 이러한 대립 속에서 러시아 군함의 제물포 정박에 대응하여 일본이 군대를 파견하려 한다는 소문이 나돌았고, 러시아와 일본이 조선에서 교전을 벌일지도 모른다는 위기감이 팽배해졌다.

러시아의 강압에서 벗어나려 했던 고종은 강력한 반러 입장을 취하던 이완용이 필요했다. 이완용이 비서원경으로 임명된 지 며칠 되지 않은 10월 초, 고종은 내관을 시켜 1897년 7월 주한미국공사로 임명된 알렌에게 미국공사관으로 피신할 수 있는지를 타진했다. 알렌은 조선 문제에 개입하지 말라는 미국 국무부의 훈령을 받은 데다가 미국의 이권을 유지하기 위해 러시아와 일본의 대립에 개입할 생각이 없었다. 더구나 아관파천에서 돌아온 지 1년이 안 되어 다시 미관파천이 이루어진다면 미국이 외교적으로 담당해야 할 부담이 너무 컸다. 알렌은 미관파천이 고종에게 최악의 일이 될 것이며, 미국공사관에 온다 해도 보호해줄 수 없다며 고종의 제안을 단호하게 거절했다.

물론 고종의 미국공사관 피신 계획의 뒤에는 이완용이 있었을 가능성이 높다. 사실 환궁 직전에도 김홍륙 세력의 견제를 위해 정동파 등이 미국공사관으로의 피신을 고려한 적이 있었다. 그러나 알렌의 강력한 거부로 이 계획은 실현되지 못한 채 오히려 러시아공사 스페이어의 강압이 더욱 거세지는 계기로 작용한다.

스페이어는 김홍륙 등의 친러파 인사를 동원하여 고종이 러시아를 배척한다면 제2의 아관파천을 단행할 것이라고 협박하는 한편 러시아 하사관이 궁중 각처를 순시하게 했다. 그리고 고종 옆에 4명의 러시아 하사관을 배치하여 스페이어의 허가 없이는 그 누구도 고종에게 접근하지 못하도록 했다. 러시아를 두려워하는 분위기가 조성되는 가운데 고종과 내각원 모두는 이제 더 이상 러시아를 반대하는 목소리를 낼 수 없게 되었다.

이완용은 고종과 내각원이 더 이상 러시아에 대항할 수 없다고 판단했고, 이에 윤치호, 서재필 등 독립협회 세력들과 긴밀히 접촉하면서 러시아에 대한 반대 여론을 고양시키고자 했다.

독립협회는 결성 초기에 개화 성향의 세력을 규합하여 보수 세력을 견제하려는 정치적 목적을 갖고 있었고, 구제도를 복원시키려는 보수 세력을 비판하고 개화의 정당성을 확산시키기 위해 『독립신문』 등을 활용하고 있었다. 그러나 1897년 5월 러시아 군사교관 고용 건으로 불거진 러시아와의 마찰로 인해 점차 반러 성향의 세력이 속속 협회에 가입하기 시작했다. 5월 23일, 독립관 현판식을 계기로 주일공사 이하영, 군부협판 민영기(閔泳綺, 1858~1927), 경무사 김재풍(金在豊, 1887~1961) 등이 가입했고, 7월 3일에는 법부대신 한규설 등이 독립협회 위원으로 선출되었다.

독립협회의 구성원이 확대되면서 조직에도 변화가 생겼다. 독립협회가 관료의 사조직으로 변질될 것을 우려하는 목소리가 제기되었기 때문이었다. 8월에 독립협회는 집행부의 권한을 강화하기 위해 협회의 정기 회의를 토론회 조직으로 전환했고, 토론회 회장으로 안경수, 부회장으로 이완용, 서기로 윤치호와 이상재 등을 선출했다. 여전히 정동파가 협회의 운영권을 갖고 있었지만, 토론회를 중심으로 하는 운영 체제의 수립은 이후 독립협회가 대중조직으로 확산될 수 있는 가능성을 열어놓은 것이었다.

한편 이완용이 맡고 있던 독립협회의 위원장직이 언제 폐지되었는지는 정확히 알 수 없다. 다만 1898년 2월 27일 독립협회 임원 개편 직전의 임원진을 보면 회장은 안경수, 부회장은 이완용으로 되어 있는데, 이러한 사실로 볼 때 1897년 8월에 결성된 토론회 조직이 점차 독립협회 조직으로 대체되었다고 추측해볼 수 있다.

이완용은 비서원경으로서 고종의 반러 정책을 지원하기 위해 독립협회와의 연락을 담당하는 한편 『독립신문』을 통해 반러 · 친고종 여론을 조성했다. 1897년 10월 고종의 황제 즉위식 직전에 『독립신문』은 황제 칭호 사용을 환영하면서 "조선이 차차 자주 독립될 징조인 듯하다"고 추켜세우기도 했다. 또한 독립협회는 고종의 요청에 의해 11월 11일 대한국 경축회를 거행함으로써 러시아의 간섭에 대해 간접적으로 대항하기도 했다.

1898년 1월, 러시아는 조선에서 부동항을 얻기 위해 목포와 진남포 지역의 토지 매입에 적극 나서는 한편 부산 절영도를 석탄고 기지로 사용하기 위해 조차해줄 것을 요구하면서 군함을 부산에 입항시킨 후 무력시위를 벌였다. 또한 김홍륙, 민종묵, 이용익 등의 친러 세력은 한러은행 설립을 주장하고 있었다.

러시아의 영향력이 더욱 커져가자 독립협회는 윤치호와 서재필이 주축이 되어 러시아의 국권 침탈을 비판하는 사회 · 정치운동을 벌이기로 결정한 다음 2월 13일 토론회를 개최하여 고종에게 상소를 올리기로 결의한다. 이상재와 이건호가 작성한 「구국운동상소문」에 135명의 독립협회 회원이 서명했고, 이를 고종에게 올렸다. 러시아에 반대하는 독립협회의 대중운동이 본격적으로 시작된 것이었다.

독립협회는 1898년 2월 27일 회칙을 개정하고 임원진을 개편했다. 부회장이었던 이완용이 회장으로, 서기였던 윤치호가 부회장에, 그리고 남궁억이 서기로 선출되었다. 이완용은 회장으로 선출되면서 명실상부하게 독립협회의 반러운동을 실질적으로 주도하기 시작한다. 이날 독립협회는 정교(鄭喬, 1856~1925)의 제의로 러시아의 절영도 조차를 비판하는 공문을 외부대신에게 보낼 것을 결정했고, 다음 날 이상재, 정교, 조한우를 총대위원으로 한 공문이 외부대신서리 민종묵(閔種默, 1835~1916)에게 발송되었다. 이처럼 독립협회의 강력한 반러운동이 시작되자, 내각에서 친러파로부터 소외당하고 있던 내부대신 남정철(南廷哲, 1840~1916)은 내각회의조차 거치지 않은 채 절영도 조차를 허가한 공문을 보낸 민종묵의 독단을 비판하면서 사직상소를 올렸고, 외부 관리들도 이에 동조하여 공무 처리를 거부했다.

사실 절영도 조차의 배후에는 러시아의 강압을 이기지 못한 고종이 있었다. 그러나 고종이 외교적 갈등에 대한 책임을 회피하면서 자신의 의중을 관철시키기 위해 늘 그러했듯, 이번에는 외부대신서리 민종묵에게 은밀히 조차 허가를 지시했던 것이었다. 왕에게 책임을 물을 수 없다는 당시의 사회적 통념 속에서 절영도 조차에 대한 모든 책임은 민종묵이 져야 했다. 그는 독립협회에 사과하는 답변서를 보내고 사직상소를 제출한 후 스스로 물러났다.

그러나 김홍륙이 다시 고종을 위협하여 민종묵을 재임명하게 했고, 이에 대해 독립협회는 더욱 강력히 대응하고 나섰다. 3월 3일과 6일 독립협회는 특별회를 소집하여 절영도 조차와 한러은행 문제를 협의했고, 다음 날 러시아가 절영도 조차를 요구하는 데 선례가 되었던 일본의 절영도 석탄고의 철거와 한러은행 폐쇄, 그리고 이권 양여와 관련된 대신들을 규탄하는 서한을 정부에 발송했다.

이때 서재필은 구속될 각오가 없는 회원들은 지금 탈퇴하라고 주장했고, 일반 회원들은 고종의 경복궁 환궁을 요구하는 시위를 대궐 앞에서 전개하자고 주장했다. 고양된 분위기 속에서 윤치호는 과격한 행동이 오히려 언론의 자유를 박탈하는 빌미를 제공할 수 있다면서 시위를 만류했다.

독립협회의 반러운동이 서울을 중심으로 공감대를 형성해가자 러시아공사 스페이어도 한발 물러설 수밖에 없었다. 그는 고종이 요구한다면 이미 파견한 군사교관과 재정고문을 철수시킬 용의가 있다는 내용의 서한을 외부로 보냈고, 내각에서는 회신 기일을 3일간 연기해줄 것을 요청했다.

이에 이완용은 내각회의의 결정에 영향력을 미칠 수 있도록 대규모 민중 집회를 개최할 것을 서재필과 상의했다. 그러면서도 이 집회가 정부를 위협하지 않게 진행되어야 한다는 점을 주지시켰다. 이완용은 독립협회가 대규모 민중 집회를 주도한다는 비난을 피하기 위해 시전 상인 현덕호를 만민공동회 회장으로 선출하고, 이승만(李承晩, 1875~1965)을 비롯한 배재학당 학생들이 러시아 군사교관과 재정고문 철수 요구안을 정부에 제출하도록 부추겼다. 그리고 내각회

1898년 3월 10일 오후 2시 종로에서 만여 명이 참석한 가운데 열린 만민공동회에서는 정부의 친러 정책과 비자주적 외교를 반대하는 목소리가 높았는데, 특히 이승만, 홍정하 등 일반인에게 잘 알려져 있지 않은 젊은 연사들이 명연설로 대중의 지지를 받았다.

의를 하루 앞둔 3월 10일, 종로에서 만 명의 시민이 참여한 만민공동회를 개최했다.

이날의 집회는 외국인이 감탄할 정도로 질서정연하게 진행되었다. 관료나 정치가가 아닌 일반인이 연사로 등장하여 러시아의 간섭을 비판하고 앞으로의 방향에 대한 의견을 피력했던 최초의 대중 집회였다. 여기에 참석한 만 명의 사람들은 신분이 미천한 보잘것없는 사람들이 단결할 때 힘을 발휘할 수 있다는 경험을 했다. 이완용은 이날의 대중 집회를 계획하면서 지난날 춘생문 사건과 아관파천 때처럼 정치적 생명을 걸어야 한다는 점을 알고 있었을 것이다. 러시아 세력이 반러운동의 핵심 세력으로 이완용을 지목하고 있었기 때문이었다. 그러나 다른 한편으로는 러시아에 대한 반감을 공유하던 고종의 신임도 기대하고 있었을 것이다. 그래서 되도록 자신이 이끄는 독립협회가 대중 집회를 주도했다는 비난을 피하기 위해 시전 상인을 대표로 내세우는 보호막을 마련했을 것이다.

만민공동회가 개최된 다음 날인 11일, 정부의 대책 회의에서 김홍륙, 민종묵 등의 친러파들은 왕권과 치안을 유지하기 위해서는 러시아 군사교관이, 재정 지원을 위해서는 러시아 재정고문이 필요하다고 주장했다. 그리고 반러운동을 펼치고 있는 이완용을 전라북도 관찰사로 쫓아버리고, 한성판윤 이채연을 해임시키자고 요구해 고종의 허락을 받아냈다.

고종이 친러파의 이 같은 요구를 받아들인 것은 아직 왕권이 확고하지 않은 상태에서 러시아 세력의 요구를 일방적으로 거절할 수 없었기 때문이었다. 따라서 고종은 일단 강력한 반러운동을 전개한 이완용을 정계에서 물러나게 하여 러시아와 친러파의 반감을 누그러뜨린 후, 여론과 원로대신의 의견을 내세워 러시아 군사교관과 재정고문을 철수할 것을 러시아공사관에 회신했다. 그리고 뒤이어 3월 19일 러시아 군사교관과 재정고문 알렉세예프를 해임했다. 이와 동시에 이용익이 추진하던 한러은행도 폐쇄했다. 이로써 고종은 부담스러운 러시아의 영향력을 배제하면서 왕권을 강화해나갈 발판을 마련했던 것이다.

독립협회 회장으로 만민공동회를 통해 러시아를 압박하려 했던 이완용의 계획은 성공했다. 그는 비록 내각에서 완전히 밀려났지만, 고종 사이의 균열은 이 일로 다시 완벽하게 봉합되었다. 고종은 이완용의 반러운동으로 인해 직접적으로 크게 감정이 상하지 않는 선에서 러시아의 요구를 거절할 수 있었기 때문이다. 한편 이완용은 아관파천 이후 보수 세력과 미천한 친러 세력을 끌어들여 자파 세력을 견제하려 했던 고종과의 관계가 소원해지고 있음을 느끼고 있었지만, 이번 일로 인해 고종의 신임을 다시 얻을 수 있었다. 이완용의 반러운동은 고종의 생각과 완전히 일치한 것은 아니었지만, 고종에게 부담스러웠던 짐을 내려놓을 수 있는 계기를 마련해주었다.

상반된 평판의
기로에 서서

41세의 이완용은 전라북도 관찰사직을 사직하는 상소를 올리지 않았다. 그는 고종이 자신을 필요로 하는 것이 여기까지임을 알았던 것 같다. 더구나 1894년부터 계속된 정치적 격변 속에서 정계를 포함한 사회적 분위기는 크게 바뀌어 있었다. 원로대신들이 정계에 있긴 했지만 그들은 자리만 차지할 뿐 정치적 실권을 갖지 못했고, 이완용 등 명문 양반가 출신으로 비교적 개화 성향을 가진 인물들은 모두 조선을 떠나거나 죽음을 당했다. 그리고 그 빈자리에는 출신을 알 수 없는 낮은 신분의 인물들이 고종의 총애를 다투면서 관직을 꿰차기 시작했다. 명문가 자제로 성장해온 이완용은 고종의 신임을 얻기 위해 거칠고 교양 없는 이들과 다투며 진흙탕에서 뒹굴고 싶지 않았을 것이다.

정계의 세대교체 바람은 독립협회에도 일고 있었다. 반러운동을 벌이고 만민공동회를 개최하면서 독립협회의 문도 활짝 열렸다. 윤치호, 이상재, 안경수 등은 실무 관료로서 처음에는 이완용의 휘하에 있었지만 점차 성장하여 독립협회의 운영을 좌우하게 되었다. 시전 상인을 비롯해 예전에는 상상도 할 수 없던 천민들이 '조선의 독립'을 위한다고 하면서 같은 동포와 형제라고 부르짖는 것도 이완용 입장에서는 쉽게 받아들일 수 없었을 것이다. 그래서인지 이완용은 독립협회 부회장이었던 윤치호 등 출신 성분이 다른 회원들과의 관계가 좋지 않았다. 윤치호는 이완용이 독립협회의 다른 동료와 아랫사람을 오만하고 완고한 태도로 대하는 반면 권력자는 무조건 추종한다고 하면서 그가 매우 교활한 인물이라고 평했다.

갑오개혁 이전의 정계에서 몇 안 되는 개화 성향의 인물로 평가받았던 이완용은 갑오개혁, 을미사변, 아관파천을 거치면서 자신보다 출신 성분이 낮은 사람들과 정치적 행보를 같이할 수밖에 없었다. 그러나 지금 자파의 기반이 된 이들은 정계에 안주하지 않고 인민을 향해 정치적 목소리를 내면서 정치가 겸 언론인으로 성장하고 있었다. 양반 관료로 고종의 신임을 얻어 정계를 주도해왔던 이완용은 이러한 변화에 빠르게 대처하기가 쉽지 않았을 것이다. 그는 고종의 신임을 회복한 것으로 일단 정치 활동을 정리하려고 했다. 환궁 직전과 마찬가지로 이번에도 그는 진퇴를 고민했을 것이다. 그리고 물러날 때라고 판단했을 것이다.

윤치호와 함께 이완용은 당시에 매우 좋은 평가를 받고 있었다. 1897년 7월, 러시아 군사교관 고용건 문제로 외부대신직을 사임했을 때 알렌은 그를 다음과 같이 평가했다.

　그는 강력하고 일관성 있는 인물로 아무런 두려움 없이 임무를 수행하며, 필요한 경우에 '아니오'라는 말로 용감하게 맞설 수 있다. 이러한 자질은 조선의 다른 정치가들이 거의 구비하지 못한 것이다. 그가 비운 자리(외부대신)를 채울 수 있는 적절한 인물은 없는 것 같다.•

　주미공사관 시절을 함께 보냈던 알렌이 이완용에게 좋은 인상을 갖고 있었음은 분명하다. 그러나 젊은 시절의 이완용을 능력 있는 인물 정도로 보았다면, 이후의 그에 대해서는 강직하고 일관성 있는 인물로 평가하고 있다. 이러한 평가는 정치적 격변을 겪으면서 그가 소신을 굽히지 않는 강직함을 보여주었기 때문일 것이다.

　일반적으로 을미사변 전후에 반일적 입장을 표명한 데 반해 아관파천 이후 반러로 입장을 바꾸었다는 점 때문에 우리는 그가 변신의 귀재이고, 그래서 을사조약 체결 과정에서 친일파로 변신한 것은 너무나 당연한 일이라고 간주해왔다. 그러나 고종의 통치권을 회복하여 조선을 개혁해야 한다는 소신을 갖고 있던 이완용에게 그것은 변신이 아니었다. 더구나 고종의 신임을 통해 자신의 정치적 입지를 강화할 수밖에 없는 권력 구조 속에서 이완용은 일관되게 군주를 보

• 『Despatches from United States Ministers to Korea, 1883~1905』, edit by US National Archives, Washington: The National Archives, 1965, #286(1897년 9월 9일); 한철호, 『1880~90년대 친미 개화파의 개혁 활동 연구』, 한림대학교 박사학위논문, 195쪽에서 재인용.

필해야 한다는 자신의 소신을 밀고 나갔다. 그 과정에서 그는 경륜 있는 정치가가 되었고, 조선 인민을 자기 소신에 따라 움직이게 하는 방법도 체득할 수 있었다.

그에 대한 좋은 평판은 『독립신문』을 통해 대중에게 알려졌다. 1897년 1월, 고종의 환궁 직전 김홍륙 등의 공격으로 외부대신에서 물러날 위기에 처했을 때 『독립신문』은 "지금 외부대신 이완용 씨가 1년 동안 한 고생을 밖의 사람들은 알 수가 없지만 (……) 조선과 같은 나라에서 외국과 탈 없고 모양 흉하지 않도록 교제하는 것이 그리 쉬운 일이 아니요, 이씨가 1년 동안 한 일을 보면 자기 힘껏 자기 재주껏 평화도록 조선에 큰 해 없도록 일을 조치하여갔다"라며 그가 소신을 저버리지 않는 선에서 외교적 갈등을 중재할 줄 아는 능력을 갖고 있다고 평했다. 이후 이완용의 외부대신 사직상소의 내용을 보도하면서 그를 충군애국 대신으로 추켜세우기도 했다.

러시아 교관 고빙 건 때문에 평안남도 관찰사로 밀려났던 1897년 9월에도 "학부대신 이완용 씨는 애국·애민하는 마음만 가지고 나라를 아무쪼록 붙잡고 백성을 구완하여 나라 권리를 외국에 뺏기지 않도록 하려고 애쓰다가 미워하는 사람을 많이 장만하여 필경 주야로 사랑하던 자기 대군주 폐하를 떠나 평안남도로 관찰사가 되어 간다니"라고 하며 충군애국심이 두터운 대신으로 그를 평가했다.

그리고 그가 전라북도 관찰사로 부임하기 위해 서울을 떠났던 1898년 3월 26일에는 독립협회가 임시 회의를 열고 이건호, 홍긍섭, 최경식 3명을 총대위원으로 정하여 이완용을 전별하였고, 회원들은 "각하가 본래 맑은 덕과 중한 물망으로 좋은 벼슬도 많이 하고 일찍 대신도 하였고, 또 본회 부회장 직임을 겸하여 많은 사무를 열심히 한 지가 3년이나 되었고, 또 여러 사람이 한 목소리로 천거함으로 인하여 회장이 되었는데 (……) 오늘 길을 떠나는지라 본 회원들이 수레를 붙들고 창연하고 결연함을 어찌 다하리오. 그러나 사절(士節)이 일찍이 성 서편에 발하고 복성(福星)이 높게 호남에 비추었으니 반드시 이에 덕화(德化)를 받들어 베풀어 거의 백성의 편안함을 볼지어다"라는 내용의 편지를 이완용에게 보냈다. 이처럼 강직한 품성과 능력을 갖춘 대신으로서의 이미지는 『독립신문』을 통해 조선인에게 각인되고 있었다.

이완용이 전라북도 관찰사로 부임한 직후에도 『독립신문』은 그의 선행을 계속 보도했다. 향리가 무주군의 민고전(民庫田)을 팔아먹은 일을 암행어사가 적발했는데, 이때 이완용이 어사를 통해 향리에게 몰수한 돈을 무주군민의 호포전 세금에 보태도록 했다는 기사를 보도하면서 "무주군민들은 이씨가 인민을 사랑하는 덕을 대단히 칭송하고 있다"고 보도했다. 당시에 향리의 부정은 만연해 있었고, 혹 그것이 적발되더라도 부정한 돈을 백성에게 돌려주는 일이 거의 없었기 때문에 이완용이 비교적 합리적으로 일 처리를 한 것에 대해 선행으로 칭송하는 분위기가 조성된 것이었다. 독립협회 회장이었던 이완용을 칭송하는 것은 독립협회에 대한 위상을 높이는 일이기도 했기 때문에 『독립신문』은 그의 선행을 이처럼 열심히 보도했다.

그러나 이완용의 이미지가 실추되는 일이 발생했다. 1898년 7월, 독립협회는 만민공동회를 주도하며 고종의 퇴위를 꾀하던 안경수 등과 독립협회를 유지하면서 협회 내의 강경한 입장을 조율하려는 윤치호 등으로 세력이 분화되어 있었다. 이완용이 전라북도 관찰사로 부임한 이후 독립협회는 국내 문제에 집중해 개혁을 요구하면서 의회개설운동을 추진했고, 이에 고종과 정치적 마찰을 빚기 시작했다. 그러던 중 일본의 박영효와 내통하여 고종을 퇴위시키려는 안경수의 계획이 발각되면서 고종과의 대립을 피할 수 없게 되었다.

이완용의 부재로 회장서리를 맡고 있었던 윤치호 등은 독립협회를 공격하던 조병식 등 고위 관료의 비리와 이권 양여 사실을 들춰내면서 이들을 비판하고 나섰다. 이 과정에서 외부대신서리였던 유기환(兪箕煥)이 각국에 이권을 양여하겠다는 조약은 이완용이 외부대신으로 있을 때 이미 체결한 것이므로 자신들에게는 책임이 없다고 주장하고 나섰다.

내각 대신들의 이권 양여를 비판하면서 정치 개혁을 이끌어내려 했던 독립협회는 유기환의 공격을 피하기 위해 이완용을 회장에서 축출하기로 결정했다. 이제까지 이완용을 애국 관료의 상징처럼 추켜세웠던 『독립신문』은 이에 대해 당사자의 입장을 듣지도 않고 축출을 결정한 독립협회 회원들에 대한 다소의 불만을 토로했다. 그러나 정치 개혁을 둘러싸고 고종을 비롯한 보수 세력과 첨예한 갈등을 빚고 있던 독립협회는 여론에 민감하게 반응하고 있었고, 이에 독립협회를 공격할 여지를 없애고자 했다. 그래서 이완용뿐만 아니라 역모 사건으로 일본에 망명한 안경수까지 축출하자는 주장이 독립협회 내부에서 제기되기도 했다.

그러나 이완용의 회장직 사퇴가 공식적으로 이루어졌는지는 알 수 없다. 축출 기사가 난 후인 8월 10일, 『독립신문』은 독립문 건립 당시 부족한 공사비를 보조한 명단을 보도하면서 이완용이 30원을 기부했음을 밝혔는데, 이때 보도된 그의 직함은 독립협회 회장이 아니라 전주 관찰사였다.

의회개설운동과 만민공동회 활동을 통해 정치적으로 고종을 위협했던 독립협회는 8월 28일 내부 조직을 개편하여 윤치호를 회장으로, 이상재를 부회장으로 선출했다. 그리고 철도 부설과 광산 채굴권의 허가 사례를 조사하기 위해 조사위원을 파견했다. 조사위원의 보고에 따르면 경인철도와 독일 은산금광 채굴권을 허가한 것은 당시의 내부대신 조병식과 외부대신 이완용이었다. 이 내용이 『독립신문』에 그대로 게재되면서 이완용에 대한 이미지는 실추되기 시작했다.

9월 20일에 『황성신문』은 이완용이 세금 10만 냥을 중간 횡령한 전주부 서기 최의환(崔義煥)을 비호했다는 기사를 실었으며, 10월 22일에는 이완용이 전 전주군수와 전라북도 관찰사가 국유지를 불법 매각한 사실을 알고서도 오히려 돈을 주고 그들에게 토지를 사들였다고 하면서 그의 행동을 비난하는 기사를 실었다. 1898년, 이완용에 대한 세간의 평판은 엇갈리고 있었다. 그리고 이후 그의 이미지는 강직하고 충군애민 정신이 투철한 관료에서 비리 세력을 비호하는 지방관으로 굳어져가고 있었다.

4장

정계 밖에서 설움을 겪다

지방의 부정부패와
민심의 이반 가운데서

1898년 만민공동회가 탄압받고 독립협회가 해산된 후 대한제국은 정치적으로 보수적인 분위기가 팽배해지고 있었다. 갑오개혁을 거치면서 근대 교육과 자본주의적 경제 제도 등은 거의 그대로 시행되고 있었지만, 정치적으로는 1899년 대한제국의 국제(國制) 선포 후 강력한 황제권을 표방하는 권력 구조가 성립되었다. 1898년 김홍륙이 커피에 독을 타서 고종을 시해하려던 사건으로 사형을 당한 후에도 고종의 총애를 받던 미천한 출신의 세력은 오히려 더 큰 실권을 장악했다. 고종은 황실 사무를 관장하는 궁내부와 군대를 관할하는 원수부를 중심으로 친위 세력을 구축해갔다. 이러한 상황에서 의정부와 내각은 고종의 정책 결정에 거의 영향을 미칠 수 없었다.

또한 『독립신문』이 폐간되면서 『황성신문』이 국내 유일의 신문으로 남았는데, 『황성신문』은 황제가 강력한 권력을 바탕으로 국정을 주도하고 부정부패를 척결하여 정부를 쇄신해야 한다는 입장을 갖고 있었다. 이는 만민공동회로 분출되었던 조선 인민의 정치적 요구를 회유함과 동시에 조선 인민의 관심을 정치 개혁 문제에서 사회 문제로 돌려놓는 것이기도 했다. 『황성신문』은 부정부패의 온상으로 오랫동안 지적되어왔던 지방관의 비리 문제를 들춰냈다. 그러면서도 부정부패의 구조적인 문제를 지적하기보다는 지방관 개인의 도덕성을 문제 삼으면서 개인의 각성과 함께 정부 구성의 인적 쇄신을 요구했다.

이때 지방관의 탐학은 개인의 도덕성 문제로 보기 어려울 정도로 크게 확산되어 있었다. 이는 관행으로 굳어져 있는 전통적인 행정 체계의 구조적인 문제에 더 큰 원인이 있었다. 갑오개혁으로 지방 재정의 독립성이 사라지고 중앙으로 모든 것이 일원화되면서 지방 행정비는 중앙 예산에서 분배되는 형태로 바뀌었다. 그런데 합리적으로 지방 재정이 분배되지 못해 지방 경비가 크게 부족해졌다. 지방관들은 예전부터 해왔던 대로 세금 이외의 다양한 명목으로 수입을 늘려가고 있었다. 그리고 그 일부만을 지방행정비로 사용한 채 나머지는 자신이 착복하고 있었다.

이완용이 전라북도 관찰사로 갔을 때 이러한 상황은 전혀 개선되지 못한 상태였다. 『독립신문』이 보도했던 이완용의 덕정(德政) 사례와 『황성신문』이 보도한 이완용의 비리 사례는 당시 지방 행정의 문제를 단적으로 드러낸 것이었다.

무주군의 민고전을 향리가 팔아먹은 사건에서 드러나듯이 민고는 갑오개혁 이전부터 관리 수탈의 수단이 되어 있었다. 원래 민고는 지역민에게 거둔 목돈으로, 이자 놀이를 한다든가 또는 그 돈으로 토지를 사서 지대 수입을 거둔 후 지역민의 세금 부담을 줄이기 위한 목적에서 만들어졌다. 그러나 이를 지방 향리와 군수 등이 관리·감독하게 되면서 지방관들은 민고에서 얻은 수입을 착복하거나 아예 몰래 처분하고 세금 납부 때 민고 수입분을 다시 지방민에게 부과하는 일이 다반사처럼 일어났다. 민고를 둘러싼 지방관의 비리로 인해 갑오개혁 때 이를 폐지했지만, 지방에서는 여전히 민고가 운영되고 있었다.

무주군 역시 민고전에서 비리가 발생했고, 이 일로 체포된 향리의 재산이 몰수되었다. 그러나 민고전 운영에 대한 일정한 규칙이 있는 것은 아니었기에, 민고전 문제는 지방관이 임의로 결정할 수 있는 사안이었다. 이때 이완용은 그 돈을 몰수하여 지방 경비로 사용하지 않고 오히려 민고 본래의 취지대로 무주군민의 세금에 보태도록 해서 세금 부담을 덜어주었다. 이는 당시의 관행으로 보자면 매우 이례적인 일이었다. 그렇기 때문에『독립신문』은 그의 행동을 높이 평가했던 것이다.

한편 전주부 서기 최의환이 세금을 10만 냥이나 떼어먹을 수 있었던 것은 지방세 징수 과정의 구조적인 문제 때문이었다. 당시에는 지금의 은행과 같은 송금 시스템이 없었기 때문에, 세금으로 걷은 엽전을 주머니에 넣어 바리바리 당나귀에게 달은 후 수십 일 동안 걷고 또 걸어 서울로 올려 보내야 했다. 따라서 이때 필요한 수송비는 세금에 포함되어 부과되었다.

지방관은 수송비를 줄이고 이자도 받기 위해 서울을 자주 왕래하는 상인이나 향리에게 이 돈을 빌려주었고, 상인과 향리는 이 돈으로 쌀이나 지방 생산물을 산 후 서울 가는 길에 상품을 판매해서 받은 돈으로 세금을 대신 납부했다. 이러한 관행으로 인해 세금을 사업 자금으로 썼다가 중간에 날리거나 떼어먹는 일이 종종 벌어졌고, 세금이 연체되는 상황 또한 비일비재했다. 더구나 이렇게 날린 세금을 내라고 정부가 독촉하면 지방관은 어쩔 수 없이 다시 지방민에게 세금을 거두는 일도 자주 발생하곤 했다.

　최의환 역시 이런 방법으로 세금을 유용하다가 날려버린 것이었다. 그를 체포해서 돈을 찾지 못하면 다시 지방민에게 세금을 거둘 수밖에 없는 상황이었다. 그런데 그런 최의환이 서울에 가서 친위대 참위가 되어 다시 전주부로 온 것이었다. 매관매직이 성행하던 때였고 세금 유용이 너무나 일반적인 일이었던 만큼 그는 아마도 돈을 내고 참위 벼슬을 샀을 것이고, 다시 전주에 오더라도 큰 문제가 없으리라고 판단했을 것이다. 이완용은 돌아온 최의환을 체포한 후 떼어먹은 돈을 모두 갚아야만 참위직을 맡을 수 있다고 했고, 그는 이완용에게 돈을 갚겠다고 약속한 후 풀려나왔다.

　중앙에 세금을 납부해야 하는 관찰사로서 이완용이 할 수 있는 선택은 두 가지였다. 하나는 최의환을 체포한 후 서울로 압송하여 처벌하게 하고 그가 떼어먹은 돈을 다시 전주민에게 거두어들이는 것이었다. 다른 하나는 이완용이 최의환에게 떼어먹은 돈을 받아 세금을 납부하고 이 일을 무마하는 것이었다. 상황이 허락하는 한 가장 무리 없는 선에서 타협할 줄 알았던 이완용은 후자를 택했다. 이 결정에는 향리에 대한 감독 소홀의 책임을 져야 하는 부담과 동시에 최의환에게 관직을 판 중앙 정계의 누군가와 마찰을 빚고 싶지 않은 마음이 작용했을 것이다. 따라서 후자의 결정을 진행했더라면, 이완용은 당시의 행정 관행으로 볼 때 별 무리 없이 지방세를 납부할 수 있었을 것이다.

그런데 최의환을 상관으로 모셔야 하는 친위대 병사들이 그의 징계를 요구하면서 소요를 일으켰다. 이 사태는 군부를 통해 중앙에 알려졌고, 소요의 진상을 보고할 수밖에 없는 상황이 빚어졌다. 최의환은 이완용을 찾아와 사정했고, 이완용은 최의환의 조카 용바위가 최의환이 수감된 줄 알고 병사들과 함께 소요를 일으켰다고 보고함으로써 그의 비리를 무마하려 했다. 이 일은 전주의 누군가가『황성신문』에 보낸 편지를 통해 알려졌고,『황성신문』은 이완용을 비리를 감싼 지방관의 사례로 보도했다.

당시는 독립협회가 아직 활동하던 시기였기 때문에 이완용에 대해 언론이 여전히 관심을 기울이고 있었는데, 독립협회 회장이었던 그가 비리에 연루되었다는 사실은 독립협회의 이미지에도 좋지 않은 영향을 미치는 것이었다.

한편 전 전라북도 관찰사 윤창섭과 전주군수 이길하가 관청 수리비를 마련한다는 명목으로 전주부에 소속된 국유지를 지역민에게 팔아먹은 사건이 밝혀졌다. 이완용은 전주부의 경비를 충당하기 위해 국유지를 산 사람들에게 땅을 반납할 것을 지시했다. 그러나 지방관에게 속아 이 땅을 산 사람들은 이완용의 결정에 불만을 갖고, 금강군수서리가 된 서재우를 찾아가 이완용을 설득해줄 것을 간청했다. 서재우는 이들이 알지도 못한 채 돈을 주고 땅을 샀는데 이들에게 땅을 내놓으라는 것은 백성들에게 돈을 주지 않고 빼앗는 것과 마찬가지라고 하는 한편, 이미 이들에게는 전답 매매문서와 관리가 발급한 증명서가 있는데 이를 인정하지 않는다면 백성들이 앞으로 정부의 증명을 신뢰하지 못할 것이라고 주장했다. 그리고 토지를 빼앗는다면 이들은 관찰사에게 복종하지 않을 것이라고 했다.

아마도 이 토지를 산 사람들은 그 지역의 양반 토호였음이 분명하다. 그렇지 않다면 서재우가 이처럼 관찰사에게 복종하지 않을 것이라는 협박과 같은 이야기를 했을 리가 없기 때문이다. 지방관이 직무를 원활히 수행하기 위해서는 그 지역의 양반 토호와도 긴밀한 관계를 맺어야 했던 상황에서 관찰사로 막 부임한 이완용에게 이는 부담스러운 문제였다. 이완용은 이번에도 적당한 타협점을 찾았다. 국유지를 돌려받는 대신 그들이 지불한 매입금의 절반을 지방비에서 되돌려주었다.

당시에 탐관오리들은 국유지의 불법 매각을 묵인한 채 그 대가로 향리와 양반 토호에게 뇌물을 받고, 지방비는 지역민에게 부담시키는 것이 일반적인 일이었다. 여기에 비한다면 이완용의 일 처리는 분명 달랐다. 물론 현재의 관점에서 보면 이는 분명 권력을 남용한 관료의 비리였지만, 당시의 지방 행정 구조와 관행에 비추어본다면 매우 이례적인 일이었다. 지방비를 일부 손해 보긴 했지만, 불법 매각된 국유지를 돌려받았고 양반 토호의 불만도 잠재울 수 있었으니 말이다.

따라서 지방관의 탐학을 민감하게 지적하고 비판했던 『황성신문』

도 이 일을 보도하면서 이완용을 탐관오리로 몰아세울 수는 없었다. 『황성신문』은 "이 관찰사의 경우는 필경 외국에서 배워왔나 보다"라고 비꼬는 말 한 줄을 덧붙이는 것으로 기사를 마무리했다. 이완용의 일 처리 방식은 당시의 사람들이 생각해낼 수 없는 것이었다. 지역민에게 큰 피해가 가지 않으면서 어느 누구도 크게 불만을 제기할 수 없는 합리적인 방식이었던 것이다. 서양의 지식과 가치를 무비판적으로 받아들여서는 안 된다고 주장해왔던 『황성신문』은 이완용이 자신들이 비판하고 있는 태도를 가진 인물임을 부각시키는 선에서 이 사건을 보도했다.

부정부패가 구조화되어 있고 굳어진 관행의 연결 고리가 복잡하게 얽혀 있는 상황에서 관찰사의 업무를 수행하기란 쉽지 않았을 것이다. 목민관에게는 무엇보다도 도덕성이 요구되었지만, 이것만으로 업무를 수행할 수는 없는 노릇이었다. 부정부패에 대한 제도적 장치가 마련되었다는 요즘도 구조적으로 관행화된 부정부패는 여전하다. 하물며 서울에서 파견된 관찰사로서, 신분제의 권위가 여전히 존재하면서 양반 토호 및 지방 향리의 부정부패가 구조화된 상황과 마주했을 때, 이완용 앞에 놓인 선택지는 많지 않았다.

이완용은 부조리한 사회의 구조와 관행이라는 거대한 힘에 맞서 승산 없는 싸움을 할 만큼 분노와 투지를 가진 인물이 아니었다. 그렇다고 지방 향리 및 양반 토호와 한패가 돼서 진흙탕 속에 자신을 내던질 만큼 탐욕스러운 인물도 아니었다. 목민관으로서의 자세를 되새기면서 자신만이라도 오롯이 지켜내려 노력하는 완고한 원칙주의자도 아니었고, 주위의 시선을 무시하고 과감하게 관행을 잘라내는 과격한 행동주의자도 아니었다. 그는 주어진 상황에서 어느 누구에게 일방적으로 피해가 가지 않는 방법을 찾아내서 가능한 한 무리수를 두지 않고 일을 처리하려 하는 현실주의자, 합리주의자, 실용주의자였다.

관찰사 이완용은 당시의 상황에서 보자면 예민한 문제들을 비교적 무리 없이 처리해가고 있었다. 관찰사의 권위만을 내세워 양반토호를 제압하려고도 하지 않았고, 일방적으로 지역민에게 부담을 주려고도 하지 않았다. 또한 원칙을 주장하면서 향리들을 압박하지도 않았다. 그는 마찰과 갈등이 불거지지 않으면서 무리 없이 일을 해결하려는 경험 많은 관료가 되어 있었다.

그러나 그의 관찰사 생활은 그리 순탄치 못했다. 1899년 국가 재정의 악화로 일반민이 내야 할 세금이 늘어났고, 흉년이 들면서 곳곳에서 농민들의 저항이 일어났다. 여기에 황실 소유지에 대한 조사가 실시되면서 황실과 농민 사이의 소유권 다툼도 벌어졌다. 특히 극심한 흉년으로 전라도 지역의 민심이 이반하자 고종은 재해를 위문하고 농민들의 저항을 무마하기 위해 위유사(慰諭使)를 임명하여 민심을 진정시키려 했다. 이때 이완용이 위유사로 임명되었다. 그러나 민심은 쉽게 진정되지 않은 채 전라도 지역의 재해와 농민 저항이 계속되었다. 이러한 가운데 전라도 지역 호구조사에 대한 보고가 크게 지체되었고, 책임을 맡은 이완용은 거의 1년 넘게 이를 보고하지 못했다. 결국 내부에서는 전라남·북도 관찰사 모두를 징계했고, 이완용도 견책을 받았다.

이 일이 있은 후 1년이 지난 1900년 6월, 이완용은 돌연 사직상소를 올렸다. 이유는 두 가지였다. 하나는 자신의 무능 때문에 전북 지역의 흉년으로 인한 농민들의 유민화와 약탈이 진정되지 않고 있다는 것이었고, 다른 하나는 양부 이호준의 건강 악화였다. 그러나 실상은 이반되는 민심에 있었다. 여전히 계속되는 지방의 부정부패, 그에 따른 지방민의 세 부담 증가, 지방 행정을 개혁하지 못하는 중앙정부의 무능 등으로 인해 당시 대한제국은 총체적인 지방 행정 와해에 직면하고 있었다. 징세액에 따라 지방관의 매직 가격이 정해져 있다는 소문이 돌 정도로 지방 행정 체계의 문란은 더욱 심각해져갔다. 이러한 상황에서 관찰사직을 계속한다는 것은 이완용에게 별 도움이 되지 않았다. 갈등과 마찰을 빚지 않으려는 그의 노력이 먹혀들 수 있는 상황이 아니었던 것이다. 이완용은 부정부패와 갈등, 마찰의 소용돌이 속에서 자신이 비난을 받을 날이 멀지 않았음을 알고 있었다.

이완용의 상소는 받아들여지지 않았지만, 그의 예상은 적중했다. 고종은 곳곳에서 농민 소요가 걷잡을 수 없이 커지는 것을 우려하여 민심을 잡기 위해 지방관의 탐학을 처벌한다는 명분으로 7월 22일 함경도를 제외한 7도의 관찰사를 파면하고 법부에서 이들의 탐학을 조사하도록 조치했다. 이때 이완용 역시 전라북도 관찰사에서 물러나 법부의 조사를 받은 후 재판을 받게 되었다. 조사와 재판은 4달이나 걸렸고, 결국 무죄로 판명되어 10월 30일 징계에서 사면되면서 탐학한 관찰사로서의 오명을 벗었다.

이완용은 2년 반 동안 관찰사로 지내면서 중앙 정계에서 밀려난 지방관의 설움을 느꼈을 것이다. 비록 무죄로 판결났지만, 탐학의

죄를 쓰고 법부의 조사와 재판을 받는 치욕을 겪은 채 그는 관직 생
활을 접어야 했다. 그러나 이완용은 아직 중앙 정계로 진출할 가능
성을 찾지 못했다.

정계에서 물러났으나 무시할 수 없는 정치인으로

1900년 10월, 징계를 사면받은 이완용은 서울 교동에서 병든 양부
이호준과 함께 지내고 있었다. 1900년 서울에서는 만주로 진출한
의화단이 대한제국으로 진격해올지도 모른다는 소문이 나돌고 있었
다. 이때 러시아는 의화단을 진압하기 위해 만주에 군대를 파견했고
일본도 촉각을 곤두세우고 있었다. 만주를 둘러싼 러시아와 일본의
본격적인 대립이 시작되면서, 일본은 러시아를 견제하기 위해 대한
제국에 대한 영향력을 확대하고자 했다. 만주 지역 정세가 대한제국
의 정치 지형에 큰 영향을 미치기 시작했다.

한편 1900년 9월 일본에 망명해 있던 박영효가 국내 활빈당 세력
과 규합하여 군사 300명을 모집하고 일본군의 지원을 요청한 뒤 고
종의 세 번째 아들로 일본에 유학 중인 의화군을 황제로 추대하고
수구파를 제거하려는 계획을 세우고 있다는 첩보가 고종에게 전해
졌다. 또한 일본의 수상이 된 팽창주의자 야마가타 아리토모(山縣有
朋)가 청일전쟁 때처럼 한국을 점령할 기회를 엿보고 있었다는 소
식도 전해졌다. 여기에 미국공사 알렌은 평안도 지역의 동학 세력

이 보부상을 규합하여 총봉기를 일으키고 미국 선교사들을 축출하려 한다는 소문을 고종에게 전했다.

정치적 반대파와 체제 전복 세력의 심상치 않은 움직임을 포착한 고종은 1894년의 악몽과 같은 경험을 떠올렸다. 그때처럼 일본이 만주에 파병한다는 구실로 대한제국에 군대를 보내 궁궐을 점령하고 망명자들을 귀국시켜 자신의 권력을 무너뜨릴 수 있다는 생각이 든 것이었다. 이에 고종은 만일의 사태에 대비하기 위해 일본공사관과 은밀히 협의하여 망명자가 몰래 귀국하지 못하도록 하는 한편, 박제순(朴齊純, 1858~1916)을 일본에 파견하여 망명자를 소환할 것을 요구하도록 했다. 그리고 자신의 시종이면서 미국통이었던 강석호(姜錫鎬)를 시켜 친미 정치 세력과 연락을 도모하기 시작했다.

이때까지 정계는 고종의 총애를 다투는 측근 세력 간의 갈등이 깊어가는 가운데 일본통이었던 김영준(金永準)이 주도권을 쥐고 있었다. 일본어에 능숙하고 일본 정계에 인맥을 갖고 있던 그는 법부대신서리와 평리원 재판장을 지내면서 일본 망명자를 사찰하여 고종의 총애를 얻고 있었다. 고종이 망명자의 동향을 민감하게 주시하고 있음을 잘 알고 있었기에 김영준은 다른 정치 세력을 견제하기 위해 내각 대신들을 사찰하고, 그들이 망명자와 내통하고 있다는 음모를 꾸미는 등 정치 공작을 벌이면서 고종의 신임을 독차지하려고 했다.

그런데 김영준은 1900년 하반기 이후 고종의 신임이 강석호에게 옮겨가고 있음을 눈치 챘다. 그는 1900년 12월 강석호를 비롯한 친미 세력을 제거하기 위해 친미파와 대립하고 있던 러시아파 민경식,

주석면과 내통하여 음모를 꾸몄다. 첫 번째 계획은 고종 측근의 미국파들이 고종에게 러시아를 비난하는 말을 해서 고종이 러시아공사 파블로프에 대해 불만을 갖고 있다는 허위 사실을 러시아공사관에 투서하고, 러시아공사가 미국파를 비난하면 이를 계기로 미국파를 제거하자는 것이었다. 두 번째 계획은 러시아공사관에 폭발물을 투척하고 미국파의 소행으로 몰아가자는 것이었다. 그러나 민경식과 주석면은 너무 위험하다며 거절했기 때문에 이 계획은 성사되지 못했다.

이에 김영준은 친미파와 친러파를 동시에 제거하고자 조정의 미국파와 러시아파가 공모하여 러시아공사관에 폭발물을 투척해 외교 분쟁을 일으키려 한다는 내용의 거짓 투서를 직접 작성할 계획을 세웠다. 고종이 친미파를 적극 등용하려 했기 때문에 왕의 신임을 얻으려는 측근 세력은 저마다 고종의 움직임을 예의 주시하고 있었고, 자신의 지위를 불안하게 여기던 김영준은 발 빠르게 정치 공작을 준비하고 있었다.

고종은 일본이 출병하여 갑오년과 같은 일이 벌어질 경우 친미 세력을 내세워 김영준 등의 친일 세력을 제거하고, 미국과 러시아의 후원을 끌어내겠다는 생각을 갖고 있었다. 1901년 2월 17일, 고종은 자신을 위해 물불 가리지 않고 나설 수 있는 한규설, 이종건과 함께 이완용을 궁내부 특진관으로 임명했다.

그러나 이완용은 곧바로 다음 날인 18일 사직상소를 올렸다. 사면을 받긴 했지만, 관찰사로 있을 때 죄를 지은 만큼 관직에 나아갈 수 없다는 것이었다. 그는 "신하가 임금을 섬기는 도리에 있어 사유(四

고종(高宗, 1852~1919). 열강 세력들이 대한제국을 둘러싸고 다툼을 벌이는 동안 왕위를 이어 갔던 인물. 그로서는 자신의 마음을 미루어 읽으면서 여러 갈등들을 잘 봉합할 줄 알았던 이완 용을 선뜻 내칠 수는 없었다.

維, 예의염치(禮義廉恥)〕가 중요하나 그 가운데서도 부끄러워 스스로를 단속하는 덕목〔廉防〕이 특히 중대합니다" 라고 하면서 관직을 간곡히 거절했다. 이에 고종은 상소를 받아들이지 않은 채 그대로 직무를 볼 것을 명했지만, 이완용은 20일 곧바로 다시 사직상소를 올려 병 든 양부를 돌봐야 하는 자신의 처지를 핑계 삼아 극구 특진관직을 사양했다.

친미 세력의 수장 이완용이 관직을 거절하고 고종의 계획이 답보 에 빠진 상황에서, 1901년 3월 민경식이 고종에게 김영준의 모든 음 모를 발설했다. 친일 세력을 제거하려 했던 고종은 민경식의 발고를 계기로 김영준을 체포했고, 곧바로 사형에 처했다. 한때 고종의 총 애를 받고 정계의 주도권을 쥐었지만, 자신의 입지를 위해 고종의 뜻에 어긋나는 행동을 했던 김영준은 결국 죽음을 면치 못했다.

이처럼 대한제국 정계에서는 고종의 총애를 다투는 정치 세력 간의 암투가 끊이질 않았다. 그 원인은 왕권 강화를 위해 외세와 정치 세력을 상호 견제시키는 고종의 국정 운영 방식 때문이었다. 미천한 가문 출신으로 오로지 고종의 총애를 얻는 것만이 출세할 수 있는 방법이었던 측근 세력들은 고종에게 자신의 인생을 걸고 있었다. 고종 역시 정치적 기반을 갖고 있으면서 말이 많은 양반 대신들과 달리 황제의 일거수일투족에 신경 쓰면서 자신의 말 한마디에 생사를 거는 그들을 통해 권력을 강화해가고 있었다. 반면에 이완용은 고종의 총애를 받기 위해 염치도 모른 채 물불 가리지 않고 음모를 꾸미는 그들의 정치판에 끼어들고 싶어하지 않았다. 더구나 언제 바뀔지 모르는 고종의 마음만 보고 나서기에는 이미 오래전부터 이완용은 경험과 연륜을 겸비한 정치인이 되어 있었다.

김영준이 제거된 후 강석호가 고종의 총애를 얻어냈다. 의화단 사건이 빠르게 진압되면서 국내 정국도 안정을 되찾아갔다. 대비책으로 염두에 두었던 친미 세력의 결집이 더 이상 필요하지 않아졌다. 고종은 더 이상 이완용을 찾지 않았다. 이완용 역시 그해 4월 10일 양부 이호준이 사망하여 3년상을 치러야 했기 때문에 관직에 나아가지 않을 좋은 핑계가 생겼다.

그러나 정계에서 이완용의 존재감이 완전히 사라진 것은 아니었다. 강석호는 김영준의 사형 이후 고종의 총애를 두고 중전이 되려는 엄비 및 엄비 세력과 갈등을 빚기 시작한다. 엄비의 사촌이었던 엄준원(嚴俊源, 1855~1938)과 엄주익(嚴柱益, 1872~1931)이 정계에서 입지를 넓혀가고 있었지만, 황태자와 황태자비 민씨의 후견인으로 일정하게 정치적 위상을 갖고 있던 민씨 척족을 견제하기에는 아직 역부족이었다. 엄비는 황실 재산을 관리하는 내장원경으로 고종의 총애를 받기 시작한 이용익과 긴밀한 관계를 맺기 시작했다. 강석호 역시 친미 성향을 띤 민영환 등의 민씨 척족과 연계하여 엄비 세력에 맞서며 입지를 강화하려 했다.

이용익과 엄비 세력을 견제하기 위해 시종 강석호를 중심으로 친미파가 결집하려는 움직임이 일고 있는 가운데 1902년 2월 12일 일본은 영일동맹의 내용을 대한제국 정부에 알려왔다. 일본공사는 영일동맹이 대한제국의 독립과 동아시아의 평화를 유지한다는 취지에서 비롯된 만큼 대한제국 정부도 이를 받아들여 일본에 있는 망명자를 포함하는 거국 내각을 조직해 내정 쇄신을 꾀해야 한다고 건의했다. 고종은 영일동맹으로 일본 세력이 확장된다면 갑오년과 같은 일이 재발할 것이라고 보았고, 영일동맹의 진위를 알아보기 위해 궁내부 고문 샌즈(William Sands)를 불러 미국공사와 친미파의 의견을 물었다. 샌즈는 이때 러시아와 일본 모두와 거리를 두는 한편 친미 내각을 구성하여 어느 나라에도 편중되지 않는 외교 정책을 추진할 것을 건의했다. 이완용 역시 강석호와 샌즈를 통해 러시아와 일본에 편중되는 정책은 외교적 분란을 일으킬 것이므로 미국을 신뢰하는 정책을 펴야 한다고 건의했다. 이완용, 이윤용, 이영하, 박정양, 김가진 등은 덕원감리로 함경도에 가 있던 윤치호를 상경시키는 등 친미파의 결집을 시도했다.

영일동맹으로 다시 정치적 위기감을 느낀 고종은 친미파를 직접

일본인이 그린, 영일동맹을 묘사한 풍자화. 영국과 일본 양국을 상징하는 브리타니아와 아마테라스 앞에 있는 두 아이는 조선과 중국을 상징한다.

등용하기보다는 특정한 나라의 편을 들지 않은 채 독자적인 노선을 취하고 있던 보수 성향의 신기선, 한규설, 심상훈을 군부대신, 법부대신, 탁지부대신에 임명했다. 자신이 러시아와 일본 어느 쪽에도 편중되어 있지 않다는 점을 간접적으로 표명한 것이다.

고종은 영일동맹이 자신의 권력 향배에 미칠 영향력을 파악하려고 애쓰던 와중에 러시아와 프랑스가 영일동맹에 맞서 러불선언을 발표했다는 소식을 들었다. 이로 인해 대한제국을 둘러싼 열강의 세력이 균형을 이루었다고 판단한 고종은 궁내부 고문 샌즈를 통해 대한제국의 중립화를 추진한다. 앞서 1901년 의화단 사건의 진압 이후 러시아와 일본의 대립이 심각해졌을 때 샌즈는 고종의 지시를 받고 러시아와 일본을 비롯한 프랑스, 독일, 영국 등이 평화조약을 체결하여 대한제국을 중립국으로 인정하자고 각국 공사에게 제안한 적이 있었다. 물론 이때 러시아와 일본은 제안을 거부했었다. 다시 샌즈는 영국을 설득하려 했지만 영국총영사 조던(John Jordan)의 방해로 실패하고 만다.

고종이 다시 친미파에게 구원의 손길을 내밀던 이때, 영국총영사와 일본공사는 러시아와 프랑스에 우호적인 이용익을 제거하려 하고 있었다. 강석호 등의 친미파 역시 그를 제거하려고 했다.

영국과 일본 그리고 국내 정치 세력의 견제를 받고 있던 이용익은 고종이 가장 예민하게 신경 쓴 망명자 문제를 해결하기 위해 망명자를 국내로 유인할 계획을 추진하고 있었다. 그는 일본에 망명해 있던 유길준과 일본사관학교 유학생 16명이 은밀하게 결사체를 조직하여 고종을 살해하고 의화군을 추대할 계획을 세웠다는 첩보를 입수했다. 이용익은 전환국 사업으로 알게 된 서상집(徐相潗)을 주일공사관 서기관으로 일본에 보내 망명자에 대한 정보를 탐문하게 했고, 그들에게 접근하여 신임을 얻도록 했다. 그 과정에서 서상집이 유길준과 일본사관학교 유학생들이 결의한 연판장을 입수했고, 그 내용을 고종에게 알렸다. 이를 본 고종은 은밀히 그들의 계획을 돕도록 자금을 대주면서 그들이 쿠데타를 위해 서울에 들어오도록 유인하는 계략을 꾸몄다. 정치적으로 수세에 몰려 있던 이용익은 1902년 4월 유길준 쿠데타 사건을 폭로하고 일본사관학교 생도들을 체포해 사형을 시켰다. 일본에 있던 유길준은 이 일로 하하지마(母島)와 하치조지마(八丈島)에서 3년간 유배 생활을 했다.

  그런데 유길준 쿠데타 사건이 폭로되자 주일공사로 있던 이하영이 주한일본공사에게 사람을 보내 도움을 요청했다. 이하영이 일본에서 들은 소문에 의하면 망명자들이 고종을 폐위시키고 이하영, 이윤용, 이완용, 박정양 등을 중심으로 내각을 조직하려 한다는 것이었다. 고종이 이하영, 이완용 등과 그들이 내통하고 있다는 소문을 믿게 된다면 생명을 잃을 상황이 닥칠 것은 불을 보듯 뻔한 일이었다. 이에 이하영은 급히 동생을 시켜 일본공사관에 이 사실을 알리고, 일본공사로 하여금 미국공사 알렌에게 알려 고종의 의심을 풀어달라고 간청했다. 유길준의 쿠데타 계획과 무관한 이완용 등의 이름이 거론된 것은 아마도 이용익의 계략일 가능성이 높다. 이용익은 정계 진출의 가능성이 큰 친미파를 유길준 쿠데타 사건으로 함께 제거하려 했던 것이 아니었을까. 이 일이 있은 후인 1902년 11월, 알렌은 친미파를 제거하려 하면서 미국에 이권 양여를 거부해온 이용익을 적으로 규정하고 있었다. 하여튼 이완용 등의 쿠데타 관련설은 일본공사와 미국공사가 은밀히 고종을 만나 상황을 설명함으로써 더 이상 확대되지 않았다.

이 사건 이후 이용익의 세력은 더욱 확대되었다. 보수적 원로대신과 친미 성향의 민씨 척족은 자신들을 완전히 배제하고 국정을 운영하는 이용익을 견제하기 위해 이근택(李根澤, 1865~1919)을 밀어주는 한편 이용익에게 반감을 갖고 있는 일본 쪽에 마음이 기울어가고 있었다.

시세를 관망하며
재기를 기다리다

이완용이 전라북도 관찰사에서 물러나 양부 이호준의 3년상을 치르던 1901년에서 1904년 사이의 대한제국 정계는 국정 주도권을 둘러싼 정치적 암투가 끊이질 않았다. 또한 대한제국을 둘러싼 러시아와 일본의 대립 양상이 격화되면서 고종은 러시아와 일본을 상호 견제하는 한편 미국, 벨기에 등에 원조를 요청하려고 했다. 고종 측근 세력의 급격한 몰락과 득세, 러시아와 일본 사이의 마찰이 국내 정치 세력의 갈등과 깊이 연관되어서 정치적 안정을 기대하기 어려운 상황이 계속되고 있었다.

다른 한편 황제권을 중심으로 하는 정부 개혁론이 『황성신문』 등을 통해 확산되면서 사회적으로 정부와 관료에 대한 비판이 고조됨

과 동시에 황제에 대한 기대와 충성심도 더욱 높아져갔다. 만민공동
회는 해산되었지만, 이를 경험했던 사람들이 적극적으로 정치적 목
소리를 내면서 근대적 교육·언론 사업, 자본주의적 경제활동 등을
추동해내고 있었다.

서울을 중심으로 전차, 전화, 전기, 철도가 가설되고, 금광 개발과
각종 토목 사업이 행해지면서 시중에 돈이 돌고 임금도 높아지기 시
작했다. 수입된 맥주, 양산, 설탕, 석유, 성냥 등의 소비가 확대되면
서 외국 상품이 지방 곳곳에까지 팔려 나가고 있었다. 서양의 좋은
점을 본받아야 한다는 것이 강조됨과 동시에 유교의 충과 효, 인(仁)
과 화(和)도 강조되었다. 도박과 복권이 지방에까지 유행할수록 근
면한 노동의 중요성 역시 강조되었다. 사치가 확산되는 것과 동시에
빈민과 유민도 증가했다.

근대적 변화에 발맞춰 정치적·사회적·경제적 욕망은 커져갔지
만, 욕망을 조절할 수 있는 근대국가의 관리 체제가 형성되지 못했
기 때문에 부정부패, 투기, 협잡은 걷잡을 수 없이 대한제국민의 생
활을 위협했다. 이러한 상황에서 대한제국민은 자신의 어려운 생활
과 불만을 해결해줄 수 있는 유일한 권력자로 황제를 떠올리고 있었
다. 이들은 국가와 황제를 따로 생각할 수 없었기 때문에 무능하고
부패한 정부 관료들이 나라를 망친다고 여겼다. 윗물이 맑아야 아랫
물이 맑다는 속담은 황제와 신하 사이에서는 성립되지 않는 말이었
다. 사회는 급격하게 변하고 있었지만, 사회를 바라보는 시선은 아
직 크게 바뀌지 않았다. 특히 왕에 대한 관념은 외세에 의해 자주권
이 침해되는 상황이 빚어질수록 오히려 더 강화되었다.

서울에서 양부 이호준의 묘소가 있는 아산을 왕래하면서 지내던 이완용이 대한제국 사회의 이러한 변화를 모르지는 않았을 것이다. 민심이 여전히 황제를 원한다는 사실을 확인한 이상 그는 망명자 박영효나 유길준과 같은 방법으로 내각을 장악할 수 없다고 판단했을 것이다. 그래서 이완용은 정계의 동향을 주시하면서도 자신의 정치적 입지를 확보하기 위해 적극적이고 극단적인 행동에 나서지는 않았다. 그는 여전히 황제의 부름을 통해 정계에 나서는 것이 양반의 체통에 부합하는 것이라고 여겼다.

그렇다면 미국 생활을 통해 공화제를 알고 있던 이완용은 왜 박영효나 유길준처럼 고종의 권력을 부정하지 못했을까? 단지 왕을 원하는 민심이 문제였다면, 고종이 아닌 다른 누군가를 왕으로 옹립하는 계획을 세울 수도 있었을 것이다. 그러나 이완용은 그런 계획에 동참한 적이 없다. 또한 윤치호처럼 왕의 권한을 견제할 수 있는 의회를 설립하기 위해 나서지도 않았다.

1894년과 1895년에 이완용이 보여준 고종에 대한 충성심과 여전히 고종의 부름을 통해 정치적 입지를 찾으려는 그의 행동은 기존의 권력 구조 속에서 자신의 역할을 위치 지우려는 것이었다. 갑오개혁 시기에 그가 추진한 행정제도와 교육제도의 개혁은 기존 체제 안에서 가능한 것이었다. 또한 전라북도 관찰사로서 보여준 관료적 합리성 역시 기존 지방 행정 체제 안에서 허용 가능한 것이었다. 이완용은 갑오·을미개혁을 거치면서, 그리고 독립협회를 이끌면서 정치인으로 자리매김했지만, 기존의 권력 가운데서 자신의 입지와 역할을 규정하는 관료로서의 태도를 벗어버린 적은 없었다. 그는 개량적 개혁을 추진하는 정치 관료였던 것이었다. 그리고 다른 관료에 비해 신중한 성품의 인물로, 유교적 합리성을 교육받았고 근대적 합리성을 체득한 이였다. 그는 체제에 편입된 양반 관료로서 자신의 지위를 정확히 알고 있었고, 정세의 흐름과 상황에 맞춰 행동반경을 결정할 줄 아는 인물이었다.

100년 전이 아닌 오늘날에도 우리가 발견할 수 있는, 도구적 합리성으로 무장한, 그래서 성공하지 않을 수 없는 인간형인 이완용은 왕의 통치 체제를 부정하고 새로운 구조를 형성하기 위해 목숨을 걸었던 망명 정치인이 될 수 없었다. 그리하여 1902년 유길준 쿠데타 사건과 관련해 자신의 이름이 거론될 때도 정치력을 동원해 권력자의 오해를 풀었고, 다시 찾아올 기회를 엿보기 위해 대한제국의 수도를 떠나지 않았다.

정계의 혼란,
그리고 다시 찾아온 기회

1904년 1월, 대한제국을 둘러싼 러시아와 일본의 대립이 격화되면서 러일전쟁이 터질 기미가 곳곳에서 포착되었다. 인천항에는 러시아 함대가 정박해 있었고, 공사관과 영사관을 경비하는 일본 군대가 증가하고 있었다. 1903년 말부터 전쟁이 발발할 것이란 소문이 돌면서 서울은 전쟁을 피해 지방으로 내려가는 사람들로 분주했고, 전쟁이 일어나면 서울에 들어올 일본군을 맞이하겠다며 서울 진고개를 중심으로 한 일본인 거류지는 한층 들떠 있었다.

이때 이완용은 양부의 제사를 지내기 위해 충남 아산의 선친 묘소로 떠났다. 그가 언제 서울로 다시 돌아왔는지는 알 수 없다. 그러나 뒤숭숭한 서울의 분위기를 뒤로하고 제사를 지내기 위해 아산으로 내려가는 것을 마다하지 않은 이완용에게서 국가의 위기 앞에서도 가문의 일을 중요시하는 양반가 적장자의 모습을 발견할 수 있다.

1904년 2월 10일, 인천에 정박한 러시아 함대를 침몰시키고 상륙한 일본군이 서울을 점령했다. 러일전쟁이 발발한 것이다. 일본 1군 사령부가 설치되었고, 서울에서 압록강으로 진격할 일본군 2만 명이 서울을 거쳐 북진을 시작했다. 일본공사는 고종을 협박해 한일의정서를 체결했다. 이로써 일본은 군사적 목적으로 한반도의 토지와 물자를 수용할 수 있는 근거를 마련했고, 대한제국은 사실상 일본군의 점령지가 되었다.

러시아와 일본이 만주에서 전쟁을 벌이는 동안 일본의 강압적인 한일의정서 체결로 인해 고종의 통치권은 사실상 크게 위축되어 있었다. 1904년 말, 고종은 위기의 순간에 늘 그랬던 것처럼 미국에 의지하려 했다. 그는 대한제국의 독립을 유지해줄 것을 미국에 요청하는 한편, 자신의 측근 세력과 궁내부를 발판 삼아 통치권을 회복하려 했다. 그리고 1904년 11월 9일, 이완용은 궁내부 특진관으로 임명되었다. 또한 같은 달 27일에는 황태자비 민씨의 장례식에서 만장제술관(輓章製述官)이 되었다. 고종과 황실에 대한 충성심이 강했던 이완용은 국장 준비를 거절할 수 없었다. 황태자비의 국장을 치른 후 이완용은 사직상소를 올렸다. 그는 전라북도 관찰사 시절의

만주와 대한제국의 지배권을 두고 러시아와 일본이 벌인 러일전쟁을 다루고 있는 풍자화들. 러시아에서는 이 전쟁의 패배 후 혁명운동이 진행되었고, 승전한 일본은 한국에 대한 지배권을 확립하고 만주로 진출할 수 있게 되었다.

죄를 이유로 사직을 청했지만, 고종은 허락하지 않았다.

러일전쟁이 진행되는 동안 고종은 일본공사의 압박에 대응하여 자신이 총애하는 원로대신 및 반일 성향의 인사들을 내각 대신으로 임명했지만, 이들은 일본의 눈치를 보며 사직상소를 올렸다. 고종의 총신이었던 이용익은 일본으로 납치되었고, 현상건(玄尙健) 등도 일본의 압력으로 상하이로 망명했다. 고종은 러시아가 전쟁에서 승리하여 다시 일본의 영향력을 축소시켜줄 것을 희망했고, 측근들을 통해 러시아를 지원하라는 밀명을 내렸다. 일본은 고종의 이러한 움직임을 차단하는 한편 러시아와의 접촉 시도를 빌미로 고종을 더욱 압박해나갔다.

그러던 중 1905년 1월, 일진회가 대규모 집회를 열고 러시아배척운동을 펼쳤다. 일진회는 고종이 이완용을 궁내부 특진관으로 임명한 사실에 촉각을 곤두세우면서 고종이 갑오개혁 때처럼 다시 반일정책을 펼칠 것이라고 보았다. 일진회는 현 내각이 러시아당이라고 규탄하면서 국내 여론을 흔들어놓고 있었다. 이때까지 일진회를 비롯해 국내 언론은 이완용을 친러파로 인식하는 경향이 강했다. 을미사변 후 일본이 친일 내각을 구성했을 때 이완용이 춘생문 사건과 아관파천을 주도했기 때문이었다.

한편 이완용이 임명된 궁내부는 1904년 10월에 설치된 황실제도정리국의 활동으로 그 위상이 크게 추락했다. 대한제국 시기에 황실사무를 관장한 궁내부는 고종의 권력 기구로 경위원, 철도국 등을 휘하에 두고 내각보다 상위의 기관처럼 군림하고 있었다. 그런데 일본은 궁내부의 황실 재산을 다시 정부로 이관하고, 경위원, 철도국 등 황실 사무 이외의 궁내부 소속 기구들을 폐지하여 궁내부가 순수한 황실 사무만을 보도록 했다.

궁내부의 지위 변동에 앞서 1905년 1월 6일, 고종은 궁내부 특진관 전원을 다시 구성했다. 이완용은 이때 특진관을 그만두었다. 물론 이때 특진관의 교체는 궁내부의 위상 변화에 일차적인 원인이 있었지만, 일진회가 집회를 열어 반일 내각이라며 비난했던 근거의 한 사람이었던 이완용 등을 해임하여 친러 정책을 펼치고 있다는 오해를 받지 않기 위한 고종의 의중도 작용했을 것이다.

1905년 을사조약 체결 전까지 일본공사와 고종 사이에는 의정부 관제 개정을 둘러싼 줄다리기가 계속되고 있었다. 일본은 고종의 권한을 축소시키기 위해 갑오개혁과 같이 의정부의 권한을 크게 강화하고 사실상 일본과 같은 내각책임제적 제도를 주장하면서 의정부 의정과 참정을 통합하여 의정부 회의에서 결정된 사항에 대해 고종이 거부할 수 없도록 하는 규정을 마련하고자 했다. 반면 고종은 갑오개혁 때 자신의 권한이 크게 축소되었던 것을 알고 있었기에 일본의 요구를 강력하게 반대했다. 이 과정에서 내각 대신들은 수없이 교체되었다.

그러다가 8월 21일, 일본공사는 고종의 임면권을 제한하는 내규에 대한 고종의 허가를 받아냈다. 당시에 정부 대신들은 반일 의중을 가진 고종의 눈치를 보며 계속 사직을 하고 있었기 때문에 일본의 각종 이권 사업과 대한제국의 보호국화 추진이 원활히 진행되지 못하고 있었다. 이에 일본공사는 고종이 의정부 의정 또는 참정만을 인선할 수 있게 하고 나머지 대신은 의정 또는 참정이 추천하도록 하는 중재안을 제시한 것이었다. 고종의 임면권 제한에 대한 내규와 함께 일단 임명된 정부 대신은 개별적으로 사표를 제출하지 않고 공동으로 진퇴하는 내각책임제 같은 운영 방식도 결정되었다.

8월 27일, 이 내규에 의해 새로운 내각이 조직되었다. 고종은 자신에 대한 충성심이 강한 한규설을 의정부 참정으로, 보수 원로대신 윤용구(尹用求, 1853~1939)와 조동희(趙同熙, 1856~?)를 각각 내부대신과 농상공부대신에 임명했다. 그리고 하야시 곤스케(林權助) 일본공사의 주장을 받아들여 친일 세력인 이지용(李址鎔, 1870~?)과 이영하(李榮夏)를 각각 학부대신과 법부대신에 임명했다. 그러나 한규설이 사직상소를 올려 참정직에서 물러나려 하고 있었다. 일본공사 하야시는 윤용구와 조동희가 업무 능력이 없다면서 불만을 표명하는 한편 일본에 대해 호의적이지 않았던 외부대신 민영환에 대해서도 외교에 적합한 인물이 아니라고 하면서 부정적 의견을 드러냈다.

9월 10일, 고종은 일본공사의 불만에 어쩔 수 없이 평안남도 관찰사로 나가 있던 박제순을 외부대신에, 이지용을 내부대신에, 이완용을 학부대신에 임명했다. 그리고 9월 26일에는 군부대신 권중현(權重顯, 1854~1934)을 농상공부대신으로 옮기고, 이근택을 군부대신에 임명했다.

이완용이 학부대신으로 다시 내각원이 될 수 있었던 것은 일본공사 하야시의 추천 때문이었다. 사실 1905년 초에 일진회가 친일 집회를 열었을 때만 해도 이완용은 친러 인물로 알려져 있었다. 그런 그가 어떻게 하야시 공사의 추천을 받을 수 있었을까?

이 시기에 일본공사는 되도록 친일 인사를 입각시켜 고종의 권한을 제한하려 했기 때문에 반일 성향의 인물들은 대부분 내각에서 쫓겨나는 신세가 되고 있었다. 이러한 상황에서 친러적 이미지를 가진 이완용이 학부대신에 임명된 것은 매우 의외의 일이었다. 그러나 1902년 유길준의 쿠데타 사건으로 이완용과 두터운 관계를 맺고 있던 이하영이 일본공사관을 통해 자신과 이완용 형제의 구원을 요청했다는 사실로 미루어보면, 이완용은 이하영을 통해 일본공사와 연계되어 있었을 가능성이 높다.

고종의 측근 세력이 고종의 총애를 얻기 위해 갑오년과 을미년 내각 대신들이 망명자들과 내통하고 있다는 음모를 꾸며 공격해왔었기 때문에 예전의 내각 대신들은 일본공사관과 연계하여 고종의 측근 세력을 견제하려 하고 있었다. 이완용도 그들을 견제하려던 사람 중 하나였다. 더욱이 아관파천 시기에 보수 세력이 정동파를 공격했을 때 안경수를 통해 일본에 지원을 요청한 적도 있었기에 이완용의 이번 입각은 적어도 유길준의 쿠데타 사건 전후로 일본공사와 긴밀한 관계를 형성해온 결과일 가능성이 높다.

반면에 이제까지 이완용의 후원 세력이었던 미국공사 알렌의 정치적 영향력은 크게 축소되어 있었다. 고종과의 친분으로 조선 정계에 깊게 개입했던 알렌은 이미 미국 국무부로부터 대한제국의 정치 문제에 개입하지 말라는 경고를 여러 차례 받은 적이 있었다. 더구나 미국이 만주의 이권을 확보하기 위해 일본을 지원하는 쪽으로 노선을 바꾸고 있었기 때문에 미국공사였던 알렌이 고종의 반일 노선을 지지하기는 어려운 상황이었다. 1904년 1월에 러일전쟁으로 일본군이 서울을 점령할 것이라고 예상한 고종이 미국공사관으로 피신하고 싶다는 의사를 전달해왔을 때, 알렌은 그 요구를 강력히 거절한 적도 있었다. 대한제국의 정치 문제에 개입하지 않겠다는 미국의 정책 기조로 인해 고종과 이완용의 강력한 후원자였던 알렌은 더 이상 힘을 쓰지 못하고 있었다.

임명된 지 3개월 만에 궁내부 특진관 자리에서 물러난 이완용은 음력 설날에도 아산에 있는 선영에 내려가지 않은 채 서울에서 정계의 흐름을 예의 주시하고 있었다. 그러던 중 8월(음력으로 7월 초), 큰아들 승구가 병으로 죽었다. 아버지 이완용에게 아들의 죽음은 엄청난 슬픔을 안겨주었다. 그러나 8월 26일, 아들을 경기도 고양에 안장한 후 20일 만에 그는 학부대신에 취임했다. 이완용은 이제까지와는 달리 사직을 요청하는 상소 한 장 올리지 않았다. 슬픔에 빠져 다시 찾아온 기회를 놓칠 수는 없었던 모양이다.

이완용은 이때 왜 학부대신직을 수락했는지를 밝히지는 않았다. 의중은 알 수 없지만, 그렇다고 해서 그가 이미 나라를 팔겠다는 결심을 했다고 단언할 만한 근거도 없다. 당시의 정치 상황을 볼 때 그는 갑오·을미년처럼 다시 고종의 신임을 얻어 정치적 입지를 확보할 수 있으리라고 생각했을 가능성이 높다. 당시 상황은 1894년 일본이 경복궁을 점령했을 때와 매우 비슷하게 진행되고 있었다.

러일전쟁으로 일본군이 서울을 비롯한 각지를 점령하고 있었으며, 일본공사 하야시는 무력을 동원해 고종을 압박하면서 고종의 권한을 내각 대신에게 넘겨주려 하고 있었다. 현상건 등 고종의 측근 세력이 고종의 반일 활동을 지원하면서 총애를 받고 있었지만, 현상건과 이용익 세력인 박용화(朴鏞和, 1871~1907)의 알력, 이용익의 재망명 등으로 정계의 판도가 급변할 가능성이 있었다. 또한 러일전쟁은 1905년 5월부터 미국의 중재하에 종결 절차를 밟고 있기는 했지만, 러시아가 전쟁 배상금 지불을 거부하면서 다시 전쟁을 벌일 수도 있다고 주장하고 있었기 때문에 협상은 난항에 봉착해 있었다. 일본에서도 전쟁 강화(講和) 반대 시위가 벌어지는 등 배상금 없는 협상에 대한 비판 여론이 확산되고 있었다.

국내외에서 벌어지는 예측 불가능한 상황은 1894년에서 1896년 사이의 상황과 매우 흡사해보였다. 표면적으로 유사한 상황의 재현 속에서 이완용은 새로운 가능성을 보았을 것이다. 미국의 거부에도 불구하고 여전히 미국을 짝사랑하던 고종은 일본을 견제하기 위해 러시아를 끌어들이려 했다. 친러파 세력이 크지 않은 대한제국 정계에서 러시아 세력의 확장이 친미 세력의 확장과 연결된다는 점을 이완용은 경험으로 알고 있었다. 그가 보기에는 아관파천 때와 같은 기회가 다시 찾아올 가능성이 컸을 것이다.

그러나 이러한 가능성은 그가 학부대신이 된 이후 빠르게 사라져 갔다. 1905년 9월 5일, 한국에서 일본의 우월권을 승인하는 조항이 들어 있는 포츠머스조약에 러시아가 합의하면서 전쟁이 재발할 가능성은 사라졌다. 또한 9월 27일, 영국은 일본의 한국 지배를 용인한다는 내용의 제2차 영일동맹을 공개했다. 이로써 일본을 견제할 현실적 가능성은 사라졌다. 갑오·을미년의 위기를 아관파천으로 극복할 수 있었던 것과 같은 기대가 완전히 사라져버리는 순간이었다.

이때 고종은 측근 세력을 동원하여 미국 등에 지원을 호소할 방안을 고심하고 있었지만, 내각원 중 어느 누구도 이러한 고종의 계획에 함께하지 않았다. 고종 측근들은 내각 대신을 친일 세력으로 몰아가고 있었지만, 내각 대신들은 일본의 영향력을 견제할 가능성이 사라진 이상 고종의 계획에 가담하지 않았다. 이완용 역시 아관파천 때와 같이 고종을 위해 어떠한 계획도 도모하지 않았다. 자신이 보았던 가능성이 불가능성으로 바뀐 이상 국제 정세는 10년 전처럼 되풀이되지 않을 것이기 때문이었다.

일본공사가 사실상 내각을 장악한 가운데 1905년 11월 이토 히로부미(伊藤博文)가 내한한다는 소문이 떠돌기 시작했다. 고종과 내각 대신들은 한일 관계에 중대한 변화가 있을 것이라고 직감했으며, 『황성신문』을 비롯한 언론도 일본이 조만간 한국을 보호국화할 것이라며 우려를 표명했다. 한일 관계의 중대한 변화가 예감되는 가운데 이토 히로부미가 11월 10일 한국에 도착했다. 그는 고종에게 을사조약의 체결을 받아낼 생각이었다.

5장

애국과 매국의 갈림길에서

대한제국 점령을 위한
일본의 압박이 시작되다

1905년 9월 학부대신으로 임명된 이완용은 재정고문으로 온 메가타 다네타로(目賀田種太郎)가 실시한 대한제국 재정 정리로 인해 학부 예산을 줄여야 하는 상황에 봉착했다. 갑오개혁 때 학부대신으로 국민교육의 기틀을 마련했던 이완용으로서는 매우 곤혹스러운 일이었다. 그는 정부가 설립한 각 학교 교관의 봉급을 삭감하는 조치를 취했는데, 이에 반발한 교관 50여 명이 일제히 사표를 내던지는 사건이 발생했다. 학부에서 교관을 홀대하는 데 대한 반발이 누적된 상황에서 교관에 대한 감봉 조치는 학생들의 시위를 촉발시켰다. 10월 초, 학생들은 교과서를 반납하고 일제히 학부에 몰려가 이완용의 조치가 부당함을 성토했다.

교관 감봉 사건은 『황성신문』을 통해 자세히 보도되었고, 국가의 미래가 달린 교육 문제를 이렇게 처리하는 이완용에 대해 비난이 쏟

아졌다. 국민 계몽과 실력 양성을 통해 문명국이 될 수 있다고 주장
해왔던 대한제국의 지식인들에게 이완용의 조치는 도저히 용납될
수 없는 것이었다. 『황성신문』은 이완용을 부패한 관료이자 간신배
로 매도했다. 이완용은 조만간 해결책을 내놓겠다고 했지만, 재정
부족을 타개하기는 쉽지 않은 상황이었다.

　자신에 대한 언론의 비난이 쏟아지자 이완용은 학교를 설립하고
서적을 편찬·번역하며 역사서를 발간하여 애국심을 고취하려는 목
적으로 1904년에 결성되었던 국민교육회에 찬성금 300원을 기부했
다. 여론의 비난을 피해보려는 방책이었다. 그러나 학부와 학교 간
의 갈등이 해결되지 않은 상황에서 이완용은 이토 히로부미가 제출
한 4조건(을사조약 초안) 문제와 마주하게 된다.

　만주에서 러일전쟁이 진행 중이던 1904년 8월 22일, 제1차 한일
협약이 체결된 후 대한제국은 일본인 고문에 의해 재정과 외교 사무
를 크게 제한받게 되었다. 특히 외국과의 조약 체결을 비롯한 외교
문제에 대해서는 미리 일본 정부와 협의하도록 규정한 탓에 외교권
은 이미 일본에 의해 장악되기 시작했다. 1905년 러일강화협상이
진행되는 동안 일본은 7월 미국과 가쓰라-태프트 밀약을, 8월에는
영국과 비밀동맹조약을 체결하여 대한제국에 대한 일본의 보호를
인정받았다. 그리고 9월에 이르러서는 러일강화조약인 포츠머스조
약을 체결하여 러시아로부터 대한제국에 대한 일본의 보호권을 묵
인받았다.

　열강으로부터 대한제국에 대한 보호를 인정받은 일본은 10월 27일
각료 회의를 통해 대한제국에 대한 보호권 확립 대책 8개 사항을 결

정했다. 여기에는 을사조약 내용과 함께 체결 시기를 11월 초순으로 할 것이 명시되어 있었다. 그리고 이를 실행하기 위해 이토 히로부미가 특사로 대한제국에 들어왔다.

11월 10일, 이토는 고종에게 일본 천황의 친서와 함께 일본 각료회의의 결의 내용을 전했고, 다음 날 알현을 청했다. 그러나 고종은 병을 핑계로 이토와의 만남을 지연시켰고, 15일에야 그를 만났다. 이때 고종은 조약 체결을 위한 외교상의 절차를 갖출 것을 요구하면서 외부에 정식으로 알려온다면 이를 신하들과 논의해 결정할 것임을 전달했다.

이에 이토는 16일 일본공사 하야시에게 대한제국 외부에 조약안을 제출하게 하는 한편, 오후 4시에 참정대신 한규설, 탁지부대신 민영기, 법부대신 이하영, 내부대신 이지용, 농상공부대신 권중현, 학부대신 이완용, 군부대신 이근택, 그리고 경리원경 심상훈과 시종무관장 민영환을 자신이 묵고 있는 해우관(解憂館)으로 불러들였다. 그러나 한규설은 하야시 공사의 회견 요청 때문에, 민영환은 조상의 묘지를 개장하기 위해 외출 중이라는 핑계를 대고 참석하지 않았다.

이토는 이 자리에서 일본이 청 및 러시아와 두 차례 전쟁을 벌인 것은 모두 대한제국의 독립을 위한 것이었는데 고종이 이용익을 프랑스로 파견하여 러시아와 내통하려 했고, 최근에는 영국에 밀사를 보내려다가 일본 헌병에게 발각되었다고 하면서 대한제국이 제1차 한일협약의 취지를 어겼다고 몰아붙였다. 또한 대한제국이 자위(自衛)할 실력이 없어서 동양의 화근이 되고 있다면서 이번 조약은 이

이토 히로부미(伊藤博文, 1841~1909). 일본에서는 근대
화를 이끈 인물로 평가받고 있지만, 그는 을사조약 체결을
강요하고 고종을 강제로 퇴위시키는 등 조선 식민지화를
주도한 원흉으로 지목되었다.

러한 화근을 없애고 대한제국을 개발하기 위한 것이라고 주장했다.
모임에 참석한 대신들은 이토의 말에 적극 반론을 제기하지 못한 채
외부를 통해 조약안이 접수된다면 열람하고 의논하여 타협할 길이
있을 것이라며 형식적으로 동의하는 한편 대한제국의 이름만은 보
전할 수 있게 해달라고 요청했다.

이때 이완용도 대체로 다른 대신들과 비슷한 의견을 개진했다.
"우리 정부는 신중히 일에 임하여 타협에 힘쓸 것이다. 그리고 우리
들 각 원은 그 대체에 관해 알았을 뿐으로 아직 상세한 내용은 알지
못한다. 그러므로 먼저 그 제안을 열람하고 숙지하고 타협의 길을
강구할 것을 희망한다"라고 하며 의례적인 말로 답했다. 이날 대신
들은 조약에 대한 고종의 의중을 정확히 파악하지 못한 상태였다.
따라서 이들은 이토의 주장에 곧바로 대응하지 않고 '숙지하고 의논
하여 타협할 일'이란 의례적인 말로 응대했지만, 기본 입장은 조약
에 반대하는 것이었다.

이토와 헤어진 대신들은 다시 그날 밤 고종의 부름을 받고 입궐했

다. 이들은 먼저 이토와의 대화 내용을 고종에게 보고했다. 그리고 "내일이면 또 일본공사관에서 모일 텐데 만약 그들의 요구가 오늘 한 말을 계속하는 것이라면 신들 또한 오늘과 똑같은 답을 하고 물리치고 말 것"이라고 이야기하고 나왔다. 이때 고종과 대신들은 조약 반대로 의견을 모았다.

다음 날인 17일 오전, 참정대신 한규설을 위시한 내각 대신들이 다시 일본공사관에 모였고, 공사와 을사조약에 대한 쟁론을 벌였다. 농상공부대신 권중현은 조약에 대한 보고가 외부에서 의정부로 올라오지 않았기 때문에 지금 이 문제를 논의할 수 없을 뿐만 아니라 중추원의 새 규정에 따라 여론을 널리 수집해야만 비로소 조약 체결을 결정할 수 있다고 했다. 대신들이 절차에 문제를 제기하면서 조약 체결에 반대하고 나서자 하야시 공사는 언성을 높이면서 "귀국 (貴國)은 전제정치를 하는데 어찌하여 입헌정치의 규례를 모방하여 대중의 의견을 묻는가? 나는 대황제의 권한이 무한하여 응당 한마디 말로써 직접 결정할 것이고 굳이 허다하게 방해받는 법을 쓸 필요가 없다는 것을 알고 있다"라고 하면서 권중현의 주장을 일축하고 궁내부대신에게 전화를 걸어 고종의 알현을 요청했다. 을사조약 체결을 지연하려고 권중현이 했던 말과 이 주장을 신랄하게 묵살했던 하야시의 말은 앞서 15일 고종과 이토가 만나서 나눈 대화 내용과 똑같았다.

> 고종: 짐(朕)이라 할지라도 어찌 그 이치를 모르겠는가? 그렇다 할지
> 라도 일이 중대함에 속한다. 짐은 지금 스스로 이를 재결할 수

없다. 짐의 정부 신료들에게 자순(諮詢)하고 또 일반 인민의 의향
도 살필 필요가 있다.

이토: 폐하께서 정부 신료들에게 자순하심은 당연하오시며 외신도 역
시 결코 오늘로 결재를 청하려고 하는 뜻은 아닙니다. 그러나
일반 인민의 의향을 살핀다는 운운의 말씀에 이르러서는 기괴
하기 짝이 없다고 생각합니다. 왜냐하면 귀국은 헌법 정치도 아
니며 만기(萬機) 모두 다 폐하의 친재(親裁)로 결정한다고 하는,
소위 군주전제국이 아닙니까? 그리고 인민의 의향 운운이라 했
지만 필시 이는 인민을 선동하여 일본의 제안에 반항을 시도하
려는 생각이라고 추측됩니다. 이는 쉽지 않은 책임을 폐하 스스
로 지게 되는 것을 두려워하시기 때문입니다. 왜냐하면 귀국 인
민이 유치하고 본디 외교에 어두워 세계의 대세를 알 길이 없습
니다. 과연 그렇다면 다만 이로써 공연히 일본에 반대하려고 하
는 데 지나지 않습니다. 요사이 유생 무리를 선동해서 상소 건
백(建白)을 하여 비밀리에 반대운동을 시키고 있다는 것은 일찍
이 우리 군대가 탐지한 바입니다.

을사조약 체결을 거절할 명분으로 외교 절차의 준수 이외에 고종
이 내건 '대신과 인민의 의향을 묻는다'라는 것은 당시 대한제국의
정치체제상 단순한 핑계에 지나지 않았다. 전제 국가인 대한제국의
운명을 결정할 사람은 황제인 고종 한 사람뿐이었다.

• 「이토 대사 내알현(內謁見) 시말(始末)」(1905년 12월 8일), 『주한일본공사관기록』 25,
  국사편찬위원회, 1997.

1897년 대한제국 선포와 1899년 대한제국 국제의 선포 이래로 대한제국은 조선의 통치 체제를 그대로 계승한 전제 왕국이었다. 갑오개혁 이후 입헌군주제 수립을 위해 개화파 등이 정치체제 개혁을 추진하려 했지만, 고종은 이를 철저하게 탄압해왔다. 고종이 개인적으로 아무리 인민의 뜻을 존중한다 하더라도 인민의 의견이 수렴될 제도적 장치는 전혀 마련되어 있지 않았다. 그런데 국가의 존망을 결정하는 순간 고종과 권중현 등의 대신들은 단지 황제의 자문 기구에 지나지 않았던 중추원을 마치 의회인 것처럼 말하면서 여론을 수렴해야 한다고 핑계를 대고 있었던 것이다.

지금처럼 국가의 중대한 외교 사안에 대해 국회의 동의를 받는 절차가 제도화되어 있지 않았기 때문에 독립국가의 결정 과정을 존중해야 할 외교 상대국 일본이 고종이 주장했던 절차 중 '인민의 의향을 묻는 과정'은 인정할 필요가 없었다. 그래서 이토와 하야시는 대한제국 정치체제를 분명하게 지적하여 고종과 대신들의 말이 어불성설임을 비난했다.

이토는 고종과 대신들이 말하는 외교적 절차, 즉 일본이 외부에 조약안을 보내고 외부가 의정부에 보고하면 의정부에서 논의하고 고종이 협상에 임할지 말지를 결정하며, 만약 임한다면 전권공사를 임명할지 말지를 결정하는 절차를 거치면 된다고 생각했다. 그래서 외부에 을사조약 초안을 보낸 후 의정부 회의가 열리기 전에 내각 대신들에게 동의를 끌어내어 책임을 회피하려는 고종을 압박하려 했던 것이다.

물론 그 절차도 일본의 강압에 의해 고종이 전권공사를 임명하지 않음으로써 제대로 지켜지지 않았다. 절차상 하자가 있는 조약, 그리고 최종 결정권자인 고종이 조약문을 검토하고 가부를 결정했는지 여부가 분명치 않은 조약이었기 때문에 국제법상 허용되지 않는 것임에는 틀림없다. 그러나 동시에 이 조약을 막아낼 수 있는 절차상의 강력한 힘, 가령 의회제 같은 것을 갖고 있지 못했던 대한제국 정치체제의 문제 또한 지적하지 않을 수 없다. 국가의 운명을 결정할 권한이 황제 개인에게 주어져 있었다는 점은 독립 주권의 허약함을 드러내는 것이었다. 그리고 그러한 상황을 만든 장본인이 고종이었다는 점 또한 부인하기 어렵다. 일본의 강압으로 궁지에 몰린 고종이 스스로 목숨을 내놓고 거부하지 않는 이상 조약을 회피할 다른 수단이 없는 상황이 빚어지고 있었다.

결정하지 않았으나
결정된 을사조약

일본공사 하야시는 권중현의 말을 묵살하고 고종을 압박하기 위해 직접 그를 찾아갔다. 대신들은 하야시의 입궐을 막으려고 했지만 소용없어지자, 하야시보다 앞서 고종을 만나 대책 회의를 열었다. 이날 회의 내용은 을사조약 체결 이후 이완용 등 소위 '을사5적'이 올린 상소문에 기록되어 있다. 이를 살펴보면 그날의 상황이 비교적 상세히 드러난다.

대신들은 하야시 공사와의 대화 내용을 고종에게 보고했다. 고종은 몹시 괴로워하면서 여러 차례 대신들에게 대책을 물었다. 이완용을 비롯한 대신들은 모두 이 조약을 허락할 수 없다고 답했다. 뾰족한 대책이 없는 가운데 고종은 일단 결정을 미루자고 했다. 이때 이완용이 고종에게 매우 절박하게 질문했다. 그는 고종에게 품고 있는 생각이 있으면 모두 말해야 한다고 하면서 대신 8명이 이 일을 막아내는 것은 쉽지 않다고 했다. 이완용의 말에는 고종에 대한 불신이 담겨 있었다. 그리고 "만약 폐하의 마음이 단호하여 흔들리지 않는다면 나랏일을 위해 진실로 천만다행한 일이지만, 만일 너그러운 도량으로 하는 수 없이 허락하게 된다면 어떻게 합니까?"라는 돌발적인 질문을 했다. 고종과 다른 대신들은 순간 아무 말도 하지 못했다. 조약을 거절할 수 없는 상황이라는 생각과 고종이 끝까지 이 조약을 거부하지 못할 것이라는 생각이 교차하는 순간이었다.

외부대신을 지냈던 이완용은 러시아와 일본의 외교적 마찰이 있을 때마다 최고 결정권자로서 짊어져야 할 책임을 회피하기 위해 결정을 미루면서도, 자신의 의사를 관철시키기 위해 다른 대신들을 부추겨왔던 고종의 태도를 익히 알고 있었다. 그래서 그는 고종이 조약을 끝까지 반대할 의지가 있는지를 확인하려 했다. 이토 역시 이전의 대화에서 "쉽지 않은 책임을 폐하 스스로 지게 되는 것을 두려워하시기 때문"에 "인민을 선동하여 일본의 제안에 반항을 시도하려는 생각"이 있다면 이는 화를 불러올 것이라고 협박하고 있었다. 이완용과 이토는 결정권자인 고종을 불신하고 있었던 것이다.

이완용은 고종이 조약 체결을 허락하는 사태에 대비해 대책을 강구해야 한다고 했다. 이에 대해 고종과 대신들 모두 잠시 아무 말이 없었다. 이완용은 다시 "신이 미리 강구하자고 한 것은 다른 것이 아닙니다. 만약 하는 수 없이 허락하게 된다면 해당 조약의 내용 중에서 보태거나 빼서 고치고 바로잡을 매우 중대한 사항이 있을 것이니 무엇보다 미리 상의해두어야 할 것이고, 절대로 조약을 맺는 자리에서 구차스럽게 해서는 안 된다는 것입니다"라고 첨언한다.

이완용의 말에 고종은 이토의 말을 인용하면서 "조약 내용 중에서 문구를 변통하는 것은 가능한 일인 듯하니 학부대신이 말한 바가 매우 타당하다"라고 답했다. 이에 권중현을 비롯한 다른 대신들 역시 동의했다. 이후 논의는 이토가 제출한 조약문을 수정하는 방향으로 진행되었고, 이완용은 통감이 관장하는 사항을 '외교'에 한정하는 것으로 수정해야 하며, 외교권을 되찾는 시기를 명시해야 한다고 했다. 고종은 조약 머리글에 있는, 일본이 외교 사무에 대한 모든 것을 스스로 행한다는 말을 없애야 한다고 주장했다. 즉 자신이 외교 사무에 대해 일정한 권한을 가져야 한다는 것이었다. 권중현은 '황실의 안녕과 존엄에 조금도 손상이 없게 하라'는 조항을 첨가해야 한다고 했다. 대신들은 물러나면서 "이상으로 상주한 것은 단지 준비를 강구하는 데 불과합니다. 신들이 물러나서 대사에게 '불가'라는 두 글자로 물리칠 것입니다"라고 말했다. 이에 고종은 "비록 그러하나 방금 전에 이미 짐의 뜻을 말했으니 모양 좋게 조처하라"고 답했고, 한규설과 박제순은 고종의 뜻을 받들겠다고 하고 나왔다.

여기까지가 이완용 등이 올린 상소에서 밝히고 있는 고종과 신하들의 대책이었다. 즉 이날의 대책은 먼저 신하들이 조약 체결에 대한 반대 의사를 전하고 고종은 신하들의 불가 의사를 거절할 수 없다는 점을 들어 조약 체결을 지연시키거나 회피해본다는 것이었다. 그러나 만약 그것으로도 회피할 수 없다면 어쩔 수 없이 조약문을 수정한다는 것이었다. 그런데 이 대책에서 신하들과 고종의 역할이 어떻게 규정되어 있었는지는 따져봐야 한다.

고종은 최고 결정권자였지만, 11월 15일 이토와의 대화에서 자신이 독단적으로 결정할 수 없으니 최소한 대신들의 의견을 수렴해야 한다고 했다. 이토가 고종의 말에 찬성한 것은 당시 정부의 정책 결정 구조가 의정부에서 각 대신들이 사안을 의논한 후 고종에게 올리면 고종이 최종적으로 가부를 결정하는 형식이었으므로 이를 무시할 수 없었기 때문이었다. 그러나 대신들이 모두 반대 의견을 표명하더라도 고종이 찬성할 권한은 갖고 있었다. 이토는 이를 잘 알고 있었고, 이완용 또한 그러했다. 그래서 이완용은 "아래에서 대신들이 막아서기 어렵다"고 말함으로써 고종이 결정권자임을 다시 한 번 확인시켰던 것이다.

따라서 이날 신하들이 일본공사에게 거절 의사를 전달하기로 대책을 마련한 것은 고종에게 조약 거부의 구실을 제공하는 데 불과했다. 즉 고종이 '신하들이 모두 반대하니 지금 바로 결정하기 어렵다'고 말함으로써 조약 체결을 미루고, 상황을 바꿀 수 있도록 영국, 미국, 러시아 세력을 끌어들일 시간을 벌어보자는 것이었다.

8명의 대신들이 물러났는데, 그때 고종은 다시 한규설과 박제순을 불러들여 비밀 명령을 내렸다. 고종을 만나고 나온 한규설은 하야시 일본공사의 질문에 "우리 황상 폐하께서는 협상하여 잘 처리하라는 뜻으로 하교하셨지만, 우리 8인은 모두 반대한다는 뜻으로 복주(覆

奏)했다"라고 대답했다. 한규설의 이 말은, 고종은 조약 체결을 허락했지만 대신들이 반대했다는 말로 이해될 소지가 있는 발언으로, 앞서 세운 대책과는 사뭇 달랐다. 고종의 비밀 지령이 무엇이었는지는 알 수 없지만, 한규설의 이런 발언에 고종의 의견이 반영된 것이 아닌가 하는 의구심이 든다. 즉 대신들이 모두 반대한 후 이토와 담판을 지어야 하는 상황을 회피하고 싶은 고종의 의중이 전달된 것이 아닌가 하는 추측을 해볼 수 있다.

하야시는 한규설의 말을 낚아채서 "귀국은 전제 국가이니 황상 폐하의 대권으로 협상하여 잘 처리하라는 하교가 있었다면 나는 이 조약이 순조롭게 체결될 것으로 알겠다. 그런데 여러 대신들이 의정부의 책임을 전혀 모르고 한결같이 군명을 거스르고 있으니, 어째서인가? 이러한 대신은 절대로 묘당 윗자리에 두어서는 안 된다. 그리고 참정과 외부대신을 면직시켜야 마땅하다"라고 했다. 한규설은 발끈해서 자리를 뛰쳐나가려 했지만, 다른 대신들이 이를 만류했다. 이때 이토가 대한제국 주둔군 사령관 하세가와 요시미치(長谷川好道)와 헌병 사령관 및 군사령부 부관을 대동하고 나타났고, 하야시는 이제까지의 상황을 이토에게 전달했다.

이토는 곧바로 궁내부대신 이재극(李載克, 1864~1927)을 통해 고종의 알현을 수차례 요청했다. 이토는 대신들의 의견보다는 결정권자인 고종의 답을 듣고 싶었던 것이다. 그러나 고종은 이토와의 만남을 피했다. 그는 이재극에게 "짐이 이미 각 대신에게 협상하여 잘 처리할 것을 허락하였고, 또 지금 인후통을 앓고 있어서 접견할 수가 없다. 모름지기 모양 좋게 협상하기를 바란다"는 말을 전했다. 고종은 조약 체결 문제를 일단 대신들에게 넘겨버린 것이었다. 이재극은 다시 대신들에게 고종의 뜻을 전했다.

이토는 조약 체결의 찬반을 묻는 형식으로 대신들과의 회의를 이끌어갔고, 대신들은 이 회의가 교섭임을 주장하면서 고종과 대책 회의에서 했던 말을 반복했다. 이토는 고종이 조약 체결을 허락하는 명령을 내렸으니 이를 어기는 것은 곧 군주의 명령을 어기는 것이라고 다그쳤다. 고종과 마련한 대책이 어그러져버렸고, 고종이 이재극을 통해 협상하라는 칙서를 내린 가운데 한규설과 민영기는 어떠한 이유도 없이 거부 입장을 피력했다. 나머지 5명의 대신들도 고종의 명령을 따라야 하는 관료로서의 입장을 밝히면서도 모두 조약 체결에는 반대한다고 했다. 그리고 대책 회의에서의 발언을 그대로 반복했다. 이에 대해 이토는 고종의 명령을 따른다면, 동양의 대세를 알고 있다면, 조약 문구를 수정한다면, 그것은 찬성이나 마찬가지라고 하면서 5명의 대신이 찬성한 것이라고 몰아세웠다.

이때 이완용은 "신이 속으로 곰곰이 생각해보니 협상하여 잘 처리하라는 성상의 하교를 이미 참정이 성명하였으니, 그렇다면 이 안건의 귀결은 이미 판가름 난 것"이라고 하면서 "나는 조금 전에 연석에서 주달(奏達)하는 일이 있게 되어 이러이러하게 아뢰었을 뿐이다. 그러나 끝까지 찬성한다고 말하지는 않았다"라고 밝혔다. 앞서 고종에게 끝까지 반대할 수 있는지를 물은 것은 단지 이완용의 기우만은 아니었다. 이완용은 고종과 합의된 대책이 이미 깨졌음을 알았고, 그다음으로 조약문을 개정하는 협상의 수순으로 들어간 것이었다.

탁지부대신 민영기와 5명의 대신들은 문구의 개정을 요구했고, 이토는 직접 붓을 들고 대신들이 요구한 사항을 수정했다. 그리고 조약 초고를 고종에게 올려 열람하게 했다. 고종은 이 조약문에 "본국이 부강한 뒤에는 이 조약이 무효가 되어야 하므로 이러한 뜻의 문구를 별도로 첨부하지 않으면 안 된다"는 내용의 칙지를 전했고, 이토가 직접 "한국이 부강을 인할 시"라는 문구를 삽입했다. 이렇게 작성된 최종 을사조약안을 고종이 열람했는지는 분명치 않다. 이완용의 상소문에서는 분명히 고종이 열람하고 직접 지시까지 내렸다고 했지만, 농상공부대신 권중현이 11월 25일에 올린 상소에서는 "이튿날 새벽에 외부대신의 직인이 몰래 들어와 끝내 기명 호령하기에 이르렀습니다. 엎드려 생각건대 과연 이렇게 큰 사건이 임금의 재가도 거치지 않고 갑자기 결정될 수 있는 것입니까?"라고 하여 고종의 재가를 얻지 못했음을 분명히 하고 있다.

　이와 같이 을사조약은 고종과 9명의 대신들 누구도 찬성하지 않고 결정하지도 않은 채, 일본의 강압에 의해 체결되었다. 그리고 최고 결정권자였던 고종이 '거부한다'는 분명하고 공식적인 결정을 내리지 못한, 그래서 결정한 바 없이 결정된 조약이었다.

조약 체결의 책임은
누구에게?

1905년 11월 17일, 소위 '을사5적'으로 불리는 외부대신 박제순, 내부대신 이지용, 군부대신 이근택, 학부대신 이완용, 농상공부대신 권중현 등 5명의 대신이 '가(可)'에 서명하여 체결된 을사조약 내용이 국내에 알려지면서 국내 여론이 들끓기 시작했다.

3일 후인 20일, 『황성신문』에는 장지연(張志淵, 1864~1921)이 「시일 야방성대곡(是日也放聲大哭)」을 게재하여 동양 평화의 화신이었던 이토 히로부미가 대한제국을 배신했고, 내각 대신이 임금과 백성을 저버리며 일신의 영화만을 추구했다고 비난했다. 장지연은 을사조약 체결의 책임을 이토와 내각 대신들에게 떠넘긴 채 대한제국 권력의 핵심인 고종에 대해서는 여전히 무한한 충성심을 보여주었다. 이 글이 언론을 통해 알려지면서, 각지의 유생들은 을사5적을 처단하고 조약을 무효화하라는 상소를 올리기 시작했고, 도끼를 등에 메고 대궐 앞에 엎드려 읍소하기 시작했다. 민영환 역시 유생들과 함께 상소를 올리고 대궐 앞에서 읍소했는데, 일본 헌병들이 이들을 강제로 해산시키자 울분을 참지 못한 채 결국 자결한다.

들끓는 여론은 을사5적을 이제까지 없었던 난신적자(亂臣賊子)로 지목했다. 이에 이완용 등 5명은 조약 과정을 상세히 적은 상소를 올려 당시 회의에 참석했던 모든 대신들이 함께 지은 죄인데 유독 5명에게만 그 죄를 뒤집어씌운다고 하소연하는 한편, 조약 체결의 이면을 모르고 자신들에게만 죄를 묻는 상소에 대해 억울함을 표현했다.

빗발치는 처단 상소에도 불구하고 고종이 아무런 조치도 내리지 못하는 상황에서 11월 29일 최익현이 상소를 올렸다. 지난날 그는 대원군의 하야를 요구하는 상소를 올림으로써 고종의 친정 시대를

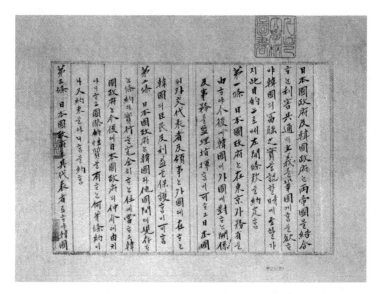

1905년 11월 17일 일본과 체결한 을사조약 문서. 이 조약에서는 외교권 박탈과 통감부 설치 등을 규정했고, 이로 인해 대한제국은 사실상 일본의 식민지가 되었다.

여는 데 큰 힘이 된 적이 있었지만, 1881년 경상도 유생들이 정부의 개화 정책에 반대해 올린 영남만인소(嶺南萬人疏) 사건 이후에는 유생들이 벌이는 척사운동의 정신적 지주로 고종의 대외 정책에 대해 비판적인 입장을 견지하고 있었다. 그러나 다른 한편 성리학의 나라인 조선의 국체를 유지해야 한다는 점에서는 고종과 동일한 입장을 견지하고 있던 최익현의 상소는 다른 유생들의 상소에 비해 정치적 파장이 크다고 할 만한 것이었다.

최익현은 을사5적뿐만 아니라 내각을 이끌고 있는 참정대신 한규설의 무능을 지적하는 한편 고종의 태도에 대해서도 엄중히 질책했다. "심지어 회의석에 나가서 폐하께서 비록 곤란한 형편에 처한다해도 한 차례 큰 위엄을 떨치기를 마치 토로(討虜) 장군 손권(孫權)이 책상을 쪼개며 단안(斷案)을 내리듯 하고, 참정 및 여러 대신들이 죽음을 무릅쓰고 완강히 배척하기를 마치 선정(先正) 김상헌(金尙憲)이 문서를 찢어버리면서 머리는 얻을 수 있어도 조약을 얻지는 못한다고 한 것처럼 한다면 저들이 비록 군병을 배열하고 억지로 협박한다 하더라도 우리를 어떻게 하겠습니까?"라고 하면서 최익현은 분명한 거절의 뜻을 밝히지 않는 고종의 태도를 지적했다. 나아가 "계책을 먼저 정하지 않고 전전긍긍하다가 비록 폐하께서 윤허하지는 않으셨지만 끝내 나약하고 용렬한 태도를 면치 못하였고, 비록 참정이 굳게 거절하기는 하였지만 그래봐야 가(可) 자를 쓰지 않았을 뿐입니다"라고 하며 당시에 절대적인 존재였던 임금에게 차마 할 수 없는 언사까지 사용하면서 고종의 허약함을 비난했다.

그리고 죽음을 앞둔 일흔셋의 강직한 노신(老臣)으로서 그는 "황실의 보존과 안녕이라는 그들의 말을 진실로 믿으십니까?", "폐하께서는 박제순 이하 여러 역적들의 죄를 어떻게 보십니까?", "명나라 의종이 사직을 위해 순국한 의지를 듣지 못하셨습니까?"라고 물으며 고종의 행위를 신랄하게 비난했다.

대부분의 유생들이 최고 결정권자였던 고종을 차마 거론하지 못한 채 모든 책임을 을사5적에게 떠넘기고 있었지만, 최익현은 고종의 허약과 무능을 정면으로 엄중하게 꾸짖었다. 을사5적을 처단하라는 유생들의 상소에 대해 '충심을 알고 있다'라는 비답을 내려왔던 고종은 최익현의 상소에 대해서는 불편한 심기를 드러냈다. 고종은 그의 상소에 대해 "근심과 울분에 찬 경의 정성으로 본래 이런 말을 할 줄은 알았지만 또한 짐작하여 헤아릴 것도 있다"라고 하며 최익현의 불경한 언사를 지적하고 나섰다.

최익현의 상소는 다른 유생들의 상소와 황제에 대해 무한한 충성심을 보여왔던『황성신문』등의 언론이 지목하는 을사5적 책임론에 묻혀 사회적으로 이슈화되지 못했다. 최익현의 상소, 이완용 등 을사5적의 상소에도 불구하고 조약 체결 과정에 대한 정확한 이해는 더 이상 중요한 문제로 대두되지 못했다. 중요한 것은 대한제국 황제를 협박한 일본과 황제의 눈을 속였다고 비난할 수 있는 난신적자의 존재였다.

신성불가침의 존재인 황제를 부정할 수 없었던 대한제국의 지배 엘리트들에게 을사조약 체결은 그야말로 수치스러운 사건이었다. 이들은 조선 왕조의 국체를 유지하는 가운데 서양 문명의 수용이 가능하다고 보았고, 기존 체제를 버리지 않더라도 서양의 근대국가들과 어깨를 나란히 하는 명실상부한 독립 주권을 가진 국가가 될 수 있다고 생각했다. 그리고 이를 위해 갑신 · 갑오 세력이 시도했던 체제 개혁보다는 기존 체제 안에서 '실력 양성'과 '자강'을 위해 노력해야 한다고 대한제국민에게 이야기하고 있었다. 그런데 을사조약 체결로 지배 엘리트들이 지향해왔던 독립국이 사라질 위기에 처하자 그들은 다시 대한제국민에게 왜 이런 일이 벌어졌고 앞으로 어떻게 해야 하는지를 설명해야 했다.

이들이 왕의 존재를 부정할 수 없었던 데에는 여러 가지 이유가 있었다. 당시에 대한제국민 대부분이 왕 없는 나라를 상상하기 힘들어했기 때문이기도 하지만, 다른 한편 지배 엘리트가 아닌 대다수 백성들의 힘도 믿을 수 없었다. 왕이 없다면 과연 누가 나라의 주인이 될 것인가? 임오군란과 갑오농민전쟁에서 보여준 백성들의 힘과 분노를 두려워했던 이들은 백성들에게 나라의 주권을 일부 넘겨주는 것을 불안하게 여겼다. 그래서 이들은 왕과 인민 사이에서 양자의 균형을 유지하기 위해 지배 엘리트 중심의 정당을 구상했다. 입헌군주제와 지배 엘리트가 장악한 정당의 수립이 그들이 생각하는 정체였다. 이러한 구상은 기존 체제를 크게 변화시키지 않는 가운데 왕권을 조금 제한하고, 백성들의 요구를 조금 수용하는 절충적인 형태였다.

따라서 이들은 왕을 전면적으로 부정할 수 없었고, 또한 부정해서도 안 되었다. 균형자로서 이들의 입지는 왕과 백성이 존재해야만 가능한 것이었기 때문이다. 물론 이런 생각의 근저에는 500년간 유지되어온 조선 왕조의 국체와 유교적 정치 이데올로기가 자리하고 있었다. 그래서 지배 엘리트들이 내놓은 독립국에 대한 비전을 파열시킨 을사조약은 장지연이 「시일야방성대곡」에서 쓴 바대로 황제를 협박하고 속였던 이토와 조약에 서명한 을사5적이 전적으로 짊어져야 할 죄였다.

여론은 지배 엘리트들이 원하던 방향대로 흘러갔고, 을사5적은 고종이 져야 할 책임까지 모두 짊어져야 했다. 최익현이 지적한 대로 을사5적은 고종이 명령만 내리면 "시신이 이미 거리에 매달릴" 존재들이었다. 그러나 고종은 명령을 내리지 않았다. 최익현이 말한 대로 고종은 "명나라 의종이 사직을 위해 순국한 의지"를 끝내 보여줄 수 없었던 것이다. 고종은 대한제국을 자신의 나라로 보았지, 백

성의 나라라고 생각하지 않았다. 자신이 없는 나라는 상상할 수 없
었던 것이다.

합리성과 실용성을 갖춘 역적의 논리, 사회에 침윤되다

흔히 '변신의 귀재'라고 불리는 이완용이 최종적으로 친일파로 돌
아선 것은 바로 이때라고 한다. 한 나라의 중요한 일을 결정하는 데
참여했던 정치인이자 고위 관료였기에 그의 변신이 문제가 된 것은
너무나도 당연하다. 그의 변신이 대한제국의 운명을 결정한 꼴이 되
었으니 말이다. 그러나 다른 한편 대한제국의 운명을 결정할 정도로
그가 고종보다 비중 있는 존재였는가라는 점에는 그 누구도 동의할
수 없을 것이다.

 고종의 신임을 받은 그가 정동파라는 정치 세력을 형성하고 정계
의 주도권을 장악했던 기간은 1896년에서 1898년까지 채 3년이 되
지 않는다. 이때에도 그는 개혁과 보수의 갈등을 통해 왕권을 강화
해갔던 고종의 정치판을 뒤집는 행동을 한 적이 없다. 관료로 등용
된 이후 고종이 펼쳐놓은 정치판의 테두리에서 벗어난 적이 없었던
이완용이 을사조약 체결 과정에서 고종을 배신했다고 보기는 어렵
다. 이완용은 고종의 심중을 꿰뚫는 안목을 갖고 있었고, 이 때문에
그는 고종에게 신임을 얻을 수 있었다.

 독립협회 집회를 준비할 때도 고종에 대한 압박을 피했던 이완용

은 을사조약 대책 회의에서도 고종의 의중을 정확히 파악하려고 애썼다. 을사조약 대책 회의 과정을 보면, 그는 조약을 거절할 수 없는 상황에서 고종이 원하는 것이 무엇인지를 살폈고, 고종이 자신에게 원한 역할이 무엇인지를 파악하려고 했다. 조약 체결을 거부하지 못할 상황에서 조약문을 수정할 수 있는 기회를 잡는 것과 이토가 받아들일 수 있는 수정안을 제시하는 것이 이완용이 맡은 역할이었다. 한규설이 고종의 밀명으로 강력하게 조약 거부를 주장하는 역할을 어설프게 수행했다면, 이완용은 대책 회의에서 나온 수정 요구를 이토에게 관철시키는 역할을 잘 수행했다.

그렇다면 이완용은 단지 고종의 의중을 파악하고 그대로 따른 것에 불과했을까? 그는 을사조약을 어떻게 생각하고 있었을까? 이러한 의문에 대해 명확히 답해줄 수 있는 자료가 빈약하기는 하지만, 그 부분이 유추되어야만 이완용에 대한 이해가 가능할 것 같다.

을사조약이 체결되기 전인 11월 11일, 일본공사관에서는 이완용, 박제순, 권중현이 동맹을 맺고 이번 사태에 죽음으로 맞서기 위해 자신들의 처자를 타인에게 의탁하고 유서를 작성하기로 결심했다는 내용의 신문 기사를 입수했다. 이 기사에 따르면 이완용은 을사조약 문제를 예견하고 이에 대한 거부의 뜻을 품고 있었다는 것이다. 기사의 사실 여부는 확인하기 어렵다. 한편 을사조약이 체결된 직후 이완용의 은밀한 대화를 채록했던 일본공사관 기록에는 "일본은 보호국이라는 조약을 매개하여 외교의 추기(樞機)를 탈취하였다. 보호를 입이라고 한다면 외교는 코다. 만약 사람이 넘어져서 코를 다친다면 해가 입에 미치는 것은 당연하다. 이미 시국은 어찌할 수 없다는 탄성을 발했다고 한다"라고 이완용이 말한 것으로 적혀 있다. 이 기록에 따르면 이완용은 을사조약이 체결되면 대한제국이 국가적 위기에 봉착할 것임을 정확히 알고 있었고, 이를 안타까워하면서도 동시에 어쩔 수 없어 했음을 알 수 있다. 이들 두 기록에 따르면 이완용은 을사조약이 미칠 영향을 분명히 알고 있었고, 처음에는 이에 대한 거부 입장을 취했음이 확인된다.

그러나 이완용이 을사조약 체결 과정에서 조약문 수정에 적극적으로 임했던 데는 그의 심복이었던 이남희(李南熙)의 설득이 작용했던 것 같다. 이에 대해 일본공사관에서는 "이번 교섭 안건에 관하여 이완용의 거동에 가장 깊이 관계있는 이남희는 이 기회를 십분 이용할 가치 있는 것으로 생각합니다. 동인(同人)은 그저께 밤부터 이완용에게 조약 체결을 결심시켰던 한 사람입니다"라는 보고를 기구치 겐조(菊池謙讓)로부터 받았다. 기구치는 일본의 낭인 출신 언론인으로, 청일전쟁 때부터 발행되던 『한성신보』의 기자로 중전 민씨의 살해 사건에도 가담했던 인물이었다.

한편 이남희에 대해서는 별로 알려진 것이 없다. 고종의 러시아 라인 중 한 사람이었던 그는 대한제국이 일본 미쓰이(三井) 회사에서 군함을 구입하려던 계획을 중간에서 방해하는 등 친러 활동을 펼쳤던 인물이다. 이완용이 이남희와 처음에 어떻게 알게 되었는지는 알 수 없지만, 아관파천 이후 친러 성향 인사들과의 교류 속에서 그와 친분을 쌓았을 것으로 추측해볼 수 있다. 을사조약 체결 당시 이남희는 이완용의 심복으로 알려졌다. 이완용이 을사조약에 반대할 것을 예상했던 일본공사가 기구치를 시켜 이남희에게 이완용을 설득하도록 한 것이었다.

이남희가 어떠한 이유를 들어 이완용을 설득했는지는 알 수 없다. 다만 대책 회의와 이토와의 회의 등에서 이완용이 발언한 내용으로 유추해보면, 그는 을사조약 체결에 대한 일본 정부의 단호한 입장을 알고 있었을 것이며, 이토와 고종의 대화 내용도 이남희를 통해 알고 있었을 가능성이 높다. 이로 인해 이완용이 고종과의 대책 회의에서 그의 의중을 확인하는 질문을 던질 수 있었던 것이 아닌가 생각된다.

처음에 이완용은 을사조약을 예견하고 거부의 의지를 갖고 있었다. 그러나 일본 정부의 강력한 관철 의지를 확인한 후 고종이 이 문제에 대해 분명한 거절 의사를 표명하지 못할 것이라는 점을 알고서 자신의 역할을 결정했다고 볼 수 있다. 따라서 그는 상황을 변화시킬 수 없다는 판단 속에서 조약문을 수정하여 되도록 왕권 행사에 유리한 조건을 마련하는 쪽으로 생각을 바꾼 것이었다. 그래서 통감의 권한을 외교에 한정시킴으로써 고종의 통치권을 침해하지 못하게 하려 했다.

이완용은 현실 상황에 맞춰 자신의 입지를 정하는 매우 합리적인 사람이었고, 그 상황에서 조금이라도 유리한 방향으로 결과를 이끌어내려고 노력하는 매우 실용적인 인물이었다. 국가적 위기 앞에서 울분과 분노에 치를 떨기보다는, 또 현실을 바꾸려고 몸부림치기보다는 상황에 자신을 맞출 수 있는 합리성과 실용성을 갖춘 관료였던 것이다.

나아가 그는 자신의 행동을 사후에 합리화하는 능력을 가진 정치인이기도 했다. 빗발치는 유생들의 처단 상소에 대응하여, 12월 8일 이완용은 자신의 변명을 적은 상소를 올리면서 을사조약에 대해 다음과 같이 설명했다.

새 조약의 주된 취지에 대해 말하자면, 독립이라는 칭호가 바뀌지 않았고 제국이라는 명칭도 그대로이며 종묘사직은 안녕하고 황실도 존엄합니다. 다만 외교상의 한 가지 문제만 잠시 이웃 나라에 맡긴 것인데, 우리가 부강해지면 되찾을 날이 있을 것입니다. 더구나 이것은 오늘날 처음 이루어진 조약이 아니지 않습니까. 그 연원은 작년에 이루어진 의정서 및 협정서에 있고 이번에는 다만 그것을 완성하고 결론 맺은 것일 뿐입니다. 가령 저들(조약을 반대하는 사람들)처럼 충성스럽고 의로운 자들이 나라 안에 있었다면 그때에 쟁집(爭執)했어야 하고, 쟁집해도 안 되면 들고 일어났어야 하고, 들고 일어나도 안 되면 죽었어야 합니다. 그런데 전에 한 사람도 이러한 의거를 일으킨 자를 보지 못하였는데 어찌하여 오늘날 대사(大事)가 이미 지나간 뒤에 갑자기 정신을 차려 후회하면서 새 조약을 파기할 수 있고 옛 국권을 되찾을 수 있다고 여긴단 말입니까. 일이 성사되지 못할 것은 논할 겨를도 없거니와 종당에는 국가 간의 외교 문제에서 감정(憾情)이 야기되는 일이 없을 수 없다는 것은 어찌 염려하지 않는단 말입니까.

외교 문제 외에는 변한 것이 없다는 그의 주장은 앞서 을사조약 체

• 『고종순종실록(高宗純宗實錄)』, 음력 1905년 11월 12일(양력 12월 8일).

결에 의해 국가적 위기에 봉착했다고 했던 이완용의 은밀한 토로와는 다른 주장이었다. 대한제국이 부강해지면 권리를 되찾을 수 있다는 설명과 을사조약이 러일전쟁 기간에 체결된 한일의정서와 한일협약의 결론에 불과하다는 변명은 을사조약의 의미를 축소시키고 자신의 행동을 합리화하는 정치적 발언이었다. 또한 이미 결정된 후에 후회한들 소용없다는 발언과 외교적 분쟁, 즉 전쟁으로 인한 피해를 고려해야 한다는 주장은 주어진 현실 가운데서 최대한의 이익을 고려해야 한다는 실용주의적 합리성으로 포장된 논리였다.

근대적 합리성으로 무장한 그의 논리는 의리와 명분을 중시하는 유학자들에게 쉽게 받아들여질 수 없는 것이었다. 최익현을 비롯한 대다수의 유생들에게 조선 왕조에 대한 의리와 명분은 목숨을 걸고 지켜야 하는 것이었기 때문이다. 따라서 을사 의병이 전국적으로 확산되어갔고, 그들은 이완용의 항변을 절대로 받아들일 수 없었다.

그러나 근대로 접어들기 시작했던 대한제국은 조금씩 바뀌어갔다. 이완용의 행동은 용서할 수 없었지만, 합리성과 실용주의로 포장된 이완용의 주장은 조금씩 대한제국 지식인들에게 받아들여지기 시작했다.

대한자강회를 비롯한 계몽운동 단체와 근대 문명을 받아들인 유학파 지식인들은 을사조약에서 명시했던 "한국이 부강을 인할 시"까지 일본이 대한제국을 보호하겠다는 약속에 근거하여 부강을 위한 실력 양성의 기치를 더욱 높이 내걸었다. 또한 오스트리아-헝가리 제국, 스웨덴-노르웨이 제국 등 실질적으로는 식민지에 가깝지만 형식적으로는 국가 연방의 형태로 통합된 나라들, 그리고 독일과 미국 등의 연방 국가들을 소개하면서, 보호국은 식민지와 다르며 대한제국이 부강해진다면 다시 독립할 수 있다는 희망을 이야기했다. 저항과 투쟁이 사회의 혼란을 가중시키고 일본의 강압을 더 불러온다고 생각했던 지식인들은 '실력 양성'만이 독립 주권을 되찾는 유일한 방법이라고 주장했다. "우리가 부강해지면 되찾을 날이 있을 것"이라는 이완용의 주장은 대한제국 사회를 지배하는 논리가 되어가고 있었다.

현실주의와 실용주의를 표방하며
친일로 나아가다

노련한 정치 편력으로
입지를 강화하다

을사조약 체결의 공으로 외부대신이었던 박제순이 총리대신으로 임명되자 이완용이 외부대신 임시서리를 겸하게 되었다. 을사조약 무효화와 을사5적 처단 여론이 들끓는 가운데 박제순 내각은 고종과 대한제국민, 그리고 통감의 의견을 조율해야 하는 난제를 안고 있었다. 또한 을사조약 체결 이후 민권을 고양하고자 하는 계몽운동 단체들이 결성되어 대한제국의 개혁을 요구하는 목소리가 높아지기 시작했다.

그러나 박제순은 이토 통감과 고종 사이에서 벌어지는 국정 운영의 갈등을 효과적으로 조율하지 못하고 있었다. 이러한 가운데 이토는 박제순보다는 군부대신 이근택에게 정치적 힘을 실어주었다. 이근택은 대한제국 주차 일본군 사령관 하세가와 요시미치와 의형제를 맺을 정도로 친분이 두터웠기 때문에 이토의 신임을 쉽게 받을 수 있었다. 이근택은 자신의 형제들이었던 이근상(李根湘)을 궁내부 대신에, 이근호(李根澔)를 법부대신에, 이근홍(李根洪)을 내부협판에 앉혀 사실상 정부의 의결권을 장악하고 있었다.

　이완용은 1904년 이전의 고종 측근 세력으로 일본 라인이었던 이근택과 친분이 두터운 사이는 아니었다. 그러나 그는 내각의 실권을 장악하고 있는 이근택과 제휴하여 중앙 정치를 장악하고, 지방 행정은 이토와 협의해 개혁한다는 계획을 세운 후 실행에 옮길 기회를 보고 있었다. 이근택과 그 형제들이 이토 통감의 영향력을 믿고 주도권을 행사하고 있었던 반면 총리대신 박제순과 탁지부대신 민영기 등은 고종의 의중을 받들어 보수 성향의 대신들과 황실 세력의 확장을 지지하고 있었다. 이근택과 박제순의 대립 속에서 이완용은 '개혁'이란 명분을 내걸고 박제순의 내각 운영에 비판적 입장을 취했다. 그는 박제순에게 황실과 거리를 두고 정부가 일치단결하여 개혁을 도모해야 한다고 하면서 이근택과의 제휴를 주장했다. 그리고 민권 확장 요구를 주장하는 단체의 힘을 활용하기 위해 일진회와도 제휴를 모색했다.

　1904년 결성된 일진회는 러일전쟁 때 일본을 위해 국내뿐만 아니라 만주 지역에까지 회원을 파견하여 군수 물자를 수송하고 러시아 군대와 친러 세력을 정탐하는 밀정을 파견하는 등 친일 활동을 진행하고 있었다. 일진회는 동학 세력과 지방의 중소 상인, 그리고 부농층을 규합하여 대한제국 관료와 지주의 수탈 행태를 비판하였고, 인민의 정치 참여 등 민권 확대를 주장하면서 국내 최대의 회원을 가진 단체로 성장해갔다.

더욱이 일진회를 이끌던 송병준은 일찍이 김옥균을 암살하기 위해 일본에 갔다가 오히려 동지가 되어 그와 함께 활동한 적이 있었고, 이 일로 체포령이 떨어지자 일본으로 도망가서 오랫동안 일본 정계 및 군부와 인맥을 쌓은 인물이었다. 일진회에서 활동한 이용구(李容九, 1868~1912) 역시 갑오농민전쟁 때 농민군을 지원하기 위해 천우협단(天佑俠團)을 이끌고 조선에 왔던 대륙 낭인 우치다 료헤이(內田良平)와 친분을 쌓고, 갑오농민전쟁의 실패로 손병희(孫秉熙, 1861 ~1922)와 함께 일본으로 망명했다가 1903년에 돌아와서 동학교도들을 규합한 후 진보회를 창립한 인물이었다. 일본의 정계를 비롯하여 중국과 조선에 적극적으로 세력을 뻗친 대륙 낭인들과 인맥을 형성했던 두 사람은, 민권 신장을 위해서는 대한제국의 개혁이 필요하고 동시에 이미 제도적으로 민권이 보장되어 있는 일본과 연대해야 한다고 보았다. 이완용은 친일 노선과 민권 신장을 주장하는 일진회의 대중적 힘을 친일적 개혁을 이끌어내는 동력으로 활용하고자 했다.

이완용은 일찍이 아관파천 기간에 정동파, 독립협회와 같이 정부 외곽에서 자신의 정치적 입지를 강화시켜주는 단체의 유용성을 익히 경험한 적이 있었다. 더구나 이전에 비해 일진회와 같은 민간단체가 여론에 미치는 영향이 더욱 커져갔기 때문에 이근택과 박제순의 대립 속에서 기회를 엿보고 있던 이완용은 일진회의 대중적 힘을 더욱 필요로 했다. 기회를 엿보면서 때를 준비하는 정치가로서의 면모가 되살아나고 있었다. 그리고 그 기회의 순간이 찾아왔다.

이근택과 그 형제들의 국정 전담으로 인해 내각의 내부 갈등이 격화되자, 이토는 내각을 통해 대한제국을 통치하는 것이 어렵다고 판단하고 1906년 11월 이근택을 중추원 의장으로, 그리고 다시 12월에는 궁내부 특진관으로 임명해 사실상 그를 내각에서 축출했다. 이근택의 퇴출로 힘을 얻은 박제순은 이지용과 함께 고종의 의중에 따라 새로운 내각을 구성하려 했고, 그 과정에서 통감부를 비롯하여 내각원들 사이에 마찰이 발생했다. 내각원의 경질이 반복되는 가운데 박제순과 이지용은 자신의 권력을 지방에 뿌리내리기 위해 대대적인 지방관 임명을 시행했다.

이때 제동을 걸고 나선 것이 바로 일진회였다. 1907년 4월 30일, 일진회는 박제순과 이지용이 탐관오리를 지방관으로 임명하려 한다고 비난하는 한편 두 대신이 국정을 농단하여 국세가 날로 허약해지고 백성들이 도탄에 빠졌다고 하면서 내각의 총사퇴를 주장했다. 일진회의 대중 집회가 열리고, 박제순 내각을 비난하는 연설과 논설이 신문 등에 게재되면서 정국의 불안이 계속되고 있었다. 또한 박제순 내각은 을사조약을 체결한 내각으로 대한제국민의 분노를 사고 있었다. 1907년 3월, 군부대신 권중현이 암살단에게 육혈포를 맞는 테러 사건이 벌어지는 등 당시의 내각은 국정 운영이 불가능할 정도로 심각한 위기에 직면해 있었다.

이토는 불안한 정국을 안정시키기 위해 정부가 민간단체와 협조적인 관계를 맺어야 한다고 주장하면서 거대 단체로 부상한 일진회와의 공조를 꾀하려고 했다. 그는 일진회가 내각 총사퇴를 권고한 이틀 후인 5월 2일, 내각회의를 열어 일진회와의 연대 필요성을 피력했다.

그러나 박제순은 일본의 보호국이 된 책임이 고종에게 있다고 주장하는 일진회와의 연대를 받아들일 수 없었다. 거듭된 박제순의 사직 요청을 받아들인 이토는 일진회와의 제휴 가능성을 피력해왔던 이완용에게 주목했고, 6월 14일 그는 내각 총리대신이 되었다.

이완용이 총리대신이 될 수 있었던 이유는 그가 고종과 이토, 그리고 송병준에게 모두 수용될 수 있는 인물이기 때문이었다. 먼저 이토는 을사조약 체결 당시 다른 대신들에게 비교적 분명하고 단호하게 '어쩔 수 없는 상황'을 설명하여 조약 거부보다는 조약문 수정으로 방향을 틀었던 이완용에 대해 깊은 인상을 갖고 있었다. 또한 고종에 대한 태도에 있어서도 순종적이었던 박제순과 달리 대담한 면을 갖고 있을 뿐만 아니라 고종의 의중을 꿰뚫고 그의 허약한 부분을 공략할 줄 아는 것도 간파하고 있었다. 따라서 이토는 이완용이 자신에게 충실하다면 고종을 설득해줄 수도 있다고 보았다.

고종은 이토가 총리대신으로 이완용을 천거하자 처음에는 반대했다. 고종 역시 이완용의 사람됨을 알고 있었다. 명분과 합리성을 내세운 이완용의 주장을 거부하기란 쉽지 않을 뿐만 아니라 자신의 약한 부분을 너무나 잘 알고 있기 때문에 부담스러운 인물이었다.

이에 고종은 1889년 방곡령 사건 때 외교적 갈등을 해결하였고, 1898년 헌의6조를 올린 적이 있는 72세의 서정순(徐正淳, 1835~1908)을 등용하려 했다. 고종에게는 명분과 논리로 자신을 설득하려는 이완용보다는 왕에 대한 충성이 몸에 배어 있는 인물이 더 필요했다. 고종은 이완용의 나이가 어리고 일반 여론이 그를 비난하고 있기 때문에 총리대신으로 중용하기는 어렵다는 이유를 내세웠다. 이에 이토는 서정순이 국정을 운영하기에는 너무 나이가 많다고 하면서 집요하게 고종을 설득했다. 고종은 이완용의 등용을 끝까지 거부하지 못했다. 현실적으로 이토의 종용을 거부할 수 없었기 때문이기도 하지만, 이제까지 자신의 믿음을 저버리지 않았던 이완용에 대한 일말의 기대도 없지 않았을 것이다.

한편 송병준은 이토에게 고종의 뜻을 따르지 않고 '통감의 지도'를 좇아 국정을 개혁할 사람은 이완용이라고 하면서 그를 적극 추천했다. 송병준과 이완용의 관계는 1906년으로 거슬러 올라간다. 당시에 옥새를 도용한 사건으로 체포령이 떨어진 이일식(李逸植)을 숨겨준 죄로 송병준이 경무청에 구속되었는데, 이때 이완용이 평리원장인 형 이윤용을 통해 그를 석방시켜주었다. 이 일로 송병준은 이완용에게 호의를 갖게 되었다. 그는 대한제국이 개혁에 성공하려면 고종이 왕위에서 물러나야 한다고 생각하고 있었는데, 이완용 역시 송병준의 이러한 견해에 어느 정도 동의하고 있었다. 더구나 자신과 긴밀한 관계였던 일본 군부 세력과 이토 통감이 정치적으로 갈등 관계에 있었기 때문에 이토를 움직이기 위해서는 이완용이 필요했다.

이때 주차 일본군 사령관이었던 하세가와 요시미치는 송병준의 생각과 같이 황실과 정부를 완전히 분리하여 고종이 국정 운영에서 완전히 손을 떼야 한다고 보고 있었다. 이완용은 그의 주장을 익히 알고 있었고, 그의 환심을 살 목적으로 고종이 대한제국의 개혁을 방해하고 있기 때문에 개혁을 위해서는 고종을 폐위해야 한다고 주장하기도 했다.

이완용은 1897년 러시아공사관에서의 환궁 이후 고종이 자신이 추진하려던 개혁을 좌절시켰던 경험을 생생하게 기억하고 있었다. 그때는 고종의 의중을 거부할 상황이 아니었기 때문에 고종의 뜻대로 끌려다녔지만, 이제는 이토의 존재로 인해 상황이 달라졌다고 생각했을 것이다. 그러나 이완용이 송병준의 뜻에 전적으로 동의한 것은 아니었다. 그는 왕조 체제를 전면적으로 부정하지는 않았다. 단지 자신이 장악한 내각이 주도권을 행사할 수 있을 정도로 왕권을 조금 제약하겠다는 생각이었다. 그래서 그는 일진회의 급진적인 주장이 정치적으로 힘을 발휘하는 것을 경계했다.

이토가 이완용에게 일진회 인사의 내각 등용에 대해 이야기했을 때, 이완용은 일진회가 친일 단체로 알려져 있기 때문에 내각에 오히려 부담이 될 수 있다고 하면서 송병준 외에는 등용하지 않는 것이 좋겠다고 주장했다. 일진회 인사들이 대거 내각에 들어올 경우 그들이 독자적인 정치 세력으로 성장할 수 있다고 보았던 것이다.

이완용은 역시 노련한 정치가였다. 그는 일진회의 대중적 힘을 이용하되, 그 힘이 자신을 압도하는 상황을 철저히 차단했다. 동시에 일진회의 정치적 욕구를 일부 수용함으로써 일본 점령자들에게 자신이 대한제국의 개혁적 인사라는 이미지를 심어주었다. 이완용은 대한제국 관료 중에서 개혁을 주도할 사람은 오직 자신뿐이라는 믿음을 일본인에게 심어주는 방법을 잘 알고 있었다.

신중한 개혁 노선의 표방,
그리고 제국의 분열

이완용이 내각 총리대신으로 확정된 후 이토는 1907년 5월 30일 대
신들을 모아놓고 "한국의 존립에 있어서 가장 적절하고 긴요한 방침
은 성실히 일본과 친목하여 일본과 존망을 함께하는 데 있다"라고
이야기했고, 이에 대해 이완용은 "국가로서 독립할 실력이 없이 독
립을 바라는 것은 불가능하기 때문에 일본과 제휴하지 않으면 안 된
다"라고 화답했다. 그는 대한제국이 문명국으로 나아가는 데 일본이
도움을 줄 수 있을 것이라고 하면서, 일본이 힘으로 대한제국을 병
탄할 수 있음에도 불구하고 오히려 대한제국의 독립을 위해 노력하
고 있다며 친일을 통한 실력 양성을 주장했다.

 이완용의 이러한 인식은 당시의 대한제국 지식인들 사이에 널리
공유된 것이었다. 1905년 11월 20일 「시일야방성대곡」을 실어 이토
의 동양 평화 주장이 허구였다고 비판해 정간당했던 『황성신문』은
1906년 2월 12일에 복간된 후 일본의 보호국 체제를 인정하고 일본
의 보호 아래에서 정부를 개혁할 수 있다고 주장했다. 계몽운동 단
체였던 대한자강회 등도 기관지를 통해 서양 국가들의 국가 연합 형
태를 설명하면서 보호국이 식민지와는 다르다는 의견을 피력했다.
그리고 을사조약 전문에 명시되어 있는 "한국이 부강을 인할 시"에
보호를 철회하겠다는 내용을 들어, 일본의 보호 아래 정부를 개혁하
고 실력을 양성하면 대한제국이 독립국이 될 수 있다고 주장했다.

 을사조약 체결 당시 '국망(國亡)'을 외쳤던 언론 매체들은 점차 일

본의 보호 아래 대한제국이 부강을 이루어야 한다는 실력 양성론으로 급격히 경도되어갔다. 물론 이들은 을사조약 체결 이후 일본의 대한(對韓) 정책이 양국 관계를 더욱 갈라놓는다고 비판했지만, 동양의 안정과 평화를 위해 대한제국이 발전해야 하고 이를 위해서는 일본의 보호가 필요하다는 점을 전면적으로 부정하진 못하고 있었다. 이들은 농업·상업·공업 등의 경제 발전 방안, 교육·출판의 확대 방안, 정부 개혁론 등을 제시하면서 무력 투쟁보다는 성실하고 근면한 생활 태도로 실력을 기르는 데 온 힘을 바쳐야 한다고 대한제국민들을 독려했다. 실력 양성과 계몽에 대한 열망이 어느 때보다 강력하게 표출된 것도 바로 이때였다.

이 시기에 결성된 호남학회, 서북학회, 기호흥학회, 대한자강회 등의 계몽운동 단체들은 개항 이후 줄기차게 논의되어왔던 입헌군주제 문제를 다시 제기했다. 국가 주권의 상징으로 왕의 존재를 인정한 가운데서 왕의 권한을 일정하게 제한하고 정부의 권한을 강화하는 한편, 지식인이 주도하는 단체 또는 정당을 통해 정부를 감시하겠다는 것이 그들의 대체적인 주장이었다.

당시에 이들은 왕실과 정부의 엄격한 분리, 복잡하고 비효율적인 행정 기구의 개혁, 재정·지방 제도의 개혁 등을 요구했다. 이는 갑신정변과 갑오개혁 때부터 요구되어왔던 개혁 내용과 같은 맥락에 있는 것들이었고, 통감부 설치 이후에 일본이 대한제국 정부에 제시한 '대한시정개선' 방침과도 유사한 방향이었다. 즉 이것들은 근대 자본주의 국가 체제를 구축하기 위해 필요한 것이었지만, 이러한 개혁만으로 독립국가가 될 수 있는 것은 아니었다. 개혁은 식민 지배를 위해서도 필요한 것이다. 따라서 무장 투쟁의 필요성을 암시했던 『대한매일신보』는 "실력이 있음은 환영하지만, 실력이 독립보다 먼저임은 결코 인정할 수 없다"고 하면서 실력 양성을 우선시하는 주장을 비판하고 나섰다.

이완용이 추구하는 개혁 방향도 『대한매일신보』를 제외한 대부분의 계몽운동 세력이 주장한 것과 크게 다르지 않았다. 지식인들이 자신을 포함한 지배 엘리트와 대한제국민의 정치적 요구를 수렴하여 정부를 개혁하려 했던 반면, 이완용은 자신과 같은 관료를 중심으로 일본이 제시한 '대한시정개선'을 실행하려 했고 여론 조성을 위해 지식인과 협조해야 한다고 보았다. 1907년 전후에 가장 큰 세력을 형성하고 있던 일진회와의 제휴는 이완용의 이러한 생각에 기인한 것이었다. 이완용은 내각 총리대신이 되기 전 박제순 내각이 고종에게 휘둘리면서 정부 개혁을 지지부진하게 추진했던 데 불만을 갖고 있었고, 자신의 주도하에 개혁을 실시할 기회를 엿보고 있었다.

총리대신이 된 이완용은 송병준과 조중응(趙重應, 1860~1919)을 제외한 내각원 구성의 전권을 이토에게 위임받았다. 이토는 일진회를 이용하기 위해 일진회 고문이었던 송병준을 내각에 등용하는 한편, 갑신정변과 갑오개혁으로 인해 일본에 망명하여 이토 등과 친밀한 관계를 맺었던 조중응을 발탁했다. 조중응은 갑오개혁 시기에는 이완용과 적대 관계에 있던 인물이었다. 송병준과 조중응은 각각 농상공부대신과 법부대신이 되었다. 이완용은 고영희(高永喜, 1849~1916)를 법부대신에, 사돈이었던 임선준(任善準, 1860~1919)을 내부대신에,

조병무(曺秉武)를 군부대신에, 이재곤(李載崑, 1859~1943)을 학부대신에 임명했다. 이들은 모두 이완용의 뜻을 따르는 인물이었다.

그러나 이완용은 총리대신이 되자마자 헤이그 특사 파견으로 인한 고종의 폐위 문제에 부딪혔다. 을사조약 체결 이후 열강에게 조약의 무효를 주장해왔던 고종은 1907년 네덜란드에서 개최된 헤이그 만국평화회의에 이 문제를 안건으로 채택해줄 것을 요구하기 위해 특사를 파견했다. 특사의 활동이 미국, 프랑스, 영국 등의 언론에 보도되자, 이제까지 대한제국이 원해서 '보호'를 하게 되었다고 주장해온 일본이 국제적으로 난처한 입장에 놓이게 되었다. 일본 언론에서는 이를 계기로 대한제국을 합병하자는 의견을 내놓기도 했다.

일본 정부는 이 문제에 대한 '한국 처분안'을 논의했다. 이때 고려된 방법은 대략 세 가지였다. 첫째는 러시아와 함께 한국을 침략하는 것, 둘째는 한국을 완전한 보호국으로 만드는 것, 셋째는 평화적으로 합병하는 것이었다. 당시에 일본 정부에서는 한국에 대한 군사적 점령을 강력하게 주장해온 야마가타 등 군부 세력이 급속히 확대되고 있었고, 일본의 여론도 대한제국을 합병해야 한다는 쪽으로 기울고 있었다. 일본의 여론과 정부 내 의견이 분분한 가운데 총리대신 사이온지 긴모치(西園寺公望)는 한국에 대한 처분을 구체화할 방안을 이토 통감에게 일임하면서 헤이그 특사 파견을 계기로 한국에 대한 일본의 지배권을 공고히 해야 한다고 못 박았다. 이토 역시 이 사건에 대해 고종에게 책임을 물어야 한다고 생각하고 있었다.

일본의 대한제국 지배권 강화 방침을 확인한 이토는 총리대신 이

1907년 7월 5일자 『만국평화회의보』 1면에 실린 헤이그 특사들의 사진. 왼쪽부터 이준, 이상설, 이위종. 이들은 고종의 밀명을 받고 네덜란드에 특사로 파견되어 일제의 불법적인 대한제국 침략을 폭로했다.

완용에게 고종의 헤이그 특사 파견은 을사조약을 위배한 것일 뿐만 아니라 일본에 대한 적대 행위이므로 일본이 대한제국에게 전쟁을 선포할 충분한 이유가 된다고 협박했다. 이토는 이번 사건을 계기로 고종을 폐위하고 대한제국의 내정을 완전히 장악할 작정이었다.

이토의 강경한 입장을 확인한 이완용은 7월 17일 내각회의를 열어 정미7조약에 조인할 것, 황제의 섭정을 추천할 것, 황제가 도쿄에 가서 일본 천황에게 직접 사과할 것을 고종에게 상주하기로 결정했다. 이 자리에서 이완용은 "일본이 요구하는 '합병'과 '이토 통감에게 전권을 위임하는 것'은 절대 받아들일 수 없기 때문에 문제를 해결할 유일한 방법은 황제가 양위를 하는 것뿐"이라고 주장했다.

이완용과 이토에 의해 구성된 내각원이 그의 주장에 반대할 일은 없었다.

고종의 폐위와 정미7조약 조인에 대한 이완용의 주장 속에는 오랫동안 형성된 그의 태도가 자리하고 있었다. 하나는 기존 체제를 유지하는 가운데 점진적인 변화가 필요하다는 기득권 정치인의 신중함이었고, 다른 하나는 현실에 조응하면서 자신의 위치를 정하고 합리적인 방법을 도출하려는 관료적 태도였다.

송병준이 일진회를 동원해 고종의 폐위를 주장하면서 일본 군부의 힘을 믿고 기존 권력을 무너뜨려 친일 권력을 수립하기 위해 무모할 만큼 저돌적인 행동을 서슴지 않았던 것과 비교해본다면, 그는 분명히 기존 체제를 '존중'하는 신중한 정치인의 면모를 갖추고 있었다. 또한 일본의 폐위 압력을 받고 있던 고종의 부름으로 서울에 돌아온 박영효가 고종의 폐위를 막기 위해 궁중 및 대한제국 군부와 결탁하여 이완용 등 폐위 찬성 대신들을 모두 살해할 계획을 세웠던 것과 비교해본다면, 그는 철저히 현실에 순응하여 문제를 해결하려는 냉정한 현실주의자였다.

이처럼 그는 보호국 체제에서도 개혁을 이룰 수 있으며, 이를 통해 일본과 유사한 근대 문명국가를 만들 수 있다고 보았다. 그리고 가장 강력한 일본의 힘에 의해 만들어진 틀을 깨지 않고 문명국을 이루는 방법으로 실력 양성을 생각했다. 물론 이러한 생각은 자신과 자신을 둘러싼 기존 질서의 유지가 대한제국 구성원을 위하는 길이라는 소신에 의해 합리화될 수 있었다.

결국 고종의 양위가 결정되고 정미7조약이 체결되었다. 궁궐 앞과 서울 곳곳에서 군중들이 양위 반대와 정미7조약 무효화를 주장하는 시위를 벌였지만, 이는 일본 헌병에 의해 잔혹하게 진압되었다. 이완용의 집도 무사하지 않았다. 약현(藥峴, 현재의 중림동)에 있던 그의 집을 비롯해 우봉 이씨의 신주도 불타버렸다. 이완용은 이토가 알선한 왜성구락부에 잠시 머물다가 수표교 부근 엄준원의 집으로, 장교(長橋)에 있던 형 이윤용의 집으로 옮겨 다니면서 기거했다.

고종의 양위는 사실상 대한제국의 멸망을 의미하는 것과 마찬가지였다. 의병 활동은 전국적으로 확산되어 잦아들 줄을 몰랐다. 이완용은 이를 진압하기 위해 전국에 의병을 설득할 설유위원을 파견하는 한편, 대한제국민을 일본 헌병 보조원으로 고용하여 의병을 진압해야 한다고 주장했다. 일본 헌병에 의한 진압이 오히려 대한제국민의 원성을 사고 있다고 본 것이었다. 또한 그는 직업이 없는 이들 때문에 의병이 창궐한다고 하면서 대규모 토목공사를 일으켜 그들에게 직업을 갖게 해야 한다고 주장했다. 경제적 안정이 곧 치안 유지와 정치적 안정의 기초라는 이완용의 생각은 대부분의 권력자들이 공유하는 것이었다.

한편 1905년 일본인 재정고문 메가타 다네타로가 대한제국 재정을 정리하는 과정에서 공황이 발생했다. 서울의 시전 상인을 비롯해 대한제국 자본가들은 이로 인해 심각한 손실을 입었다. 금융공황의 발생은 이들뿐만 아니라 서울에 거주하던 일본 상인에게도 영향을 미쳤다. 이토는 일본 정부로부터 차관을 도입해서 농공은행, 창고회사, 수형조합 등을 만든 후 일본인과 대한제국 대자본가들의 자본투자를 적극적으로 끌어내리려고 했다.

위의 사진은 고종 양위식에 참석하기 위해 경운궁으로 향하는 이토 히로부미 일행을 찍은 것으로 1907년 9월 7일자 『일뤼스트라시옹 L'Ilustration』에 수록되었다. 아래 그림은 황위에서 물러나는 고종을 묘사한, 일본의 시사 주간지 『마루마루친분(團團珍聞)』 1907년 7월 27일자에 수록된 풍자화. 고종이 보따리를 짊어진 채 한 손에는 인삼, 예금통장, 열쇠, 담뱃대를 들고, 또 한 손으로는 엄비의 손을 잡고 궁중을 떠나는 모습을 묘사하고 있다.

이러한 조치들은 1907년 들어 점차 효과가 나타나, 대한제국 자본가들은 일본인과 손잡고 재기의 발판을 마련하기 시작했다. 공황 뒤에 경제 부흥기가 찾아오면서 대한제국민 사이에서는 일본인과 결탁하여 새로운 사업에 뛰어드는 사람들이 생겨났다. 대한제국에 쏟아져 들어오는 일본인과 대한제국 자본가가 앞다투어 회사를 설립하고 이윤을 얻기 위해 혈안이 된 가운데 이토는 대한제국을 경영할 재원을 대한제국 내에서 조달하기 위해 재정을 정리하고 장시세(場市稅) 등 새로운 세금을 거둬들였다. 1907년 국채보상운동을 통해 갚고자 했던 1,300만 원의 차관은 모두 1905년 이후 통감부가 들여온 것이었다.

은행, 철도, 항만 등 통감부가 주도하는 개발 열풍으로 이익을 얻으려는 사람들이 생겨났고, 이로 인해 삶의 터전을 잃은 이들도 나타났다. 경제적으로는 이미 일본인과의 결탁이 시작되었고, 나아가 의병 탄압을 위해 일진회가 주동이 되어 결성한 자위단과 자위단 원호회, 그리고 일본 헌병의 앞잡이가 된 대한제국인 헌병 보조원 등에 의해 대한제국 구성원의 분열이 진행되었다.

대한제국 통치권의 상징, 사법권이 일제의 손으로

세간에서는 고종의 양위와 정미7조약 체결을 주도했던 이완용 내각이 송병준의 꼭두각시 내각이라는 비난이 일고 있었다. 대한제국의 침략에 강경한 태도를 취한 일본의 군부 및 대륙 낭인과 친분을 유지했던 송병준이 고종의 폐위와 친일 협력을 강하게 주장하고 있었기 때문에 헤이그 특사 사건을 처리하는 이완용의 행보를 보면 그가 송병준의 하수인처럼 비춰졌을 것이다. 그러나 이완용은 송병준에게 일진회가 내각에 간섭하지 않도록 하겠다는 약속을 받아두었다. 이토도 일진회를 활용하고자 했지만, 일진회의 친일 활동이 오히려 대한제국민의 반일 감정을 자극하고 있다는 점 때문에 경계를 하고 있었다.

이완용은 내각의 주도권을 잡기 위해 대신급 인사를 단행하면서도 그 이하 관료들을 경질하지 않고 그대로 유임시켰다. 관료 조직 내에서 발생할지 모를 자신에 대한 반감을 완화하려는 조치였다. 그리고 오랜 정치적 동지였던 그의 형 이윤용을 궁내부대신으로, 처조카 민병석(閔丙奭, 1858~1940)을 시종원경으로 임명하여 황실에 대한 영향력을 강화하는 한편, 처남인 조민희(趙民熙, 1859~1931)를 평리원 재판장에 임명하여 의병 재판 등 정치적 현안을 처리하게 했다. 1908년 6월 『대한매일신보』에서는 「총리와 궁상의 가족」이란 제목 하에 관직에 등용된 이완용의 친인척 24명의 명단을 싣고, 이완용 내각이 자신의 가족으로 구성되었다고 비판하기도 했다.

고종의 양위와 정미7조약 체결로 이토의 신임을 더욱 두텁게 얻은 이완용은 자신의 세력과 친인척을 정계에 등용하는 한편 정부에 영향력을 행사하려는 계몽 단체와 일진회를 무력화하려는 계획을 꾸민다. 대한자강회는 고종의 폐위 및 정미7조약 반대 시위를 주도하다가 강제 해산된 후 대한협회를 조직하여 스스로 정당의 역할을 자처하면서 입헌군주제 수립과 정부 감시를 요구하며 이완용 내각을 비판하고 나섰다.

이완용의 독주가 진행되면서 일진회원의 내각 진입이 어려워지자 송병준은 이완용에게 불만을 품기 시작했다. 고종의 양위와 정미7조약의 체결 공로로 이완용은 일본 정부로부터 욱일동화장(旭日桐花章)을 수상한 반면, 의병 탄압에 앞장섰던 일진회는 이 과정에서 926명의 회원이 살해당했지만 이에 대한 공로를 인정받지 못했을 뿐만 아니라 도리어 대한제국민의 반일 감정을 자극한다고 경원하는 분위기까지 일고 있었다.

이에 송병준과 일진회는 이완용에 대한 불만을 터뜨렸다. 이완용이 개혁에는 관심이 없고 오로지 자신의 친인척에게 관직을 나눠주는 데만 열중한다고 하면서 내각의 경질을 주장했다. 이에 이완용은 안정적인 정국 운영의 주도권을 유지하기 위한 회유책으로 1908년 6월 6일 송병준을 내부대신으로 임명했고, 내부대신의 지방관 임명 권한을 크게 확대시켜 일진회원이 지방관으로 진출할 수 있는 길을 열어주었다.

그러나 일진회는 이완용의 회유책을 받아들이지 않은 채 6월 10일 일진회 특별평의원회를 열어 총리대신 이완용의 사직 권고안을 의결함으로써 본격적인 이완용 반대운동을 벌여 나간다. 송병준은 일진회원들을 동원해 여론을 이끌어내고, 일본 군부 세력을 등에 업고 이완용 내각을 전복해야 한다는 생각을 품고 있었다. 당시에 일본 정부 내에서는 대한제국 문제를 놓고 두 세력 간의 갈등이 커져가고 있었다. 청일전쟁, 러일전쟁의 승리로 정치적 입지를 강화해갔던 군부 세력은 대한제국에 대한 즉각적인 군사 점령을 주장한 반면, 이토는 주변 열강, 특히 러시아의 눈치를 보면서 대한제국을 점진적으로 점령하려 하고 있었다. 그러나 러일전쟁 이후 일본에 군국주의가 팽배해지면서 이토의 정치적 입지는 축소되어가고 있었다.

대한제국 정치인과 지식인은 이러한 정치적 갈등을 알고 있었다. 일본 정계의 움직임이 심상치 않았지만, 이들은 이토가 통감으로 있는 한 대한제국에 대한 점령이 곧바로 이루어지지는 않을 것이라고 보았다. 이완용은 11월 29일 이토에게 총리대신에서 물러날 뜻을 내비쳤다. 일진회에 대한 대한제국민의 악감정이 일진회를 해산시키지 못하는 정부에 대한 원성으로 이어지고 있으며, 일진회가 정부를 계속 공격하고 송병준도 내각원 사이에서 분란을 일으키고 있기 때문에 더 이상 내각을 이끌 수 없다는 것이었다.

이완용의 사의 표명에는 두 가지 의도가 담겨 있었다. 하나는 이토에게 일진회의 진압을 압박하기 위한 것이었으며, 다른 하나는 대한제국에 대한 일본의 방침을 재확인하려는 것이었다. 만약 이토가 송병준과 일진회의 주장을 받아들인다면, 대한제국에 대한 이토의 방침이 변경되었거나 또는 일본 정부의 방침이 군부의 주장으로 기울었음을 의미했기 때문이다.

송병준도 일본 군부의 주장에 힘을 실어주기 위해 가쓰라 다로(桂太郎) 수상에게 통감부의 정책을 비난하는 편지를 보냈다. 통감부 체제가 오히려 대한제국민의 반일 감정을 고조시킬 뿐만 아니라 막대한 재정을 소비하는 비효율적인 체제라는 내용이었다. 이토는 송병준의 편지를 매우 불쾌해하면서, 그가 공공연하게 합방을 주장하는

것은 일본의 지배 정책에 도움이 되지 않는다고 주장했다. 그리고 가쓰라 다로 수상, 데라우치 마사타케(寺內正毅) 육군대신과 함께 일진회를 회유하여 해산할 방법을 강구했다.

송병준은 일본에서는 통감부의 실정을 비난하고 국내에서는 김윤식과 박영효를 끌어들여 순종의 신임을 얻은 후 이완용 내각을 전복할 계획을 수립했다. 그러고는 일진회 부회장 홍긍섭(洪肯燮, 1850~1923)을 중심으로 이완용 내각 총사직운동을 전개했다. 그는 일진회의 기관지였던 『국민신보』를 통해, 그리고 대중 연설을 개최하여 이완용 내각의 총사퇴만이 대한제국의 살 길이라고 선전했다.

일진회의 반(反)이완용 운동이 전개되고 이완용과 송병준의 관계가 악화된 가운데, 이완용에게는 운 좋은 사건이 발생했다. 1909년 2월 이토는 대한제국민을 회유하고 '한일 친선' 관계를 대대적으로 선전하기 위해 순종의 남북 순행을 결정했다. 그는 순행 환영 인파가 태극기와 일장기를 함께 흔들게 하는 한편, 지역의 일본인들과 함께 한일 연합 환영회를 열게 했다. 이토는 평소 자신이 주장했던 '동양 평화론'을 연설했으며, 이완용 또한 동양 평화를 위해 한일의

친선이 중요하고 한일이 합심해 실력을 양성하여 대한제국을 문명
국의 반열에 올려놓아야 한다고 연설했다.

그런데 경의선을 타고 서쪽 지방을 순행하던 도중 내부대신 송병
준과 시종무관 어담(魚潭, 1881~1943) 사이에 언쟁이 벌어졌고, 술에
취한 두 사람이 순종이 탄 기차 칸 안에서 서로 칼을 빼어 싸움을 벌
이는 사건이 발생했다. 황제 앞에서 내부대신과 시종무관이 칼을 들
고 싸운 사실이 알려지면서 이들에 대한 불경죄 논란이 불거졌다.
대한협회 회장 김가진(金嘉鎭, 1846~1922) 등은 이완용에게 송병준 규
탄 장서를 보내 그를 해임할 것을 요구했다. 중추원 역시 김병수(金
炳秀)의 헌의서를 받아 송병준의 해임을 내각에 요청했다. 여론과 중
추원의 해임 결의를 받아들인 이완용은 송병준을 해임하고, 그 자리
에 박제순을 임명했다.

내각원 사이에서 갈등의 불씨였던 송병준이 퇴출된 것은 이완용
에게 다행스러운 일이었다. 그러나 이 일로 인해 송병준과 일진회는
이완용 내각을 더욱 거세게 비판하기 시작했다. 해임된 송병준은 곧
바로 일본에 가서 일본 정계 인사들을 대상으로 합방운동을 펼쳤다.
그리고 그 과정에서 통감부와 이완용 내각이 한일 관계를 오히려 악
화시키고 있다고 비판했다.

사실 이완용과 송병준은 '친일'과 '실력 양성을 통한 문명화'를 추
구한다는 점 이외에는 전혀 공통점이 없는 인물이었다. 이완용이 세
도가의 양자로 양반 문화를 향유하며 성장했으며 신중하고 온화한
양반의 품위를 갖고 있었다면, 송병준은 천민 출신으로 물불 가리지
않고 출세를 위해 몸을 던지는 과격한 성품의 소유자였다. 평소 양

반이라는 엘리트 의식이 강했던 이완용이 과격하고 천박한 송병준을 어떻게 생각했을지는 충분히 짐작할 수 있다. 당시에 일본 정계에서 회자되었던 이완용과 송병준에 대한 평가를 보면 두 사람은 출신, 배경, 성품 등이 모두 정반대였다. 이왕직(李王職)에서 13년간 근무했던 곤도 시로스케(權藤四郎介)는 이들에 대해 다음과 같이 기록했다.

조선을 제국의 통치하에 둠으로써 조선을 구할 수 있다는 신념에서만 동일하다. 이완용은 치밀하고 지략이 정교하며 담력이 있고 명문가 출신으로 학식, 시문, 글씨에도 재주가 뛰어나다. 또한 철두철미하게 세력을 따르는 정치가이고 정치적 지조가 부족한 실질적 정치가이다. 이에 비해 송병준은 시세에 순응하기보다는 여론을 통해 시세를 지휘하고, 목적을 향해 매진한다. 학문적 소양은 부족하지만, 남의 말을 받아들여 중지를 취할 줄 안다. 이완용이 관료적 정치가로 음모를 즐겨하는 풍이 있다면, 송병준은 민중적 정치가의 색채를 띠고 공공연하게 시위를 벌여 정견을 발표한다. 이완용이 작위와 관직을 좋아하고 금색 찬란한 예복을 입고 관인 · 귀족과 함께 어울리는 것을 즐기는 데 비해, 송병준은 새로운 주장을 위해 노력하고 대신 · 재상보다 낭인과 교우한다. (……) 이완용은 재산을 유리하게 운영하여 위험을 무릅쓰면서 폭리를 취하지 않는 데 비해, 송병준은 이익이 있는 사업이라면 치밀한 고려도 하지 않고 폭리를 도모한다.

• 權藤四郎介, 『李王宮秘史』, 朝鮮新聞社, 1926, 261~267쪽.

너무도 다른 두 사람의 모습 속에서 곤도 시로스케는 이왕직 일에 사사건건 관여하는 이완용보다 송병준에게 좀 더 애정 어린 시선을 보내고 있었다. 송병준은 서민적 풍모에 거칠고 저돌적이었던 반면, 이완용은 양반의 풍모에 음모가적인 면모도 갖춘 인물이었다. 윤치호가 독립협회 시절 이완용의 엘리트 의식을 지적했듯이, 곤도 시로스케도 세련되고 절제된 태도를 갖춘 귀족적 풍모의 이완용에 대해 '세력을 따르는 정치가'이자 '정치적 지조가 부족한 실질적 정치가'라는 평가를 내리고 있었다. 그런데 바로 이 점이 이토가 이완용을 신임했던 이유였다. 시세를 움직이려는 송병준보다는 시세에 순응하는 이완용이 필요했던 것이었다. 더구나 세련되고 신중한 그의 태도는 이토에게 신뢰감을 주기에 충분했다.

　송병준의 해임 이후 이완용은 이토의 전폭적인 지원하에 내각의 주도권을 완전히 장악하지만, 이는 오래가지 못했다. 1909년 6월 이토 통감의 사임으로 그는 정치적 위기를 맞이한다. 이토의 사임은 사실상 대한제국 문제에 대한 이토의 발언권이 상실되었음을 의미하는 것이었고, 이는 이완용 내각에 대한 비판이 고조되는 계기가 되었다.

　일본은 일단 부통감 소네 아라스케(曾禰荒助)를 통감에 임명하여 표면적으로 대한제국에 대한 정책에 변화가 없는 것처럼 보이도록 했다. 그러면서 일본 정부는 7월 6일 적당한 시기에 한국을 병합한다는 '한국 병합에 관한 건'을 의결했고, 그 시기가 도래하기 전까지 대한제국의 중앙 정부 및 지방 행정에 일본인 관리의 권한을 확대하기 위한 방법으로 '대한시설대강'을 결정했다. 7월 10일 이토의 귀국

연회가 끝나자 소네 통감은 이완용을 불러 "대한제국의 사법권과 감옥 사무를 일본 정부에게 위탁하고, 인민의 생명과 재산을 완전히 보호하는 것이 옳다"고 하면서 기유각서(己酉覺書)의 체결을 요구했다. 대한시설대강의 지침에 따른 조치였다.

이완용은 다음 날 저동에 있는 자택으로 내각 대신들을 불러 이 문제를 논의했다. 첫 회의에서는 탁지부대신 임선준과 학부대신 이재곤이 강력히 반대하면서 내각 총사퇴를 주장했다. 법부대신 고영희 역시 이들과 의견을 같이했다. 군부대신 이병무는 다중의 의견을 따를 것이라고 했고, 내부대신 박제순은 임선준의 말이 틀린 것은 아니라는 매우 소극적인 의견을 개진했다. 농상공부대신 조중응만이 어차피 체결될 조약이라면 차라리 우리가 시행하는 것이 마땅하다는 의견을 내어 적극적인 찬성을 피력했다. 반대 입장이 우세해 결정을 내리지 못한 가운데 다음 날인 12일에 회의가 재개되었다. 이회의에서 내각은 총사퇴를 결정하고 다음 날 아침 회동하여 사표를 제출할 것을 약속했다. 그러나 13일 이완용은 비서관인 김명수를 불러 조중응과 고영희를 제외한 내각 대신들에게 이미 결정되었으니 회의에 참석할 필요가 없다는 내용의 전화를 걸도록 했다.

회의에서 기유각서에 반대를 표명한 대신은 탁지부·학부·법부대신으로 이완용을 제외한 내각 대신 6명 중 3명이었다. 그런데 마지막 회의를 마치고 돌아갈 때 고영희가 이완용에게 은밀히 찬성의 뜻을 전했고, 이완용은 이것으로 4대 2의 찬성이라는 결정을 내렸다. 이미 조중응, 고영희와는 이 사안에 대해 의견을 나눈 뒤였다. 이때 이완용의 결정 방식은 1905년 을사조약 체결 당시 이토가 대신들을 모아놓고 진행했던 회의와 크게 다르지 않았다. 적극적인 반대가 아닌 이상 박제순과 이병무의 의견을 찬성으로 계산했던 것이었다. 이렇게 해서 통치권의 상징인 사법권은 일본에게 넘어갔다.

이완용은 이미 일본의 지배에 대해 어떠한 회의도 갖고 있지 않았다. 일본 차관으로 대한제국이 개발되고 있었고, 강력한 일본의 무력이 대한제국을 전쟁으로부터 보호할 수 있다고 보았다. 앞서 순종의 순행 때 행했던, 일본의 지도를 받아 실력을 양성하는 길만이 대한제국을 보존할 수 있다는 이완용의 연설은 대중을 회유하기 위한 언설만이 아니었다. 이는 자신의 행동과 역할에 정당성을 부여하는 최면이기도 했다.

사법권의 위탁으로 대한제국 언론은 이완용에 대한 비판의 목소리를 높였다. 가장 중요한 통치 수단인 사법권 이양은 통치권의 상실을 상징적으로 보여주는 것이기 때문이었다. 친일을 주장해왔던 일진회, 실력 양성을 통해 독립 주권을 회복해야 한다고 주장해왔던 대한협회 등의 비판이 이완용 내각에 집중되었다. 1909년 9월, 대표적인 계몽운동 단체였던 일진회, 대한협회, 서북학회는 이완용 내각의 퇴진을 요구하는 3파 연합을 결성했다. 이완용은 이들의 반대운동을 저지하기 위해 3파 연합을 주도했던 서북학회 회장 정운복(鄭雲復)을 매수하려 했지만, 이 사실이 알려지면서 이완용에 대한 비판은 더욱 거세졌다. 내각은 오롯이 이완용의 것이 되었지만, 내각 밖에서는 이완용을 견제하려는 힘이 더욱 커졌다.

정치적 위기,
칼을 맞고 쓰러지다

1909년 10월 26일 하얼빈에서 발생한 이토 저격 사건은 대한제국을 둘러싼 정국에 파란을 일으켰다. 인천항에 정박 중인 광제호(光濟號) 함장이 개최한 연회에 소네 통감과 함께 참석했던 이완용은 소식을 접한 후 급히 서울로 돌아와서 조전을 보냈다. 그리고 다음 날 인천항에서 광제호를 타고 다롄으로 향했다. 이토의 시신이 다롄항에서 도쿄로 옮겨질 예정이었기 때문이다. 순종의 칙사 윤덕영(尹德榮, 1873~1940), 고종의 칙사 조민희, 그리고 통감부 고위 관료 몇 명과 한성부민 대표 유길준이 이완용과 동행했다.

28일 오전, 다롄항에 도착한 이완용 일행은 다롄 거류 일본인의 격앙된 분위기로 인해 항구에 내릴 수 없었다. 이토의 시신을 실은 군함 아키츠시마(秋津洲)가 다롄항을 출발하여 잠시 부근 해상에 정박했고, 이완용 일행은 아키츠시마에 승선해서 조의를 표했다. 그리고 조선으로 돌아와 이토를 추도하기 위해 3일간 전국에 음악 연주를 금지시키고 조중응을 대표로 일본에 파견하는 한편 이토 영정을 장충단에 설치한 후 방문하여 조의를 표했다.

그간 이토 통감은 이완용의 정치적 뒷배가 돼주었고 이완용은 이토가 주장한 동양 평화론을 적극 지지해왔다. 이토의 사망은 분명 정치적 격변을 불러올 수밖에 없었기에 차후 상황을 예의 주시할 수밖에 없었다.

이토의 사망으로 일본 여론은 일제히 대한제국 문제를 근본적으로 다시 생각해야 한다면서 합방을 주장하기 시작했다. 일본 기자단 또한 조선문제동지회를 결성하여 대한제국 합방을 주장했다. 내부 대신 사퇴 이후 일본에서 공공연하게 합방을 주장했던 송병준은 일본 여론에 부응하여 일본 대륙 낭인 및 군부 세력과 구체적인 합방 방안을 논의하기 시작했다. 이때 그가 제시한 합방안은 사실상 식민지화 방안이었다. 그는 11개 방법을 제안했다. 황제를 일본 황족으로 대우하고, 양반을 일본 화족(華族)에 포함시키며, 지방 군대를 신설하고, 지방세를 면세하고, 일본인과 한인을 지방관으로 등용하는 등 대한제국민의 반발을 무마하는 방법과 함께 식민 통치를 위해 총독부를 설치하고, 별도의 식민지 법률을 제정하고, 한국 고등경찰을 일본 헌병이 감시하도록 하는 등 일본의 통치권을 관철시킬 수 있는 방법을 제시했다. 송병준은 대한제국의 합병을 통해 이완용 내각을 전복시키고, 자신이 일본과 조응하여 대한제국의 통치권을 장악하고자 했다.

이처럼 송병준이 일본에서 합방운동을 벌이는 사이에 12월 5일 일진회장 이용구는 '정합방(政合邦)' 청원서를 소네 통감, 이완용, 순종에게 제출하고 대국민 성명서를 발표했다. 이용구가 주장한 '정합방'은 제국주의 국제 질서 가운데서 유럽에 등장했던 국가연합론의 한 형태로서, 독립 주권의 상징인 외교권을 일본에 완전히 넘기는 대신 내정 독립을 확보하겠다는 것이었다. 관료 임용권과 사법권이 모두 일본으로 넘어간 상황이었기 때문에 이용구의 주장은 얼핏 보면 빼앗긴 통치권을 되찾겠다는 것이었다. 그러나 실상 이들이 '정합방'을 주장하게 된 배경에는 대륙 낭인과 이들을 이용하고자 하는 일본 군부가 존재하고 있었다.

이용구가 어느 정도의 진정성을 가지고 이런 주장을 했는지 의문시되는 가운데 대한제국 대부분의 언론들은 이들의 주장이 곧 합병이며 대한제국을 일본에 팔아넘기는 것이라고 비판하고 나섰다. 이용구의 '정합방' 주장에 대한 찬반 논쟁으로 대한제국이 들끓는 가운데 이완용이 이에 앞서 탁지부대신 고영희를 일본에 파견해 합방에 대한 다섯 가지 조건을 제출했다는 사실이 밝혀졌다. 일진회를 비판했던 언론들은 이완용과 송병준, 이용구가 나라 파는 경쟁을 하고 있다면서 이완용 내각에 대한 퇴진을 요구했다.

이토 사후 일본 정계의 변화를 주시하고 있던 이완용은 일진회가 합방운동을 전개할 것임을 미리 탐지하고 있었다. 그는 일본이 대한제국을 빠른 시일 내에 합병할 것인지, 또 일진회의 합방운동에 동의할 것인지를 확인하고자 했다. 또한 이토 저격 사건 이후 일본 언론에서 이완용 경질설이 나돌고 있었기 때문에 자신의 거취에 대한 소네 통감과 일본 정부의 의도를 확인할 필요가 있었다. 이에 이완용은 11월 27일 탁지부대신 고영희를 파견해서 가쓰라 수상에게 합방 5조건을 제출하게 했다. 이때 이완용이 제출한 방안은 한국 황제를 종전대로 둘 것, 정부 원로대신은 일본 화족으로 삼을 것, 경력있는 양반들에게 녹봉을 지급할 것, 대한제국민을 일본 국적자로 삼아 일본 신민 대우를 해줄 것, 그리고 한국의 정무 수반은 한국인으로 할 것 등을 내용으로 하고 있었다.

이완용이 제출한 방안은 송병준의 방안에 비해 내정 독립의 의미가 좀 더 분명하게 표현되어 있었다. 정무의 수반을 한국인으로 한다는 점, 그리고 황제의 지위를 그대로 유지시켜달라는 점은 총독부를 설치하고 대한제국 황제를 황족으로 삼아야 한다고 했던 송병준의 주장과 비교하면 대한제국의 자치권을 좀 더 확보하려는 합방안이었다. 대외적인 독립 주권을 일본에게 이양하는 대신 통치의 상징인 왕과 통치 기구를 독자적으로 구성하려 한 것이었다.

1905년 이후 계몽운동 지식인들은 독일의 국가연합론을 차용하여 보호국과 식민지가 다르다는 점을 설명해왔다. 국가연합론에서는 스웨덴-노르웨이 제국, 오스트리아-헝가리 제국, 독일 연방국, 미국 연방국을 국가연합의 형태로 분류하고 있었기 때문에 대한제국 지식인 대부분은 보호국을 이러한 국가연합 형태에서 가장 낮은 단계로 이해하고 있었다. 그래서 보호국이 주권의 전면적 상실이 아니라는 논리를 전개했고, 실력을 양성하면 명실상부한 독립국이 될 수 있다고 주장해왔다. 이용구와 이완용의 합방안은 이러한 국가연합론 중에서 헝가리의 자치권이 확보된 오스트리아-헝가리 제국을 모델로 하여 외교권과 군사권을 일본에게 이양하는 대신 황제를 그대로 두고 통치는 독자적으로 하겠다는 것이었다. 그러나 이들의 합방안은 일본 제국주의의 팽창 과정에서 실현 불가능한 것이었다.

대한제국의 완전한 점령을 목적으로 했던 일본 정부의 방안은 이완용이나 이용구의 합방안보다 송병준이 주장한 합방안에 가까웠다. 실제로 병합 이후 일본은 송병준이 제시한 11개 방안 중 지방세 면제를 제외한 10개 방안을 그대로 실시했다.

일진회의 돌발적인 '정합방' 운동은 일본 정부로서도 난감한 일이었다. 1909년 7월에 이미 대한제국을 병합할 방침을 마련했지만, 만주에 대한 열강의 이권이 복잡하게 얽혀 있었기 때문에 일본 정부는 병합 시기를 쉽게 결정하지 못하고 있었다. 특히 미국이 일본의 만주 진출을 저지하기 위해 만주 지역을 중립화할 것을 주장하고 나섰고, 이 일로 미국과 일본 간에 전쟁이 일어날지도 모른다는 소문이 돌 정도로 외교적 마찰이 빚어지고 있었다. 서구 제국주의 국가들 사이에서 어린아이로 비유될 정도로 국제적 지위가 낮았던 일본은 열강의 눈치를 보아야 했다. 따라서 열강의 완전한 동의를 끌어내지 못한 채 대한제국을 점령한다면, 만주에서 이권을 노리고 있던 열강으로부터 견제를 받을 수도 있다고 생각했다. 일본 정부와 소네 통감은 일진회의 청원운동에 대해 분명한 답을 내놓지 않은 채, 공식적으로는 을사조약 때 약속했던, 대한제국이 부강할 때까지 보호를 하며 독립을 유지시켜준다는 입장을 되풀이했다.

일단 가쓰라 수상과 소네 통감의 기본 입장이 변하지 않았다고 판단한 이완용은, 합방이 곧바로 이루어지지는 않을 것이라고 보고 적극적으로 국시유세단을 사주하여 일진회에 반대하는 대국민연설회를 개최하도록 했다. 그리고 일진회 회계였던 홍긍섭과 일진회 기관지인 『국민신보』 사장을 지낸 한석진(韓錫振)을 매수해서 일진회원들을 탈퇴시키고, 일진회와 적대적 관계였던 손병희와 기독교청년회 등을 매수하여 일진회 반대운동을 전개했다. 또한 일진회의 주장에 찬성서를 제출한 보부상과 보신사 사장의 해임건 제출, 일진회 출신 시종의 면직 협박 등 갖은 방법을 동원해 일진회 세력을 제압하고자 했다. 나아가 고희준(高義駿, 1880~?)을 평양에 보내 자객을 모집하여 이용구를 암살할 계획까지 세웠다.

그러던 중 12월 22일 오전 10시에 이완용은 종현성당에서 벨기에 총영사 주최로 열린 벨기에 황제 레오폴드 2세의 추도식에 참석하고 돌아오는 길에 이재명(李在明, 1890~1910)이 휘두른 칼에 어깨와 허리를 맞고 쓰러졌다. 어깨의 자상은 폐를 관통했다. 그를 태우고 가던 인력거꾼은 그 자리에서 사망했고, 이완용은 급히 저동의 자택으로 옮겨졌다가 다음 날 대한의원에 입원해서 수술을 받았다. 50분간의 수술 후 의사는 이완용이 혼자 일어나 앉으려면 30일 정도가 걸린다고 진단했다. 상처는 매우 깊었고, 이 일로 이완용은 천식을 앓게 된다.

이완용이 병원에 있는 동안 내부대신 박제순이 이완용의 업무를 대신했다. 고종과 순종은 거의 매일 시종을 보내 경과를 알아보며 이완용을 위문했고, 고종은 위로금 1천 원을 보냈다. 이때 이완용에게 전달된, 대한제국 관료와 일본인이 보낸 위로금 액수가 2만 원을 넘어섰다. 그가 병원에 있는 동안 언론에서는 일진회의 '정합방' 청원에 대한 찬반 논쟁이 들끓었다. 통감부는 대한제국 언론 간의 치열한 공방에 개입하지 않은 채 대한제국민의 여론이 어떠한지를 탐문하는 데 열심이었다. 병합을 앞두고 대한제국민의 저항이 어느 정도일지를 가늠하고 있었던 것이다. 통감부가 파악한 당시 대한제국민의 여론은, 기층민들은 일진회의 청원에 별 관심이 없었고 양반등 식자층이 이에 반대하는 입장이었다.

1910년 1월 내내 일진회 청원운동을 둘러싼 논쟁이 계속되자, 2월 2일 가쓰라 수상은 대한제국의 소요 사태를 진정시키기 위해 일체의 대중 집회를 불허한다는 입장을 밝히면서 동시에 합방 청원을 수리하고 반대 청원은 기각하여 이를 둘러싼 사태를 일단락 지었다.

2월 14일 퇴원한 이완용은 아직 완전히 회복되지 않은 상태였기 때문에 집에서 요양하면서 집무를 보지 않았다. 3월에 들어서 평소 지병을 앓던 소네 통감의 건강이 악화되면서 통감 교체설이 나돌기 시작했다. 또한 미국이 만주 중립화안을 철회하면서 미국과의 외교적 갈등도 일단락되었다. 집에서 요양 중이던 이완용은 아들 이항구(李恒九, 1881~1945)를 시켜 소네 통감의 유임을 청원하는 편지를 가쓰라 수상에게 보냈다. 소네 통감 대신 일본 군부 세력의 인물이 통감이 된다면 병합이 단행될 것임을 알고 있었기 때문이었다.

한 달간의 고민, 그리고 결단

소네 통감의 건강 악화와 미국과 일본의 외교적 갈등이 해결된 사실을 알고 있던 이완용은 소네 통감의 교체 가능성이 높아져감을 예견했다. 그는 대한의원 의사 기구치 쓰네사부로(牧口常三郎)의 조언을 받아들여 온양으로 요양을 떠나기로 결정한다. 그리고 1910년 5월 19일 순종에게 사직서를 제출했다. 이완용은 건강 문제를 이유로 삼았지만, 다른 한편 소네 통감의 사직과 함께 대한제국이 곧 사라질 수 있다는 예감도 있었다. 적어도 망국의 책임자라는 오명은 피하고 싶지 않았을까?

그러나 순종은 이완용의 사직상소를 받아들이지 않았고, 내부대신 박제순이 총리대신직을 대행하도록 했다. 순종에게는 만일의 사태에 대비해 통감부 내 일본인과 소통하고 있던 이완용이 필요했기 때문이었다. 적어도 이완용이라면 다가올 최악의 사태를 막아줄 수 있으리라는 기대가 있었던 것 같다.

사직서가 받아들여지지 않은 상황에서 이완용은 온양행 기차에 올랐다. 천안역에 내려서 4인교(四人轎)로 온양까지 가는 길에 이완용은 무슨 생각을 했을까? 대한제국의 총리대신으로서 제국의 멸망을 자기 손으로 결말 지을 수는 없다고 생각하지 않았을까?

훗날 이완용은 "세상에서 제일 처신하기 힘든 세 자리가 있다. 쇠약한 나라의 재상과 파산한 회사의 청산인, 빈궁한 가정의 주부가 그것이다"라고 말했다. 그는 1909년 순종과의 순행 때 벌어진 어느 일화를 소개하면서 이 말을 했다. 순종과 동행했던 이토는 개성역에 환영 나온 대한제국민들이 태극기만 들고 있는 것을 보고 이완용에게 화를 냈다. 그는 태극기와 일장기를 함께 들도록 지시해놓았기 때문이었다. 이에 이완용은 이토에게 사죄했다. 그 후 평남 중화역에 도착했을 때 두루마기를 입고 갓을 쓴 노인이 일장기만 들고 서 있는 모습이 눈에 띄었다. 이완용은 이토에게 영어로 그 노인이 들고 있는 국기가 어느 나라 것인지 물었다. 이토는 일본 국기라고 답했다. 이완용은 이 말을 낚아채서 "조선인이 일본 국기만 들고 있는 것을 보아도 조선인은 아직까지 국기에 대한 관념이 없다는 것을 알 수 있지 않습니까? 그런데 대정치가인 통감께서 이렇게 사소한 일로 화를 내십니까?"라며 이토를 계면쩍게 만들었다.

에피소드로 소개된 이야기였지만, 현실에 순응적인 이완용이 대한제국의 재상으로서 할 수 있다고 생각한 일의 범주는 매우 협소했다. 성리학 교육을 받은 양반으로서 근왕적(勤王的) 태도가 몸에 배어 있었으며 미국 생활을 통해 근대의 독립 주권이 무엇인지도 알고 있던 이완용이 대한제국의 멸망과 마주했을 때, 그는 현실과 자신의 존재 사이에 최대한의 접점을 찾으려 했을 것이다. 그러나 상황이 자신이 생각했던 방향으로 흘러가지 않음을 예상한 그는 병을 핑계로 사직서를 제출하고 요양을 떠난 것이었다.

1910년 5월 23일 저녁, 온양에 도착한 이완용은 일본인이 경영하는 온양장이란 여관에 머물렀다. 일주일 후인 5월 30일, 그는 소네 통감이 사임하고 육군대신 데라우치 마사타케가 통감직을 겸임하게 되었다는 소식을 접했다. 다음 날 이완용은 소네 통감에게 퇴임을 애석하게 여기며 건강이 회복되길 기원한다는 짧은 전보를 보냈지만, 데라우치에게는 축하 전문을 보내지 않았다. 그리고 일주일 동안 온양 부근의 정자를 돌고 낚시를 하면서 지냈다.

6월 7일, 데라우치는 이완용의 회복을 기원하는 전문을 보냈다. 통감부 통역관이 전문을 가지고 직접 방문한 것을 보면, 데라우치가 이완용에게 병합에 대한 의사를 타진한 것이 아닌가 추측된다. 데라우치는 서울에 들어오기 전에 송병준의 귀국을 일단 유보시킨 뒤 이완용이 병합에 응하지 않을 경우 송병준을 총리대신으로 삼아 병합을 하겠다는 소문을 유포했다. 내각 경질설을 퍼트려 이완용뿐만 아니라 황실까지 압박하려고 했던 것이다.

일본에 있던 송병준은 합방이 된다면 순종과 황태자를 일본 황족으로 삼고 그 외의 황족은 화족으로 삼아야 하며, 음모가인 고종은

데라우치 마사타케(寺內正毅, 1852~1919). 소네 통감의 후임으로 대한제국 통감에 부임한 이로, 일본 군부 세력과 긴밀히 맞닿아 있던 육군대신 출신의 정치가이다. 대한제국의 국권 탈취 후 초대 조선총독으로 강력한 식민 정책을 추진했다.

도쿄에 잡아두어야 한다고 공공연하게 이야기하고 다녔다. 반면에 이완용이 고영희를 시켜 가쓰라 수상의 의사를 타진할 때 제시한 방안은 대한제국 국호와 황제를 그대로 둔 채 대한제국민의 국적을 일본으로 바꾼다는 것이었다. 따라서 황실 입장에서 보자면 송병준보다는 이완용이 협상을 마무리하는 것이 더 나은 상황이었다.

건강 회복을 묻는 데라우치의 전보에 대한 답전을 보낸 이완용은 이후 이렇다 할 행보를 보이지 않았다. 데라우치의 전보를 받은 8일 후인 6월 15일, 궁내부에서 전보가 왔다. 궁내부대신과 시종원경이 순종이 보낸 칙사와 함께 오겠다는 것이었다. 다음 날 이완용을 찾아온 이들은 그의 병세 회복을 묻고 순종이 하사한 술과 음식을 전달했다. 이완용이 이들과 어떤 말을 주고받았는지는 알 수 없다. 그러나 당시 정세가 급박하게 돌아가고 있었기 때문에 순종의 명을 받은 이들은 합방 문제에 대한 순종의 뜻을 전달하고 의논했을 가능성이 높다.

6월 17일에는 일본에 체류하고 있던 고희경(高羲敬)에게 전보가 왔다. 그는 탁지부대신이며 이완용의 수족과 같은 고영희의 아들로 일본에서 유학 중인 영친왕을 모시고 있었다. 그의 전보 중 밝혀진 것은 이완용을 위문하는 내용뿐이지만, 당시 일본 정계의 상황을 탐문한 내용이 함께 있었을 가능성이 높다. 신중한 성격의 이완용이 자신의 행보를 결정하기에 앞서 정보를 수집했을 것으로 추측되기 때문이다. 이완용은 고희경의 전보에 즉시 답변을 했다.

그리고 다음 날인 6월 18일, 고종이 이완용의 사위인 시종 홍운표 편에 술과 난초를 보냈다. 순종에 이은 고종의 칙사 방문은 더 큰 의미가 있는 것이었다. 1907년 고종은 순종에게 양위를 했지만 정계에 대한 그의 영향력은 여전했다. 그런 고종이 데라우치의 '병합' 제안을 앞두고 온양의 이완용에게 그의 사위를 칙사로 보냈다면, 거기에는 그와 관련된 어떤 지령이 있었을 가능성이 높다. 더구나 송병준을 내각 총리대신으로 삼는다는 설이 나돌고 경찰권 이양 문제가 대두되면서 상황이 급박하게 진행되고 있었다.

고종의 칙사 방문 6일 후인 6월 24일, 내각으로부터 대한제국의 경찰 사무를 일본 정부에 위탁했다는 전보가 왔다. 병합을 진행하던 데라우치는 대한제국민의 반발을 진압하기 위해 대한제국의 경찰권을 수중에 넣은 것이다. 이 전보를 받은 후 이완용은 특별히 다른 일을 하지 않은 채 온양 여관에서 꼼짝하지 않았다. 그리고 다시 4일이 지난 6월 28일, 이완용은 서울로 올라왔다. 데라우치가 통감이 되었다는 소식을 접한 지 근 한 달 만이었다.

일찍이 온양에 내려왔을 때 이미 소네 통감의 경질을 짐작하고 사직서를 제출했던 이완용은 데라우치의 통감 임명 후에도 온양에서 유람과 낚시로 소일하고 있었다. 이때까지 병합 협상에 나서리라는 결심을 하지 못했던 것이 아닌가 싶다. 그런데 순종과 고종이 칙사를 보내고, 송병준이 내각 총리대신이 될지도 모른다는 소문이 나돌고, 경찰권이 일본에 넘어가는 등 상황이 급박하게 진행되자 그는 상경을 결심했다. 그를 맞은 것은 고종과 순종이 보낸 칙사였다.

송병준이 병합 협상에 나서게 되는 상황을 몹시 꺼렸던 고종과 순종으로서는 이완용의 귀환을 누구보다도 기다렸을 것이다. 6월 30일에 순종은 이완용에게 총리대신으로 복귀할 것을 명령했고, 7월 1일에는 이완용이 고종과 순종을 차례로 알현했다. 이때 고종과 순종은 분명 이완용과 병합 문제에 대해 이야기를 나누었을 것이다. 을사조약 체결 때 보여준 고종의 태도로 미루어보면, 완강한 반대만을 지시하지는 않았을 것이다. 어쩔 수 없이 병합에 응한다면 관철시켜야 할 조건에 대한 이야기도 오갔을 것이다. 이를 위해 고종과 순종은 이완용이 협상에 나서야 한다고 생각했을 것이기 때문이다.

서울에 올라온 이완용은 자신이 온양에 있을 때 선물을 보내준 야마가타 이사부로(山縣伊三郞) 부통감과 데라우치 통감에게 감사 편지를 보냈다. 데라우치는 답례로 시계를 보내왔다. 그리고 7월 17일, 이완용은 자식들에게 자신의 생일잔치를 열지 못하도록 했다. 중대 사안을 앞두고 생일잔치를 할 수는 없었다. 이외에 그의 행적은 알 수 없다. 협상을 앞둔 한 달 동안 그가 어떤 생각을 했는지도 알 수 없다. 다만 서울에 올라올 때 이미 병합을 결심했다면 왜 한 달 동안 협상에 임하지 않았는지는 의심스러운 부분이다. 한 달 동안 그는 어떤 고민을 했던 것일까?

철저히 현실에 순응하는 인물이었던 이완용은 병합을 피할 방법이 없다고 판단했을 것이고, 대세를 인정하는 가운데 최대한 얻을 수 있는 것을 고민했을 것이다. 또한 왕에 대한 충성심이 남달랐던 그로서는 고종과 순종의 부탁을 저버릴 수도 없었을 것이다. 병합을 하더라도 지켜내야 할 것을 지키기 위한 방법과 조약 체결을 무리 없이 진행하기 위한 치밀한 계획을 짤 시간이 필요했을 것이다.

8월 4일, 고희경으로부터 영친왕이 귀국한다는 전보가 왔다. 그리고 다음 날, 이완용은 이인직(李人稙, 1862~1916)을 통감부 외사국장 고마쓰 미도리(小松綠)에게 보내 병합안 협상 의사를 전달했다. 시기적으로 볼 때 고희경의 전보에는 영친왕의 귀국을 알리는 것 외에 다른 내용이 있었을 가능성이 높다. 예를 들어 일본 정부의 병합에 대한 의지와 병합 체결이 되지 않을 경우의 대책 등에 대한 탐문 내용이 있었을 가능성도 생각해볼 수 있다. 또한 이완용이 생각했던 병합안의 실현 가능성을 일본 정부에 타진하고 얻은 결과가 있었을 가능성도 배제할 수 없다.

고마쓰에게 이완용의 의사를 전달한 이인직은 1900년 도쿄정치학교에서 4년간 유학할 때 조중응과 친분을 쌓았고, 러일전쟁 당시 조선에 주둔했던 제1군 사령부의 통역으로 일본군과 대한제국 정부의 연락을 담당한 공로로 일본 정부의 포상을 받은 바 있다. 그리고 『국민신보』 주필, 『만세보』 주필 등을 거친 후 1907년 대한신문사 사장을 지내면서 조중응뿐만 아니라 통감부 외사국장 고마쓰와도 친분을 쌓았다. 일본어를 잘 구사하지 못했던 이완용은 글재주와 말솜씨가 있던 이인직을 개인 통역으로 자주 불러들였다. 또한 1909년 일진회가 '정합방' 청원을 제출했을 때 이인직은 이완용의 명을 받고 일본에 가서 일본 정부의 의사와 여론에 대한 정보를 수집하기도 했다.

이완용의 의사를 전달받은 고마쓰는 데라우치 통감에게 이를 보고했고, 데라우치는 이완용의 의사를 확인하기 위해 통감부 인사국장 고쿠분 쇼타로(國分象太郎)를 이완용에게 보내 협상을 청했다. 그리고 8월 8일, 이완용은 임선준, 이재곤과 함께 순종을 알현했다. 데라우치와의 협상 전 마지막 만남이었다. 이때 어떤 이야기가 오갔는지는 확인할 길이 없지만, 분명 협상 문제에 대한 최종 논의가 있었을 것이다.

8월 16일 이완용은 조중응과 함께 일본에서 일어난 수해 위로를 명분으로 통감 관저를 방문해 데라우치와 협상을 개시했다. 이때 그는 이미 결심한 바 있는 듯 "한국이 이미 백사(百事)가 허물어지고 스스로 쇄신할 힘이 없기 때문에 타국에 의뢰하지 않으면 안 되는 상황이다. 의뢰할 나라가 일본이라는 사실은 세계 각국이 인정하는 바이다"라고 하여 일본의 대한제국 병합이 이미 대세임을 이야기했고 데라우치가 제시한 병합안을 대체로 수용했다. 그러나 데라우치가 제시한 두 가지 문제에 대해서는 분명한 반대 의사를 표명했다. 그것은 대한제국의 국호 문제와 황제 및 황실의 지위 문제였다. 데라우치는 대한제국의 국호를 조선으로 하고, 황제의 칭호를 태공(太公)으로 할 것을 제안했다.

그의 제안은 1909년 7월 일본 정부가 결정한 대한제국 황실과 고위급 전·현직 대신 및 양반에 대한 처우 방침에 따른 것이었다. 이때 일본 정부는 현 황제의 성 이가(李家)는 세습하게 하고 그 정통에게는 태공, 그 후사에게는 공을 칭하게 하며, 고종에 한해 특별히 태공(公)의 존칭을 수여하고 고종과 순종, 그리고 그 계승자를 도쿄로 이주시킬 것을 결정했다. 이 방침은 송병준이 주장했던 황실에 대한 대우와는 달랐지만, 황실가를 도쿄에 이주시킨다는 점에선 동일했다.

원래 일본에는 공족 제도가 없었다. 공은 유럽의 제후급에 해당하는 신분으로 귀족보다는 상위의 서열이었다. 일본이 조공 관계에 있었던 류큐를 점령할 때는 판적봉환(版籍奉還) 방식을 적용하여, 류큐를 오키나와현으로 삼고 왕족을 화족으로 삼았다. 그러나 대한제국은 류큐와는 지위가 전혀 달랐고, 더구나 조약을 통한 '병합' 형태를 취하고자 했기 때문에 조약 상대자인 대한제국 황실을 화족으로 삼을 수는 없었다. 따라서 일본은 공족 제도를 새로이 도입하여 대한제국 황제를 공의 지위로 삼으려 했다.

그러나 이완용은 예전 조선과 중국의 사례를 들어 국호와 왕의 지위를 그대로 둘 것을 요구하며 다음과 같이 말했다.

주권 없는 국가와 왕실은 단순히 형식에 불과하지만, 일반 인민의 감정을 고려한다면 매우 중대한 문제이다. 일찍이 한국이 청국에 예속되었던 때에도 국왕의 칭호를 써왔다. 왕의 칭호를 그대로 두고 종실의 제사를 영구히 존속시킨다면 민심을 달래는 방법이 될 것이고, 서로 응하고 정성스럽게 협동하는 정신에도 부합하는 일이다.•

주권의 핵심 내용이었던 통치권을 이양하되, 국호와 왕실을 그대로 두는 형태의 병합은 1905년 이후 대한제국 지식인들이 수용한 국가연합 이론에서도 언급되었던 형태였다. 대한제국에는 스웨덴-노르웨이 제국, 오스트리아-헝가리 제국 등의 국가연합 형태가 이미 소개되었고, 일진회 등의 정합방론자들은 이 사례를 모델로 한 '정합방'을 주장해왔었다. 국호와 황실의 존재는 대한제국의 멸망이란 충격을 완화시킬 수 있는 방법이었던 것이다. 더구나 왕과 종묘사직이 곧 국가라는 유교적 국가 의식을 갖고 있던 많은 사람들에게 황제의 존립은 일본의 식민 지배에 대한 반감을 완화시키는 방안이 될 수 있었다.

데라우치는 이완용의 제안 중 국호 문제는 양보하지 않았다. 대외적으로 독립 제국임을 선포했던 대한제국이란 국호를 존속시킬 경우, 일본 황족에 포섭된 대한제국 황실의 지위 문제가 맞아떨어지지 않기 때문이었을 것이다. 또한 한국 또는 대한제국이 국제법상 독립국이란 이미지를 갖고 있기 때문에 청의 속국인 왕조 국가란 이미지가 있는 조선이란 국호를 고집했던 것 같다. 데라우치는 대한제국 국호 사용 요구를 받아들이지 않는 대신 왕의 칭호 존속 요구를 수용했다. 데라우치와의 협상을 마친 이완용은 8월 22일 순종을 알현하고 한일병합조약에 대한 전권 위임장을 받았다. 그는 곧바로 통감부에 가서 데라우치와 회견하고 조약에 조인했다.

한편 데라우치는 이완용과의 협상 내용을 가쓰라 수상에게 보고

• 小松綠, 『朝鮮倂合之裏面』, 中外新論社, 1920, 148~149쪽.

하는 문서에서 이완용이 제안한 왕호 문제에 대한 자신의 의견을 다음과 같이 밝혔다.

단순히 왕이라는 칭호를 사용한다면 종래 사정을 고려할 때 '조선왕'이라고 하고 싶다는 희망을 제안할 위험성이 있기 때문에 저는 이왕(李王)이란 문자를 선택하여 그것을 미리 막으려고 했습니다.•

국호를 조선으로 바꾸고 순종에게 왕이란 칭호를 쓰게 한다면, 그는 당연히 '조선왕'으로 불리게 될 것이고, 그렇게 된다면 특정 국가나 지역의 대표자 또는 통치자라는 인상을 줄 수 있었다. 따라서 데라우치는 왕의 칭호 앞에 왕가의 성인 이(李)를 넣어 이를 방지하려고 했다. 가쓰라는 이 의견을 받아들여 순종을 '창덕궁 이왕', 고종을 '덕수궁 이태왕(李太王)'으로 칭하도록 수정했다. 그리고 영친왕이은(李垠)을 '왕세자'로, 고종의 형인 흥친왕 이재면(李載冕)과 고종의 서자인 의친왕 이강(李堈)은 각각 '이희공'과 '이강공'이라고 칭하게 했다. 일본 정부가 최종적으로 왕호 문제를 결정한 것은 8월 25일 가쓰라 수상이 데라우치 통감에게 보낸 전보에서였다.

그러나 순종은 이왕이란 칭호에 불만을 표했다. 병합 조칙이 발표되기 전날인 8월 28일, 순종은 궁내부대신 민병석을 데라우치 통감에게 보내 일본 측이 제시한 '왕'을 '대왕(大王)'으로 정정해줄 것을 요청했다. 이유는 일본 황실에서 황태자를 제외한 직계비속은 친왕,

• 日本國立公文書館 所藏, 『韓國併合ニ關スル發電』(1910년 3월 25일, 데라우치 통감이 가쓰라 수상에게 보낸 전보).

5세 이하는 왕이라고 불렀기 때문에 이왕이라고 할 경우 이들과 구별되지 않는다는 것이었다. 물론 이 요구는 일본 황실 전범의 규정을 핑계로 대한제국 황실이 일본 황실과 구별될 수 있도록 해달라는 요청이었다. 순종이 끝까지 황실의 지위 문제를 고집했던 점으로 미루어본다면, 협상 전 이완용과 만났을 때 고종과 순종이 끝까지 관철시키려 했던 것은 황실의 지위 문제였음이 분명해 보인다. 더구나 데라우치와의 협상에서 이완용이 관철하려 했던 것이 왕호, 즉 황제와 황실에 대한 지위 문제였다는 점을 상기해본다면 그 가능성은 더욱 높아 보인다. 결과적으로 이완용이 협상에 나서면서 고종과 순종, 그리고 황실의 지위가 일정하게 유지된 것이었다.

8월 29일 일본 천황의 이름으로 '한국을 제국에 병합하는 건'이 선포되고, 고종과 순종을 각각 덕수궁 이태왕과 창덕궁 이왕으로 책봉했다. 이에 따라 일본은 자국의 황실 전범에 없는 '왕공족(王公族)'이란 제도를 만들었고, 대한제국의 국호를 조선으로 개칭하는 칙령이 선포되었다. 또한 조선에서 시행할 법령에 관한 칙령도 선포되었다. 그리고 일본은 12월 30일 황실령에 의해 왕족과 공족의 가무(家務)를 관장하는 이왕직을 신설했다. 이왕직은 일본 황실의 사무를 담당하는 궁내부대신의 관리하에 놓여 있으면서 조선총독의 감독을 받는 특수 조직이었다.

의리와
매국 사이에서

대한제국 총리대신으로 한일병합조약에 조인했던 이완용의 행위가 역사적으로 분명한 매국 행위임은 부인할 수 없다. 또한 철저한 현실주의자로서 국가의 위기를 극복하기 위해 현실을 뛰어넘는 결단을 내릴 필요가 없다고 생각한 인물이었다는 점 또한 부인할 수 없다. 그러나 이완용이 매국 행위의 정점에 있게 된 배후로 대한제국 최고 권력자와의 관계를 거론하지 않을 수 없다.

1905년 이전의 대한제국 사회는 제국주의적 침략에 맞서기 위한 '개혁'이 중요한 화두로 떠오르던 시기였다. '개화', '문명', '자강'이란 구호의 이면에는 500년간 유지되어왔던 왕조 체제를 변화시켜야 한다는 강한 요구가 자리하고 있었다. 근대국가 사이의 외교 문제는 국내 문제와 연동되고, 동시에 국내 정치·경제·사회 구조에 의해 국가의 국제적 지위가 달라진다. 따라서 국내 '개혁'은 장기적으로 국제 사회에서 대한제국의 지위 문제와 관련될 수밖에 없었다.

일찍이 근대 주권 개념의 두 가지 의미, 즉 독립 주권과 통치권을 깨달았던 유길준 같은 개화파는 이를 쟁취하기 위해 정치 구조의 개혁이 필요함을 주장해왔다. 갑신정변과 갑오개혁은 이런 생각의 연장선에서 발생한 체제 개혁 노력이었다. 그러나 19세기 말은 제국주의의 침략 경쟁이 진행되는 시기였고, 국내 개혁 세력은 외세의 힘을 빌려 체제 개혁을 단행하려 하고 있었다. 제국주의 국가들은 이들 세력의 '개혁'을 빌미로 조선에 영향력을 확대하려고 했다.

하지만 통치자의 입장에서 보면 개혁이 갖는 위험성은 오로지 하나였다. 그것은 바로 자신의 권력이 해체될 가능성이었다. 따라서 개혁 세력에 의해서건 외세에 의해서건 권력에 위협이 되는 것은 모두 제거해야 하는 입장이었다. 개혁을 요구하는 정치 세력이 일본 등의 외세를 끌어들였듯이 통치자 역시 개혁을 무산시키기 위해 또는 외세를 제압하기 위해 외세를 끌어들였다. 청일전쟁 이후 일본 이외에 러시아, 미국, 영국 등 외세의 개입이 전에 없이 확대된 것도 국내 정치 구조와 밀접한 관련을 맺고 있었다. 고종은 정치 개혁의 요구를 차단하는 대신 경제·사회적으로 근대 제도와 문물을 도입하고, 이 과정에서 외세를 끌어들여 다른 외세를 견제하는 위험한 줄타기를 하고 있었다.

이러한 고종의 정책에 적극적으로 조응한 것이 바로 이완용이었다. 정치 구조의 변동 없이 점진적인 경제·사회 개혁을 추진해야 한다는 이완용의 생각은 큰 틀에서 고종의 생각과 부합하는 것이었다. 물론 통치자였던 고종과 정치 관료였던 이완용 간에 개혁의 폭에 대한 다소의 입장 차이는 있었지만, 유교적 소양을 가진 이완용은 왕에 대한 의리로 심각한 균열을 일으키지는 않았다. 그러나 1905년 황위를 위협받는 상황이 도래하면서 고종과 이완용 사이에는 균열이 생길 수밖에 없었다. 통치자가 느끼는 현실과 정치 관료가 느끼는 현실 사이의 괴리는 어쩔 수 없는 것이었다.

고종의 위험한 줄타기는 공식적으로 일본의 정책에 순응하면서 비공식적으로는 반일 정치 관료를 활용하여 비밀 외교를 펼치는 것이었다. 현실주의자이며 근대적 합리성을 가진 이완용은 고종의 공식적 라인이 되었다. 일본이 받아들일 수 있는 공식적인 협상 파트너로서 손색없는 경력과 연륜을 갖고 있었기 때문에 고종 역시 어쩔 수 없이 이를 받아들일 수밖에 없었다. 반면 의기가 넘치는 이용익, 이범진 등은 고종의 비공식적 라인이 되어, 고종의 비밀 외교에 중추적인 역할을 했다. 이완용이 고종의 위험한 줄타기를 모를 리는 없었을 것이다.

그는 오랫동안 고종과 친밀한 관계를 형성해온 터라 을사조약 체결 때 고종의 고민을 꿰뚫어볼 수 있었다. 또한 1907년 고종에게 닥친 위기가 황실 최악의 파국으로 치닫지 않도록 하는 결단을 내렸다. 그리고 한일병합조약에서도 고종과 순종이 요구했던 왕의 지위를 얻어내는 데에 한몫을 했다. 비록 고종과 순종이 요구한 그대로는 아니었지만, 왕의 호칭과 그에 맞는 대우를 얻어낸 것은 이완용의 고종에 대한 의리에서 비롯된 것이었다.

다른 한편 이완용이 매국 행위의 정점에 자리하게 된 배후에는 철저한 현실주의와 실용주의적인 인생철학이 있었다. 그는 유교 교육을 통해 의리와 명분의 중요성을 알고 있었지만, 현실과 개인의 관계에 있어서는 매우 실용적인 생각을 갖고 있었다. 처음 관료가 되어 고종과의 경연에서 조괄을 등용한 조나라 왕의 선택에 대해 어쩔 수 없는 것이었음을 피력했던 점, 그리고 을사조약과 한일병합조약 체결 때 대세를 어찌할 수 없다는 발언을 했던 점 등을 미루어볼 때 그는 역시 철저한 현실주의자였다. 그러면서 그는 그 현실 가운데서 모든 것을 포기하기보다는 최대한 또는 최소한 얻을 수 있는 것을 생각하는 실용주의적 면모를 갖고 있었다. 을사조약을 맺을 것이라면 수정할 수 있는 것을 요구해야 하고, 한일병합조약을 체결할 것이라면 얻을 수 있는 것을 얻어내야 한다는 것이 그의 생각이었다.

그는 한일병합조약에 조인하면서 데라우치에게 세 가지 조건을 내걸었다. 첫째로 민심이 불복하지 않도록 인민의 생활 방도에 힘쓸 것, 둘째로 황실에 대한 대우가 민심을 움직이는 변수가 되므로 이들을 후하게 대우할 것, 셋째로 조선인이 일본인에 비해 열등한 지위에 떨어지지 않도록 교육에 관한 행정기관을 설치하여 일본인과 동일한 교육을 실시할 것 등이었다. 병합 조건으로 내건 세 가지는 평소 그가 나라의 발전을 위해 필요하다고 생각했던 교육과 경제 문제였다. 그는 주권이 없더라도 황실과 대한제국민이 편안하다면 그것이 더 나은 선택이라고 보았다. 명분, 대의, 정의보다는 실리를 추구하는 근대 실용주의적 사고를 갖고 있었다.

7장

권력의 정점에서
지탄의 절정으로

병합의 회오리 속에서
조선 상류층의 버팀목이 되다

1910년 8월 29일 한일병합이 선언된 후 이완용은 국사범, 정치범 등에 대해 사면령을 내렸다. 그리고 9월 10일 병합에 따라 대한제국 내각의 인장과 업무를 총독부로 이관하고 내각 관료들에게 은사금(恩賜金)과 사령서를 교부했다. 그 자리에서 이완용은 시세가 이미 어쩔 수 없으므로 관직에서 물러난다고 하면서 관료들에게 살아갈 방도를 찾고 실력을 양성할 것을 당부했다. 또한 이완용의 조카이자 비서관이었던 김명수의 주도하에 대한제국 정부 문서에 대한 폐기와 이관이 이루어졌다. 9월 한 달 내내 대한제국 정부의 해체가 진행되었다.

그리고 10월 1일 이완용은 중추원 고문이 되었다. 일본은 고위급 한인 관료를 회유하기 위해 총독부의 자문기관으로 중추원을 존속시켰다. 중추원 의장으로는 통감부 정무총감을 지낸 야마가타 이사부로가, 부의장에는 김윤식이 임명되었다. 1910년 10월 7일, 일본은 왕족, 병합에 공로가 있는 사람, 그리고 대한제국 고위 관료 등에게 귀족 작위를 수여했다. 조선귀족의 탄생은 1910년 8월 29일 천황의 병합 조칙에 이어 황실령으로 공포된 '조선귀족령'에 의한 것이었다. 이때 작위를 받은 사람은 모두 76명으로 후작 6명, 백작 3명, 자작 22명, 남작 45명이었다. 후작은 주로 왕가의 친인척으로 철종의 사위였던 박영효는 후작 작위를 받았다. 이완용은 백작 작위와 함께 15만 원의 은사공채(恩賜公債)를 받았고, 3·1운동이 진압된 후인 1920년 12월에 후작으로 승격되었다. 왕가의 친인척이 아닌 이완용, 이지용 등이 백작에 오른 것은 병합 과정에서의 공로가 인정된 것이었으며, 이어 이완용이 조선귀족으로는 유일하게 후작으로 승격된 것은 3·1운동 진압의 공로 때문이었다.

작위를 받은 76명 중 김석진(金奭鎭, 1847~1910)은 작위 수여를 거부하고 자결했으며, 대원군의 사위였던 조정구(趙鼎九, 1862~1926)는 작위 수여를 비관해 자살을 시도했으나 실패하고 승려가 되었다. 또한 을사조약 체결에 반대했던 한규설을 포함하여 민영달(閔泳達, 1859~1924) 등 5명은 작위를 거절했다. 유길준 또한 데라우치 총독에게 편지를 보내 평민으로 여생을 살게 해달라고 간청하며 작위를 반납했다.

의리와 명분을 중시했던 양반 중에는 작위를 받고 귀족이 되는 것을 치욕스럽게 여겼기에 이를 거부하고 자살하는 이들도 있었다. 이에 대해 당시 총독부 기관지였던 『매일신보』에서는 "과거 시대와 같은 권위가 없어졌음을 비관한 것이거나 사직상소를 제출하던 구습을 버리지 못하고 거짓으로 명예를 취하는 것"이라고 비난하기도 했다. 작위 거절과 반납으로 인해 실제로 작위를 받은 사람은 모두 68명이었다.

조선귀족은 일본 황실과 화족에 준하는 대우를 받았다. 물론 조선 총독의 강력한 감독하에 놓여 있었으며, 귀족원령의 개정 심의권과 황후 책봉 및 황족과의 결혼 자격 등이 제한되기는 했지만, 작위 세습, 귀족가범의 제정, 착복 착용, 상속, 학습원 입학 등에서는 일본 화족과 동일한 대우를 받았다.

일본은 조선귀족을 일본 당국의 정책에 적극적으로 협력하고 식민 통치에 순응할 수 있는 조선인의 모범으로 삼으려고 했다. 따라서 조선귀족들은 조선의 최상층으로서 조선 인민을 회유하고 내선일체와 황국 식민화를 위한 다양한 실천과 활동을 요구받았다. 이러한 실천의 첫 단추는 1910년 11월 이완용을 비롯하여 백작 이지용, 자작 조중응, 남작 조민희 등의 부인 30여 명이 조선귀족관광단을 조직하여 일본을 시찰하면서 끼워졌다. 이는 한일병합이 조선을 일본과 같이 발전시키는 것이라는 일본의 주장을 적극적으로 홍보하기 위한 것이었다.

후작 박영효도 이러한 정책에 부합하기 위해 일본화족회를 모델로 하는 '조선귀족회' 조직을 주도했다. 1911년 9월에 결성된 조선귀족회는 일본의 지배 정책을 지원하는 다양한 활동을 전개했다. 우선 조선보식원조합(朝鮮普植園組合)을 설립한 후 전국의 임야 불하 과정에 참여하여 이익을 얻는 한편, 대정친목회 등의 단체를 결성해 조선인 자본가 상층을 결집시키고 일본의 지배 정책을 지원·선전하는 활동을 펼쳤다. 나아가 일본인과의 친목을 도모하고 이를 과시함으로써 상층 한인들이 총독부의 지배에 적극 동조하면서 일본인과 인맥을 형성할 수 있는 발판을 마련하는 역할을 했다. 조선귀족회를 중심으로 진행된 친일 활동의 정점에는 박영효와 함께 이완용이 있었다.

1907년 고종의 폐위 문제를 둘러싸고 대립했던 이완용과 박영효는 조선귀족회의 활동 과정에서 친밀한 관계로 돌아섰다. 박영효는 오랜 망명 생활로 국내 정치 기반이 약했지만, 고종의 폐위를 반대했던 전력으로 인해 조선인에게 이미지가 그리 나쁘지 않았다. 이완용은 을사조약 이후 '매국'의 상징으로 송병준과 나란히 비교될 정도로 세간의 혹평을 받고 있었지만, 정치 기반이 탄탄했고 전직 고위 관료들과도 두터운 인맥을 형성하고 있었다. 더구나 1912년 자진 사퇴한 김윤식의 뒤를 이어 중추원 부의장이 되면서 조선인으로서는 최고의 관직에 오르게 되었다. 조선귀족원 의장 박영효와 중추원 부의장 이완용을 구심으로 조선귀족을 포함한 조선인 상층의 결집이 다시 시작되고 있었다.

한일병합 당시 양반의 생계 문제를 걱정했던 이완용은 박영효와 함께 관직에서 물러난 양반의 생계 지원을 논의하는 일에도 열심이었다. 1911년 이완용은 역둔토(驛屯土) 300만 평을 개간한 후 그 수입으로 곤궁한 양반을 구제할 것을 허가해달라고 데라우치 총독에게 요청하기도 했다.

이를 시작으로 그는 생활고에 빠진 귀족들을 돕는 데 앞장섰다. 귀족에게 지급된 은사금이 공채로 발급되었고 그 이자도 그리 높지 않아서 관직에서 물러난 조선귀족 중 상당수는 경제적으로 어려운 상태였다. 이에 이완용은 하세가와 총독에게 자주 이들의 생활고를 구제해줄 것을 간청했다. 예를 들어 1919년에는 이완용의 부탁을 받은 하세가와 총독이 남작 박기양(朴箕陽, 1856~1932) 등 9인에게 역둔토 1만 5천 평씩을 대부하고 임대료를 반값으로 감해주는 조치를 취하기도 했다.

이완용은 총독부의 경제 정책이 평소 자신이 생각했던 실력 양성 방향과 부합한다고 생각했기 때문에 생산력을 확충하려는 총독부의 사업에 적극적으로 협력했다. 총독부는 15만 평 이상을 소유한 지주들을 결집한 후 농업생산력을 제고하는 한편 개량 사업을 지원하여 식민 정책에 협력하기 위한 목적으로 농사장려회를 결성했다. 이완용은 1912년 농사장려회 회장 자격으로 경기도청 농사장려회 행사에 참석해 총독부의 정책에 부응하여 대지주들이 적극적으로 농업 개량에 나서줄 것을 요청하는 연설을 하기도 했다. 이어서 그는 1915년 총독부가 결성한 조선농회 회두(會頭)가 되어 농업 개량 정책을 적극 선전하기도 했다.

이완용은 경제 분야에서 조선인 지주와 자본가를 결집하고 총독부의 정책에 대한 그들의 협력을 이끌어내는 데 한몫을 담당하고 있었다. 그는 1921년 총독부가 조선의 산업 현황을 조사하기 위해 조직한 산업조사위원회 위원이 되었으며, 1924년에는 일본 자본주의의 아버지라고 불렸던 시부사와 에이이치(澁澤榮一)의 후원 아래 조선인 자본가들이 중심이 되어 결성한 동민회(同民會)의 고문이 되었다. 이완용의 이러한 활동은 두 가지 효과를 가져왔다. 총독의 입장에서는 총독부 정책에 협력하는 조선인 상층을 결집시킬 수 있는 방법이었으며, 조선인 지주와 자본가의 입장에서는 경제적 지원을 위해 총독부뿐만 아니라 일본 정계에도 영향력을 미칠 수 있는 이완용의 인맥 덕을 볼 수 있는 것이었다.

이런 상황은 조선 왕실도 마찬가지였을 것이다. 한일병합과 함께 조선 왕실의 사무를 담당하는 이왕직이 만들어졌다. 이왕직은 일본 황실의 사무를 담당하는 궁내부의 관리하에 놓인 조직으로 사실상 총독부로부터 독립적인 기구였다. 그러나 이왕직에 대한 감독권을 총독이 갖고 있었기 때문에 이왕직 장관과 그 운영은 총독에 의해 좌우되었다.

그런데 데라우치, 하세가와, 사이토 총독은 이왕직 장관의 추천뿐만 아니라 운영에 대해서도 전적으로 이완용의 의견에 의존했다. 당시 이왕직 실무를 맡고 있던 윤덕영은 이왕직 사무에 대한 이완용의 개입을 무척 싫어했다. 이왕직의 장관에서 사무관급까지 이완용의 사람들로 채워지고 있었고, 총독이 이완용의 의견을 전적으로 신뢰하고 있었기 때문에, 이왕직 직원들은 윤덕영의 의견보다는 이완용의 의견에 더 촉각을 세웠다. 한 예로, 고종의 탈상이 끝나서 그 신주를 태묘(太廟)에 모시는 예식을 치를 때 비문에 새길 연호 문제로 순종과 일본 궁내부 간에 마찰이 생겼고, 이로 인해 이왕직 장관인 이재극이 경질되었다. 그 후임 문제가 거론되었을 때 사이토 총독은 일본 출장에 앞서 정무총감 아리요시 추이치(有吉忠一)에게 후임 장관 추천을 이완용에게 일임하도록 했다. 이완용은 이때 자신의 살림꾼으로 알려졌던 민영기를 추천했고, 1923년 그는 네 번째 이왕직 장관에 임명되었다.

물론 이완용은 한일병합 이전부터 고종, 순종과 매우 두터운 신뢰 관계를 유지하고 있었다. 병합 협상에 이완용을 앉히려 했던 점에서도 볼 수 있듯이 고종과 순종은 그를 신뢰했다. 그래서 1911년 엄비가 사망했을 때 이완용을 엄비의 장례식 고문으로 임명했다. 이완용도 이러한 신뢰에 보답했다. 그는 친모인 엄비의 장례식에 참석하는 영친왕을 직접 부산에 내려가서 맞이했다. 이토가 영친왕의 대사(大師)였고 이완용이 소사(小師)였기 때문이기도 하지만, 왕실에 대한 이완용의 대우는 항상 각별했다. 그는 직접 지관을 데리고 홍릉에 가서 엄비의 장지를 조사했고, 엄비의 궁호를 직접 썼으며, 영친왕을 홍릉까지 수행하기도 했다.

그는 크고 작은 왕실의 일로, 또 문안 인사 등으로 자주 고종과 순종을 알현했다. 표범을 박제하여 순종에게 선물하기도 하고, 순종은 그 답례로 은으로 만든 커피 기구를 하사하기도 했다. 이완용과의 관계가 각별하기도 했지만, 왕가의 사무를 담당하는 이왕직에 대한 그의 영향력을 고려한다면 고종과 순종이 그를 후하게 대접하지 않을 수 없었다.

예전에 이재명의 칼에 찔려 병원에 입원했을 때도 시종에게 위로금을 들려 보내 안부를 물었던 고종과 순종은 이완용의 딸 결혼식 때, 그리고 이완용과 이완용 부인의 회갑 때 축하금과 잔치 비용으로 큰돈을 하사했다. 이완용의 장손 이병길(李丙吉, 1905~1950)이 결혼할 때도 순종은 결혼 선물로 금시계, 금비녀, 금반지 그리고 비단 2필을 하사했다.

일본에 유학 중이던 영친왕과 이토 히로부미. 대외 홍보를 목적으로 영친왕이 일본식 복장을 갖추고서 촬영한 사진이다.

일본인과의 인맥 형성을 통해 구가한
화려한 시절

이완용은 그의 인생에서 가장 여유로운 시간을 보내고 있었다. 총독과 정무총감이 개최하는 만찬에 참석하는 일은 일상이 되었고, 그곳에서 많은 일본인들과 교제했다. 1912년 이완용은 조선인과 일본인 문사의 친목 도모를 위해 결성된 이문회(以文會)의 발기인이 되었다. 오랜 일본 생활로 일본 상류층과 폭넓은 인맥을 형성하고 있던 의친왕 이강이 그를 이문회의 회원으로 추천했다. 이완용의 시와 글솜씨를 높이 평가했기 때문이었다. 그는 박제순에 이어 1916년 이문회의 회두가 되었다.

일본에 가는 일도 전에 없이 잦아졌다. 1911년 10월 메이지(明治) 천황의 생일 축하 행사에 그는 조선귀족 대표로 참석했다. 다음 해 1월에는 요양을 위해 일본의 벳푸 온천에서 두 달 간 머물렀다. 벳푸 경찰서장이 직접 부근 관광지를 안내하는 등 그는 융숭한 대접을 받았다. 그해 7월에는 메이지 천황이 위독하다는 소식을 듣고 귀족 대표로 문안을 갔다. 그리고 메이지 천황의 장례가 끝날 때까지 두 달 동안 일본에 머물렀다.

1913년 4월에는 메이지 천황에 이어 즉위한 다이쇼(大正) 천황에게 문안 인사를 하기 위해 도쿄를 방문했는데, 천황은 그에게 여행 동안 불편한 점이 없었는지를 묻고 포도주를 하사했다. 포도주를 가지고 귀국한 이완용은 귀족들을 모아놓고 포도주를 나눠 마시며 천황을 위해 만세 삼창을 부르기도 했다. 쉽게 흥분하지 않는 이완용의 성격으로 미루어볼 때, 그는 이 일로 상당히 감격에 도취되었던 듯하다. 이완용은 일본을 자주 왕래하면서 교제 범위도 넓혔다. 백작 신분 덕분에 일본 귀족원 회원들과 만날 수 있는 기회도 잦았다.

유년 시절 필법을 배웠던 이완용은 전라북도 관찰사로 있을 때도 능의 사액(賜額)을 쓰라는 고종의 명을 받을 정도로 글씨를 잘 썼다. 시와 글씨를 즐겼던 이완용은 전국을 유람할 때도 늘 시를 짓고 글씨를 쓰는 양반의 풍류를 즐겼다.

그의 시와 글씨는 국내뿐만 아니라 일본에서도 널리 인정받았다. 평양의 언문 신문인 『휘광일신(輝光日新)』 창간 때는 주간이 그에게 사자액을 청탁하기도 했고, 마쓰이 기요시(松井清)와 오쓰 아쓰시(大津淳) 등의 일본인은 가문 행사를 위해 이완용에게 축시와 글씨를 부탁하곤 했다. 또한 서화미술원의 시회에 참석하여 시를 짓기도 했고, 1922년 최초로 열린 조선미술전람회 심사위원으로 서예 부문 심사를 맡기도 했다. 그는 사망할 때까지 이 전람회의 서예 부문 주임으로 활동했다.

그의 글씨 솜씨는 일본 천황에게도 알려졌다. 1913년 10월, 다이쇼 천황은 이완용의 필법을 보고 싶다면서 그에게 휘호를 써 보내라고 했다. 데라우치 통감이 천황에게 보낼 글씨를 받기 위해 비단 한 필을 그에게 보냈다. 이완용은 거기에 천황의 통치를 찬양하는 14자의 시를 적어 보냈다. '未離海底千山暗 及到天中萬國明(바닷속을 벗어나지 못해 온 세상이 캄캄했는데 하늘 가운데 이르러 온 세상이 밝아졌네)'이라는 시는 천황의 통치를 입어 세상이 밝아졌다는 의미를 담고 있었다.

그는 자신의 재주를 알아봐주는 일본인과 교제하는 즐거움을 만

이완용이 다이쇼 천황에게 보낸 휘호. 그는 일본을 떠오르는 해에 비유한 14자의 시를 비단에 적어 보냈다.

끽하고 있었다. 총독을 비롯해서 총독부 고위 관료들이 일본으로 돌아갈 때면 시를 지어 화병 등의 선물과 함께 보내는 일을 잊지 않았다. 특히 1916년 데라우치 통감이 일본 총리대신이 되어 조선을 떠날 때는 호랑이 가죽과 표범 가죽을 비롯해 자신의 시와 글씨를 담은 병풍 한 폭을 선물했다.

일본인들은 이완용을 통해 조선 양반의 교제 문화를 접했고, 교양 있는 그의 언행을 무척 좋아했다. 이러한 탓이었는지 한일병합 이후 그와 친분을 쌓았던 일본인 중에는 조선총독부와 일본 정계의 거물급들이 많았다. 우선 조선에서 활동한 일본인으로는 1대 총독 데라우치와 3대 총독 사이토를 비롯하여 조선총독부 정무총감을 지낸 미즈노 렌타로(水野鍊太郎), 조선총독부 농상공부 장관과 동양척식주식회사 총재를 지낸 이시즈카 에조(石塚英臧), 서울에서 발간된 일본어 신문인 『경성일보』의 사장 소에지마 미치마사(副島道正) 백작, 그리고 1910년 조선토지조사사업을 주도했던 조사국 부총재 다와라 마고이치(俵孫一)와 조사국 서기관으로 1920년 『조선토지지세제도 조사보고서』를 펴낸 와다 이치로(和田一郞), 그리고 이왕직 장관이었던 시노다 지사쿠(篠田治策) 등이 있었다. 데라우치는 1918년까지 일본의 18대 내각 총리대신을 지냈고, 미즈노 렌타로는 그 밑에서 내무대신으로 일했다. 이시츠카 에조는 니치에이수력전기 사장을 지낸 재계의 영향력 있는 인물이었고, 와다 이치로는 1925년에 조선상업은행 은행장이 되었다. 시노다 지사쿠는 이후 경성제국대학 총장이 되었다.

한편 조선에서 활동하지는 않았지만, 이완용의 신중한 언행과 결단력 그리고 정세를 읽는 능력을 높이 평가하면서 친분을 쌓았던 일본 정계의 거물급도 있었다. 한일병합 직전 가쓰라 내각에서 대장대신을 지낸 와카쓰키 레이지로(若槻禮次郞)는 1924년 가토 내각에서 내무대신을 지낸 후 1926년 일본 내각 총리대신이 된 인물이며, 육군대신으로 귀족원 의원이었던 남작 다나카 기이치(田中義一) 역시 1927년에 내각 총리대신이 된 인물이었다. 이들은 모두 이완용과 호의적인 관계를 맺었던 일본의 거물급 인사이다.

대한제국의 총리대신이면서 황실의 인척을 제외하면 최고 작위를 받았던 백작 이완용의 인맥은 조선총독과 총독부 고위 관료뿐만 아니라 일본의 재계와 학계, 정계의 거물급에까지 미치고 있었다. 이들은 식민지 조선에서 이완용이 영향력을 행사할 수 있게 하는 힘이 되어주었고, 고종과 순종 그리고 이왕직을 둘러싼 조선귀족과 상류층이 이완용을 필요로 하는 이유였다.

격렬한 저항 운동의 발발,
내선융화의 논리가 강고해지다

1905년 을사조약과 1910년 한일병합조약 체결을 주도하면서 이완용은 독립협회 시절 문명화된 독립국을 만들자는 꿈을 포기한다. 일본의 제국주의적 성장과 대비해볼 때 대한제국은 스스로의 힘으로 문명국이 되기 위한 개혁을 성공시킬 수 없다는 판단 때문이었다. 이완용은 대한제국의 주권을 포기하는 대신 조선 인민이 문명화된 사회에 살게 된다면 그것이 실리를 얻은 것이라고 생각했다. 한일병합 이후 그가 농업 개량과 개간 사업을 진작하기 위해 노력한 것을 보면, 이러한 생각은 단지 자신이 누리는 영화를 합리화하기 위한 논리라고 보기 어렵다.

그러나 식민지 조선의 상황은 그의 생각대로 진행되지 않았다. 그는 총독부가 시행한 농업 개량, 도로 정비, 교육 시설 확대 등의 정책에 대해서는 조선인의 실력을 양성하는 것이라고 보았고, 그래서 이들 시책을 선전하는 데 적극 앞장섰다. 그러나 조선에 거주하는 일본인이 조선인을 차별하고 무시하는 언행을 일삼는 것은 몹시 싫어했다. 한 예로 3·1운동 기간에 부임한 3대 총독 사이토에게 이완용은 "조선인이 비록 문명인은 아니지만, 미국인은 그런 조선인을 마음속으로 개나 돼지처럼 생각하더라도 겉으로는 친절하게 대하는데 일본인은 조선인을 직접적으로 멸시한다. 조선인이 일본인을 배척하는 것이 아니라 일본인이 조선인을 무시하는데 어떻게 진정한 내선융화가 이루어질 수 있겠는가"라고 말했다. 주미공사로 재임했을 때의 경험을 들어 일본인보다 문명인인 미국인도 겉으로는 조선인을 무시하지 않는데 하물며 일본인이 그런 행동을 하는 것은 참을 수 없는 일이라고 비난한 것이다.

　일본인이 조선인을 멸시하는 현실을 알고 있었던 탓인지, 이완용은 조선과 일본의 '진정한' 통합을 위해 영친왕 이은과 메이지 천황의 조카인 나시모토미야 모리마사(梨本宮守正) 친왕의 딸 마사코(方子)의 결혼에 적극적으로 나섰다. 일본 황실에서 처음 결혼 이야기를 꺼낸 것은 1915년 10월경이었다. 이를 둘러싼 많은 비사들이 있다. 결혼을 추진한 것은 이토가 통감으로 있을 때 조선 문제를 두고 대립했던 공작 야마가타 아리모토란 설이 있고, 어린 마사코가 임신할 수 없다는 진단을 받고서 그의 아버지 모리마사 친왕이 총독에게 결혼을 의뢰했다는 설도 있다. 여하튼 이 결혼은 한일병합 이후 일본이 내걸었던 내선일체를 선전하기 위한 정략결혼이었다. 1916년 이은과 마사코는 약혼했고, 1918년 신랑 집에서 신부 집에 혼인을 구하는 납채(納采) 의식을 거행한 후 다음 해 1월 25일에 결혼을 결정했다.

　이완용은 이들의 결혼식에 참석하기 위해 1919년 1월 21일 도쿄에 도착하여 시마야 여관에 투숙했다. 이때 고종이 위독하다는 전보를 받은 그는 하세가와 총독과 고종의 장례 문제를 의논했다. 하세가와는 일본 궁내부에서 모든 일을 준비할 것이라고 했다. 그런데 그때 총독부 정무총감으로부터 조중응 등 귀족들의 의견이 전해졌다. 조중응 등은 이은의 결혼식이 나흘밖에 남지 않았으니 고종의 국장 선포를 연기하고 결혼을 끝내는 것이 좋을 것 같다고 했다. 이

영친왕과 마사코의 결혼 소식을 알리는
『아사히신문』 1916년 8월 3일자 기사(위).
이들의 결혼은 한국뿐만 아니라 일본에서
도 큰 이슈가 되었다. 아래는 영친왕과 마
사코의 결혼식 사진이다.

에 이완용은 "전례에 국장 선포를 하루 이틀 미룬 것은 후계가 결정되지 않았을 때뿐, 왕족의 결혼으로 국장 선포를 미룬 적은 없었다"라고 하면서 이들의 제안을 일언지하에 거절하고, 고종의 1년 탈상이 끝난 후에 결혼식을 거행할 뜻을 하세가와 총독에게 전했다. 유교적 예법을 중시했던 이완용이 조중응 등의 제안을 거절한 것은 당연한 일이었다. 이완용은 다음 날 귀국을 결정했고, 이은과 함께 열차로 시모노세키로 가는 도중 국장이 선포되었다는 소식을 들었다.

고종의 국장은 일본 궁내부의 주관 아래 진행되었다. 장의 사무소가 도쿄의 궁성 안 내각에 설치되었고, 총독부 중추원에 분실이 마련되었다. 정무총감이 장의괘장을, 이완용이 괘차장을 맡았다. 장례는 조선의 국장으로 치러졌고, 실질적인 책임은 이완용이 맡았다. 평소 고종에게 충성을 다했던 그는 고종의 일대기를 기록한 행장과 치적을 적은 시책문을 직접 썼다. 김명수는 이완용이 고종에 대해 어떻게 생각하고 있었는지를 다음과 같이 증언했다.

임금을 섬김에 존경과 예의를 잃은 적이 없었고, 임금의 뜻에 순종하되 결코 요행을 바라지 않았다. (……) 혹 시세의 흐름으로 (이완용의) 힘이 미치지 못하여 어쩔 수 없었던 것이 있었지만, 그 외에는 사정이 허락하는 한 조금도 자신을 돌보지 않고 충심을 다하여 늘 (임금과) 근심을 같이 할 것을 다짐했다.

• 김명수 편, 『일당기사』, 일당기사출판소, 1927, 785쪽.

UPA 한국 특파원이던 앨버트 테일러(Albert Taylor)가 1919년 3월 3일 촬영한 고종 황제의 국장 행렬. 대나무를 엮어 종이를 붙여 만든 죽안마(竹鞍馬)는 장례 행렬을 이끄는 의장품으로 왕과 왕비의 국장 행렬에만 사용된다.

이완용을 늘 옆에서 지켜봤던 김명수의 이 말은 단지 미사여구만은 아니다. 을사조약과 정미7조약 때 "시세의 흐름으로 힘이 미치지 못하여 어쩔 수 없었던" 적이 있었지만, 그때에도 이완용은 고종의 권한과 지위를 위해 황실의 보존과 안녕에 대한 약속을 얻어냈다.

3·1운동이 일어나서 서울을 비롯한 전국에 시위가 번져갔다. 이때 이완용은 장례 이후 진행된 제사에 계속 참석하고 있었다. 시위가 점점 확대되자 이완용은 3월 9일 천주교 주임 정광조(鄭廣朝, 1883~1951)를 불러들여 시위를 진정시키는 데 앞장설 것을 권했다.

이완용은 3·1운동에 대해 경찰과 헌병이 사람들을 잡아 가두고 상해를 입히는 참혹한 일이 벌어졌다고 하면서 그 원인이 무지한 청년배들이 제멋대로 소요를 일으켰기 때문이라고 한탄했다. 그러던 중

자작 김윤식과 이용직이 총독과 일본 정부에 독립청원서를 제출하여 체포되는 사건이 발생했다. 이완용은 이 일을 듣고 "조선 민족이 소멸할 운"이라고 한탄하면서 하세가와 총독을 방문하여 그들의 행위가 시위에 영향을 미치지 않도록 하겠다고 약속하고, 경학원에 통지하여 각 도의 경학원 강사들에게 경거망동하지 말 것을 지시했다.

경학원은 1911년 성균관이 폐지된 후 천황의 하사금으로 설립된 총독부의 유교 교육기관이었다. 경학원 사성(司成)이었던 이인직과 경학원 강사들은 각 도 유생들을 상대로 천황의 통치와 총독부의 정책을 찬양하는 연설을 하고 글을 써서 일본의 식민 지배를 안정화하는 데 일조하고 있었다. 그런데 경학원 대제학이었던 김윤식이 독립청원을 제출했기 때문에 이 일이 지방의 유생들에게 영향을 미칠지도 모른다는 판단 아래 경학원 강사들을 먼저 단속한 것이었다.

이완용은 시위를 진정시키기 위해 천도교와 유교 등 종교계 인사들을 동원하여 설득했지만, 시위는 더욱 확산되어갔다. 3월 26일, 수백 명의 시위대는 이완용의 저택을 습격하여 돌팔매질을 해댔다. 시위대의 격렬한 행동을 직접 경험한 이완용은 4월 2일 첫 번째 경고문을 발표했다. 지각없는 어린아이들의 헛소리를 믿고 지방의 인민들이 부화뇌동하고 있다고 하면서 총독부가 더 이상 관대하게 대하지 않을 것이며 더 이상의 사상자가 발생하여 후회하는 일이 없도록 하루빨리 생업으로 돌아가라는 내용이었다. 이 경고문은 향후 총독부가 강경하게 진압할 것임을 알리면서 시위를 멈출 것을 종용하는 협박문에 가까웠다.

물론 이완용만이 3·1운동을 진정시키기 위해 언론 활동을 한 것은 아니었다. 이에 앞서 3월 8일자 『매일신보』에는 소요 사태를 바라보는 윤치호의 인터뷰 기사가 실렸는데, 이때 그는 조선의 독립이 현 상태에서는 불가능하며, 설사 독립이 된다 하더라도 독립을 유지할 역량이 결여되어 있다고 주장했다. 윤치호는 1차 세계대전의 처리 문제로 열린 파리강화회의에 조선 문제가 상정되기 어렵다는 판단을 하고 있었다. 윌슨의 민족자결주의는 패전국 식민지에 해당하는 내용으로 승전국 일본의 식민지였던 조선 문제와는 무관하다는 점을 알고 있었던 것이다. 따라서 그는 미국이 조선의 독립을 지원하지 않을 것이며, 세계는 여전히 우승열패의 시대이기 때문에 조선의 독립을 위해서는 우선 실력을 양성해야 한다는 논리를 폈다. 윤치호의 인터뷰 내용은 조선인들에게 상당한 충격이었다. 독립협회 회장이었으며, 신민회에 가담해 체포되기도 했고, 조선기독교중앙청년회의 지도자로 조선인 사이에서 명망가로 알려진 그가 3·1운동에 반대하는 입장을 표명했기 때문이었다.

3월 10일에는 순종, 이강, 이재면이 "폭동에 대해 심각하게 우려"하고 있으며 "폭민들이 자신의 이익을 위해 이왕가(李王家)를 희생시킨다고 크게 분개"했다고 하면서 "세 전하께서는 일본과 일본 황실에 의지하려고 생각하고 계신다"는 이왕직 차관 고쿠분 쇼타로의 성명서가 발표되기도 했다. 또한 총독부의 통치가 조선인을 위한 것이란 주장도 제기되었다. 3월 11일부터 19일 동안 고양군수 민원식(閔元植, 1887~1921)이 『매일신보』에 「선각자의 분려를 망함」이란 논설을 발표했다. 그는 총독부의 통치로 조선이 비로소 법치주의와 문명화 과정에 들어섰다고 하면서 일본인이 조선인을 차별하는 것은 경제력과 학력에서 조선인이 뒤져 있기 때문에 생긴 자연스러운 현상이라고 주장했다. 그래서 조선인이 이러한 차별 대우를 받지 않기 위해선 실력을 양성해야 한다는 것이었다. 민원식은 1908년 이지용과 함께 친일 단체인 대한실업협회를 조직하고 적극적으로 친일에 나서서 관료계의 거두로 알려진 인물이었다.

조선인 명망가를 동원해 시위를 진정시키려 했던 총독부의 술책이 먹혀들지 않은 채 시위가 격화되어가자 총독부의 움직임을 누구보다 잘 알고 있던 이완용은 첫 번째 경고문을 발표하여 총독부의 강경 진압을 예고하면서 시위 군중을 협박하는 상황까지 벌어진다. 이 경고문은 시위가 최고조에 이른 시점에 발표된 것인 만큼『매일신보』에 머리기사로 실렸다.

그러나 경고문의 발표에도 불구하고 시위는 오히려 더 격렬해졌다. 4월 1일부터 5일 동안 전국 189곳에서 만세 시위가 발생하여 거의 내란에 가까운 상태였다. 결국 총독부는 강경 진압을 위해 추가파병을 결정했고, 그와 동시에 이완용은 4월 9일 두 번째 경고문을 발표한다.『매일신보』에는 총독부의 강경 진압 결정을 알리는 기사와 함께 이완용의 경고문이 실렸다. 이때 이완용은 조선 인민에게 닥칠 위험을 알려줄 목적으로 이 글을 썼다고 했다.

그러나 이완용의 경고문은 시위대를 진정시키는 데 별다른 효과를 보지 못했다. 매국노로 지탄받고 있는 이완용의 말에 귀 기울일 사람들은 아예 시위에 참여하지 않았기 때문이다. 이완용은 시위가 점차 수그러든 5월 29일에 세 번째 경고문을 발표한다. 이 경고문은 앞선 두 차례의 경고문과는 그 내용이 사뭇 달랐다. 시위 재발을 방

당시 신문에는 매국노로 낙인찍힌 이완용에 대한 비난 기사나 만평이 실리곤 했다. 이완용이 며느리와 정을 통하고 있다는 풍문이 나돌았는데, 이 소문을 빗댄 만평이 『대한민보』 1909년 7월 25일자에 실렸다. 만평의 글은 원래 '임이완용(任爾頑傭) 자부상피(自斧傷皮)', 즉 재주 없는 품팔이꾼에게 일을 맡겼더니 자기 도끼에 상처를 입었다는 뜻이다. 그러나 한자를 달리하면 '자부상피(子婦相避)', 즉 며느리와 근친상간을 했다는 뜻이 된다.

지할 목적이었는지 세 번째 경고문은 그전 두 경고문에서의 협박성 내용과 달리 조선의 발전 방향을 제시하는 내용으로 채워졌다. 이 글에서 이완용은 한일병합이 동양의 국제 정세에서 조선 민족이 살 수 있는 길이기 때문에 독립을 주장하는 자들은 오히려 조선 민족을 멸망시키고 동양의 평화를 파괴하는 적이라는 주장을 편다. 그리고 현재 조선인이 차별 대우를 받는 것은 조선인이 일본인에 비해 문명화되지 못했기 때문이며, 앞으로 일본과 동등한 수준으로 문명화된다면 차별은 사라질 것이라고 밝혔다.

  총독부는 강경 진압과 회유라는 두 가지 술책으로 3·1운동을 진정시키려 했고, 이에 부응하여 이완용을 비롯한 귀족과 친일 관료, 그리고 유교·기독교·시천교 등의 종교계 인사들은 독립이 실현 불가능하기 때문에 일본의 지배 아래에서 실력을 양성하고 조선인의 권리를 보장받아야 한다는 논리를 전개했다. 그리고 3·1운동을 진정시킬 수 있는 대책을 총독부에 건의하기도 했다. 윤효정(尹孝定, 1858~1939), 김명준(金明濬, 1870~?), 고희준 등 30여 명은 적극적으로 시위대에 대한 경고문을 발표하고 총독부에 사태를 진정시킬 수 있는 방법을 청원했다. 이들이 제시한 방법은 일본의 내선융화 정책에 적극적으로 협력하는 대신 지방행정 제도를 일본과 동일하게 개편하고 조선인에게 참정권을 부여하라는 것이었다. 이후 김명준은 참정권을, 고희준은 자치론을 주장했다. 대한협회 등에서 계몽운동을 벌였던 윤효정은 한일합방 이후 계속 침묵하다가 이때부터 친일 세력으로 활동하기 시작했다.

이때는 일본 국회에 조선인 대표를 보내자는 참정권 운동과 조선인에게 자치권을 부여해달라는 자치론 운동이 아직 분화되지 않았던 시기였다. 그러나 시위가 최절정에 달했던 4월, 친일 세력들은 이를 기회로 자신의 정치적 입지를 강화하기 위한 행동에 나서고 있었다.

이러한 가운데 일본은 무단통치를 실시했던 육군 출신 하세가와 총독을 경질하고, 해군 출신인 사이토 마코토를 총독으로 임명했다. 무단통치에서 문화통치로 식민 정책의 변화를 예고하는 것이었다. 이완용은 9월 1일 사이토 총독을 맞이하기 위해 부산으로 내려갔고, 다음 날 그와 함께 열차를 타고 서울역에 도착했다. 기차에서 내려 마차에 오르는 순간 강우규(姜宇奎, 1859~1920) 의사가 던진 폭탄이 터지는 사건이 발생했지만, 사이토와 이완용은 무사했다. 이 사건은 조선인이 일본의 지배를 얼마나 증오하고 있었는지를 사이토에게 알려준 상징적 사건이었다.

9월 10일, 이완용은 사이토 총독의 관저를 방문하여 3·1운동 이후의 대책으로 열세 가지 의견을 전달했다. 그 내용은 다음과 같다.

1. 속히 재정 독립을 이룰 것.
2. 금번 소요 사건의 범인 중 단순 가담자에게 관용을 베풀고, 일반 민심을 기쁘게 할 것.
3. 의무교육을 보급하고 일본인과 조선인 학교의 명칭을 같게 할 것.
4. 금년 농작물 재해로 방곡을 하고 재해를 입은 지방에 대해서는 특별한 방법으로 구제할 것.
5. 각 도의 유력한 조선인 약간 명을 선정하고 그들을 중추원과 같은 관청에 모이게 하여, 행정상의 의견을 개진하게 하고 그것을 참고로 하여 상하가 소통할 수 있게 할 것.
6. 상당한 교육을 받은 자를 등용할 것.
7. 불교를 발전시켜 인민의 정신을 수양하게 할 것.
8. 언론의 자유가 뒤떨어진 폐단을 참작하여 이에 상응하는 조치를 취할 것.
9. 일본인이 조선인을 무시하는 것을 조선인이 가장 불평하는 것인바, 여기에 대해 관민이 협력하여 개선할 방도를 강구할 것.
10. 토목 공사의 인부 부역은 농번기를 고려하여 진행할 것.
11. 공동묘지 규칙을 개정하여 누구라도 선묘의 묘지가 있는 자라면 그 묘지를 같은 집안이 합장 묘지로 사용할 수 있도록 허락할 것.
12. 각 면장의 임명은 가능한 한 그 지역 거주 양민 중에서 선정할 것.

13. 이왕가의 재산 운영 방법 등.

　　이완용이 건의한 내용은 크게 세 가지라고 할 수 있다. 첫째는 민심 회유책으로 체포자에 대한 관용, 농업 재해에 대한 구제, 가문의 묘지 문제 해결, 그리고 차별 대우에 대한 개선 등이다. 둘째는 교육받은 조선인, 양반, 지방 유력자 등에게 정치 활동의 기회를 제공하라는 것으로 조선인을 총독부의 행정 조직에 등용시키라는 것이었다. 세 번째는 교육 문제로 차별 대우의 상징으로 여겨졌던 학교 명칭 문제의 해결과 의무교육 보급을 요청한 것이었다. 당시 지방의 주요 도시에는 일본 학생이 다니는 학교와 조선 학생이 다니는 학교가 나뉘어 있었고, 일본인 학교에 비해 조선인 학교가 차별을 받는다는 인식이 확산되어 있었다.

　　이완용은 진정한 내선융화를 위해서는 조선인 중에서 문명 정도가 높은 교육받은 자, 양반, 지방 유력자에게 일정하게 지배 기구에 참여할 기회를 줘야 한다고 생각했다. 총독부의 지배를 인정하는 가운데 조선인의 문명 발달 수준에 맞게 정책이 바뀌어야 한다고 보았던 것이다. 특히 조선인 상층의 정치적 입지를 넓히고자 한 점은 3·1운동을 진정시키기 위해 발 벗고 나섰던 친일 세력의 요구를 일정 정도 수렴한 것이기도 했다.

　　이완용의 의견 때문만은 아니었겠지만, 이후 사이토 총독은 지방자치제 논의, 제한적인 언론 자유의 허용, 지방행정 기구에 조선인

• 앞의 책, 698~699쪽.

의 참여 확대 등을 실시하면서 식민 지배 체제를 안정화시켜 나갔다. 1920년 12월 29일, 이완용이 3·1운동을 진정시키기 위해 적극적으로 나섰기 때문이었는지 그는 왕의 인척 외에는 받지 못했던 후작으로 승격되었다. 그리고 1924년, 그의 아들 항구도 남작 작위를 받았다. 부자가 모두 작위를 수여받은 경우는 이완용 부자 외에는 없었다. 1926년, 이완용의 사후에 그의 작위는 이항구의 아들 이병길에게 세습되었다. 이병길은 일찍 사망한 이완용의 첫째 아들 승구의 양자였다.

일상생활에 대한 이완용의 소신

3·1운동 이후 62세의 이완용은 여전히 사회 활동을 지속했다. 고종의 1년 탈상이 끝났지만, 그는 고종과 명성황후의 합묘를 관리하는 부묘주감(祔廟主監)의 고문이 되었다. 1921년에는 경성도시계획연구회 부회장이 되었고, 1925년에는 실행위원이 되었다. 또한 1922년에는 조선사편수회 고문을 지냈다. 박영효와 같은 후작이었지만, 조선 왕실, 총독, 총독부, 일본 정계에 두루 영향력을 행사할 수 있었던 그의 지위로 인해 친일 조선인 유력자의 정점에는 항상 이완용이 있었다. 그는 자신의 사회적 지위에 걸맞은 재력까지 갖고 있었다.

당시 조선인 중에서 가장 큰 부자는 민영휘였다. 갑오농민전쟁 때부터 탐관오리로 지목되어왔던 그는 한일병합 이후에도 엄청난 재력의 소유자였다. 1925년 당시의 조사에 따르면 조선인 중에서 가장 부유한 이는 민영휘로 그 재산은 6천만 엔, 그다음이 이완용으로 300만 엔의 재산을 보유했다고 한다. 300만 엔을 현재 시세로 환산하면 대략 600억 원 정도이다.

이완용의 재산 문제가 이슈로 떠오른 것은 1924년 8월 총독부가 부과한 조선학교비 부담금 납부를 거부한 사건 때문이었다. 1921년 총독부는 서울에 1년 이상 거주한 사람 중 연소득이 400엔 이상인 거주자를 대상으로 재산 정도에 따라 조선학교비 부담금을 차등 부과했다. 처음에는 가장 재산이 많은 민영휘가 최고액인 1,278원을 납부했고, 이완용은 그보다 적은 액수를 납부했다. 그러나 1923년에 부과액을 좀 더 세분화하면서 민영휘와 이완용이 같은 금액인 3,266원을 납부하게 되었다. 이때 이완용은 재산액에서 차이가 많이 나는 민영휘와 같은 액수의 부담금을 낼 수 없다면서 납세 고지서를 경성부로 되돌려보내고 납부를 거부했다. 이 일은 연일 언론에 보도되면서 이완용의 납세 거부에 대해 비난이 일었다. 수백만 원의 자산가가 몇 천 원이 안 되는 세금을 내지 않는다는 비난이었다. 언론의 비난에도 꿈쩍하지 않았던 이완용은 1925년 총독부가 1,631원으로 납부액을 감액하자 곧바로 부담금을 납부했다.

이완용의 세금 납부 사건은 나라를 팔아 부귀영화를 누린 인물로 낙인찍혔던 이미지를 다시 한 번 재현시킨 사건이었다. 그러나 평소 그의 재산 관리에 대한 소신을 알게 된다면 그의 이러한 행동이 이해되지 않는 것은 아니다.

이완용은 재산이란 하늘이 잠시 맡겨둔 것이기에 그것은 자신의 것이 아니며 그래서 마음대로 해서는 안 된다는 강한 소신을 갖고 있었다. 지주가 소작인에게 소출을 관리하라고 맡겼는데 소작인이 그것을 잘 관리하면 지주는 그를 신뢰하고 계속 관리를 맡기지만, 그렇지 않으면 당장 그것을 다른 사람에게 맡긴다고 비유하면서, 재산은 주인인 하늘이 나에게 맡겨놓은 것이라는 것이었다.

그는 이 신념에 따라 비교적 검소하게 살았고, 재산 관리에도 매우 철저했다. 이완용은 이호준에게 물려받은 재산을 자신을 위해 사용하지 않았다. 양부가 자신을 양자로 삼은 것은 조상에 대한 제사를 받들라는 뜻이었기 때문에 본인의 생활이 곤궁하다고 해서 그 재산에 손댈 수는 없다는 것이었다. 따라서 그는 제사 비용을 별도로 적립해놓고 그 이자를 갖고 매년 우봉 이씨 조상에 대한 제사를 지냈다. 나름대로 합리적인 원칙 속에서 재산을 관리해왔기 때문에 자신보다 20배나 재산이 많은 민영휘와 동일한 액수의 부담금을 납부하라는 조치에 수긍할 수 없었다. 소유 재산에 비해 비록 적은 돈이었지만, 그가 생각하기에는 부당한 것이었던 만큼 그것을 납부할 수 없었던 것이었다. 그래서 이완용은 액수가 조정된 후에야 비로소 부담금을 납부했다.

이처럼 철저한 재산 관리 원칙을 세운 이완용은 300만 엔의 재산을 어떻게 만들었을까? 그는 1911년 『시사신보(時事新報)』에서 조사한 50만 원 이상의 자산가 명단에 32명의 조선인과 함께 이름이 오를 만큼 이미 많은 재산을 갖고 있었다. 이때 그의 재산은 양부 이호준이 전라북도 관찰사 시절 매입했던 전주와 부안 부근의 토지와 영친왕을 세자로 책봉한 공로로 순종이 하사한 40만 원, 이재명의 칼에 찔려 입원했을 때 등 크고 작은 일로 고종과 순종에게 하사받은 몇 만원, 그리고 한일병합 당시 받은 은사금 15만 원(연리 5퍼센트의 공채로 매년 7,500원을 받았다) 등을 합한 금액이었다.

이외에 『대한매일신보』와 『매천야록(梅泉野錄)』 등에 의하면 이완용은 을사조약과 정미7조약, 그리고 한일병합 등으로 이토에게 뇌물을 받았다고 한다. 또한 한미전기회사 설립 때 모스로부터 1만 5천 원의 리베이트를 받았고, 옥새를 위조해서 고종의 내탕금 40만 원을 횡령했다는 보도도 있었다. 하지만 이러한 내용에 대한 분명한 증거가 제시된 적이 없어서 확인할 길이 없다. 이외에 이완용이 지위를 이용해 관직 매매와 뇌물을 받았다는 비난은 끊이질 않았다. 이러한 비난은 대부분 1905년 이후에 나온 것으로 분명치 않은 부분이 있긴 하지만, 당시 고위 관료들의 부패에서 자유로울 만큼 이완용이 청렴했다고 볼 수는 없다. 여하튼 이들 소문은 '매국노'란 오명에 걸맞게 도덕성을 상실한 인물이란 이미지를 형성하는 데 좋은 소재가 되었다. 다만 매사에 합리적인 명분을 세워 행동하는 이완용의 태도로 볼 때 소문에 다소 과장된 측면이 있기는 할 것이다.

최근에 발행된 친일재산조사위원회의 보고서에 따르면 한일병합 당시 이완용의 재산은 100만 엔 정도로 추정된다. 이완용은 이 돈으로 한일병합을 전후한 시기에 군산, 김제, 부안 일대의 비옥한 논을 집중적으로 매입했고, 1913년에서 1914년 사이에 98퍼센트의 토지를 네 명의 일본인 대지주에게 팔았다. 그 후 그는 토지를 매입하지 않은 채 현금을 가지고 있었다고 한다. 1925년 '경성 최대의 현금 부호'라는 말은 이 때문에 나온 것이었다. 1910년 당시 100만 엔이었던 그의 재산이 15년 사이에 세 배 이상 늘었으니 그의 재산 불리기는 매우 성공적이었다고 할 수 있다. 물론 농사장려회 회장, 조선농회 회두 등으로 활동했고, 간척지를 불하받을 수 있었던 그는 자신의 지위와 인맥을 이용해 전북 일대의 비옥한 토지를 매매할 수 있었을 것이다. 그러나 그는 이러한 재산 불리기를 부끄러워하지 않았다.

이완용은 돈 버는 일은 약간의 지혜로 앞을 내다보는 혜안만 있으면 얼마든지 가능하다고 생각했다. 한 예로 그는 자신의 판단력을 시험해보기 위해 돈을 투자하는 실험을 하기도 했다. 언제였는지 정확하지는 않지만, 이완용은 서울에서 대규모 공진회가 열릴 것임을 알고, 경기도 일대의 채소 재배 농가에 채소를 많이 심게 한 후 이를 사들인 적이 있었다. 공진회 때문에 서울에 관광객이 몰리면 채소 값이 오를 것이라고 보았기 때문이다. 과연 이완용의 판단은 적중했고, 그는 이 일로 자신의 판단력을 확인하면서 흐뭇해했다.

이완용은 자신이 마음먹는다면 재산을 불리는 것은 쉬운 일이라고 생각했다. 그는 한일병합 이후 일본인이 조선에 오면 비옥한 토지를 구입할 것이라고 보았고, 이에 걸맞은 지역으로 전라북도 일대를 꼽았다. 물론 그곳은 양부가 관찰사로 있을 때 왕래하던 곳이었고, 자신이 관찰사로 있으면서 더욱 잘 알게 된 지역이기도 했다. 사실 이때 이런 판단을 한 것이 이완용만은 아니었다. 이미 조선인 자본가 몇몇은 1905년 이후부터 전라북도 일대의 땅을 앞다투어 매입하고 있었다.

여하튼 이완용은 토지 매매를 통해 자산을 크게 불렸고, 그것을 잘

친일 세도가로 위세를 떨치던 시절, 이완용 3대의 모습. 앉은 사람이 이완용, 뒷줄 가운데 선 이
가 아들 항구, 나머지 아이들은 이완용의 손자들이다.

관리하여 고스란히 아들에게 물려주었다. 1920년 이후 불어닥친 공황으로 이왕직 장관 민영기조차 경제적으로 곤란함을 겪었지만, 이완용 집안은 사치와 투기를 몰랐던 이완용 덕분에 여전히 풍족한 생활을 할 수 있었다.

그러나 이완용은 거액의 재산에 걸맞지 않게 비교적 검소한 생활을 했다. 당시 민영휘, 송병준의 탐욕과는 비교할 정도도 되지 못했다. 이완용은 당시 귀족들처럼 여자를 탐하지도 않았다. 한때 양부 이호준의 수발을 처에게 맡기고 자신의 수발을 들어줄 첩을 들이긴 했지만, 그 첩이 얼마 되지 않아 죽자 그 후로는 한 번도 첩을 들이지 않았다. 술도 많이 마시지 못했다. 주량은 일본 소주 1잔, 맥주 1컵 정도였다. 음식을 탐하지도 않았다. 아침에는 계란과 우유, 그리고 스프 정도를 먹었고, 점심과 저녁은 서너 가지 반찬을 올린 한식을 즐겨 먹었다. 미국에서 생활한 경험 때문이었는지 그는 한식보다 양식을 선호했다. 일식은 별로 즐기지 않기 때문에 연회에 참석할 때를 제외하곤 먹는 일이 없었고, 중국 음식을 먹는 일 역시 거의 없었다.

그의 유일한 취미는 문방사우를 수집하고 글을 쓰는 일 외에는 없었다. 손자들에게 가르칠 『천자문』을 직접 써서 책자로 만드는 자상함도 있었다. 자신의 침실 옆에 네 평 정도의 일본식 방을 만들어 그곳에 벼루와 서예 작품을 전시해두고 즐기거나, 뛰어난 서예 작품이 있다는 소문을 들으면 직접 찾아가서 작품을 구경하고 그것을 자신이 갖고 있는 작품과 교환하는 정도였다.

한 번은 민영익의 아들인 민정식(閔庭植)이 부친의 작품을 소장하

憶 ! 巨星 殞 ○

慈眼視

衆生福

每春壽無量

一堂

覺去前五個月

이완용이 사망 5개월 전에 쓴 글과 사진. 그의 필체는 국내뿐만 아니라 일본에서도 높이 평가받았고, 그 자신 또한 서예 작품을 수집하기를 즐겼다.

고 있다는 소식을 듣고 그를 찾아갔다. 중전 민씨의 조카였던 민영익은 필체가 뛰어나기로 소문나 있었다. 이완용은 민영익의 작품을 관람하기 위해 민정식의 집으로 찾아가 그가 소장한 다른 작품들을 함께 보면서 매우 즐거워했다. 그중 추사 김정희의 작품 세 편을 발견하고서 자신이 소장한 우암 송시열의 작품 열 편과 대원군의 작품한 쌍을 주고 교환해오기도 했다.

그러나 당시 대다수의 조선인에게 이완용은 탐욕스러운 이미지로 각인되어 있었다. 사리사욕을 위해 나라를 판 '이완용'이란 표상은 인간의 탈을 쓴 악귀에 가까웠기 때문에 이처럼 소소한 일상을 보내고 있는 이완용을 어느 누구도 상상할 수 없었다.

'매국노'
이완용의 죽음

1926년 2월 11일, 이완용이 죽었다. 을사조약, 정미7조약, 한일병합 조약 등 매국 조약에 앞장섰던 그의 죽음을 대해 대부분의 조선인은 오랜 체증이 내려앉은 것과 같은 반응을 보였다.

총독부와 친일 조선인 사이에서 구심 역할을 해왔던 이완용의 죽음을 보면서 그의 인맥 울타리 안에 있던 친일 정치인들은 불안하고 안타까운 심경을 느꼈을 것이다. 제일 먼저 달려온 사람은 그의 형이면서 오랜 정치적 동지였던 이윤용, 귀족의 구심으로 함께했던 박영효, 그리고 그의 조카로 금융자본가로 성장한 한상룡(韓相龍, 1880~1947)이었다. 1926년 2월 12일, 『동아일보』는 그들이 이완용의 죽음에 혼란스러워하는 모양이라는 기사를 실었다. 이들 세 사람 중 나이가 가장 어린 40대 후반의 한상룡은 "이완용의 죽음으로 한풀이 꺾여 매사가 여의치 못하고" 있는 형세로, 경제계를 발판 삼아 정치에 나서려고 했던 그가 끈 떨어진 연 신세가 되었다고 했다. 비단 한상룡만이 이런 상황에 처한 것은 아니었을 것이다. 조선인 상류층의 정점에서 총독부와 일본 정계에 영향력을 미쳐왔던 그의 죽음으로 친일 조선인들은 새로운 구심을 찾아야 할 상황이었다.

이완용의 장례는 성대하게 치러졌다. 장의위원장에는 조선총독부 정부총감 유아사 구라헤이(湯淺倉平)가 임명되었고, 부위원장은 박영효와 총독부 내무국장 두 명이 공동으로 맡았으며, 50명의 일본인 및 조선인 장의위원이 지명되었다.

2월 18일 용산에서 열린 영결식은 화려했다. 근대식 장의 절차에 따라 진행된 영결식은 한 편의 기록 영화로도 촬영되었다. 이완용의 집이 있는 옥인동에서 용산까지 장례 행렬을 따라 천여 대의 인력거 행렬이 줄을 지었다. 일본 천황은 일본 최고의 훈장인 국화대수장(菊花大綬章)을 그에게 수여했다. 용산을 떠난 장의 행렬은 열차 편으로 강경역에 도착했다. 강경역에서 장지인 익산까지는 상여와 만장이 줄을 잇는 전통 장례로 치러졌다. 이완용은 유언으로 3만 원을 사회 사업에 기부했고, 2월 15일 이항구는 그의 유언에 따라 이 돈을 사이토 총독에게 전달했다.

살아서의 위세 못지않게 장례 역시 그에 걸맞게 성대하게 치러졌지만, 이완용의 죽음은 조선 언론에서는 심한 조롱거리였다. 그가 죽은 이틀 후, 『동아일보』는 「무슨 낯으로 이 길을 떠나가나」라는 논설을 실었다.

그도 갔다. 그도 필경 붙들려 갔다. 겹겹이 있는 순사의 파수와 돈과 폐물 벽의 견고한 보호막도 저승사자의 들이닥침을 어찌하지 못하였다. 드러난 칼과 보이지 않는 몽둥이가 우박같이 쏟아져도 이내 꼼짝하지 아니하였거든 (……) 그런 것이나마 천사만사 누릴 줄 알았지만, 이제 와서 모두 다 허사임을 깨닫고 굳어가는 혀를 깨물 그때가 왔다. (……) 누가 팔지 못할 것을 팔아서 능히 누리지 못할 것을 누린 자냐? 살아서 누린 것이 얼마나 대단하였는지 이제부터 받을 일, 이것이 진실로 기막히지 아니하랴. (……) 앙탈하더니 책벌을 이제부터는 영원히 받아야지.

총독부와 돈의 비호를 받았으며, 이재명의 응징과 수많은 조선인의 비난에도 요지부동하던 그, 팔 수 없는 나라를 팔아 이승의 부귀영화를 누린 그의 죽음은 이제 그 대가를 치러야 하는 새로운 전환일 뿐이었다. "이제부터 받을 일, 이것이 진실로 기막히지 아니하랴"라는 말은 이완용의 죽음에 대한 저주였다. 그리고 이는 대한제국을 팔아넘긴 모든 책임을 이완용에게 떠넘기면서 스스로에게 면죄부를 주려는 심리적 방어이기도 했다.

　　『동아일보』의 이 논설 이후로 이완용의 죽음은 점점 더 희화화되었다. 『개벽』에서는 "죽는다 죽는다 하던 이완용이 아주 죽고 말았다. 지하에 있는 이재명은 '아, 이놈이 인제야 죽었구나' 하고 웃겠지만 팔자 굳은 과부며 누이는 유달리 더 슬퍼할 것이다. 그런데 경성의 청소부들은 또 '이제부터는 공동변소의 벽이 깨끗해지겠으니 무엇보다 좋겠다'고 치하하겠지"라고 하며 이완용의 죽음을 웃음거리로 만들었다. 당시 경성에서는 공동화장실을 '이·박요릿집'이라고 했는데, 이때 이·박은 이완용과 박제순을 가리키는 말로 이들이 똥을 먹는 개라는 뜻이었다.

　　그의 죽음은 그보다 앞서 간 매국노 송병준에 대한 기억을 떠올리게 했다. 송병준의 사후에 재산 처리 문제로 분쟁이 많았다는 사실이 다시 상기되면서 이완용이 송병준에 비해 부유하긴 했지만 그래도 그가 내지 않은 세금이며 재산 문제가 불거질지 누가 알겠느냐는 조롱이 끊이질 않았다.

• 『동아일보』, 1926년 2월 13일.

이완용이 죽은 지 2개월 후 그를 다시 상기시키는 사건이 보도되었다. 춘궁기였던 당시에 익산 이완용의 묘지기 집에 세 명의 강도가 들어 쌀을 훔쳐가는 일이 벌어졌고, 순사들이 이완용의 묘지를 지키게 되었다. 『동아일보』는 이완용의 묘를 파라는 목소리가 있는데 이것은 "공동변소로부터 문제가 무덤으로 옮아가고 있는 셈인가"라고 했고, 그의 아들 이용구 남작에게 협박장이 들어갔다고 하며 이완용에 대한 조선인의 분노를 표현했다. 공동변소를 '이·박요릿집'이라고 하면서 화풀이했던 조선인들이 이제 이완용의 묘를 파는 것으로 그 화풀이를 대신하고 있다는 뜻이었다.

'매국노'라는 말이 널리 사용되기 시작한 것은 1907년 고종의 양위 무렵으로 보인다. 고종의 선위를 주장하는 통감부와 친일파의 목소리가 높아지자 『대한매일신보』는 "일본 관리와 제 몸을 일본에 파는 매국적(賣國賊) 수중의 계심이라"라고 하며 그들을 비판했다. 이후 '매국적'은 그 명명만으로도 목숨을 내놓아야 하는 수치심 가득한 말로 그려졌다. 한일병합 이후에도 '매국'이라는 명명이 붙으면 조선인에게 인간 취급을 받을 수 없었다. 그래서 매국의 표상이었던 이완용의 죽음은 숙연해지는 인간의 죽음이 될 수 없었다. 그의 죽음과 함께 저주와 조롱이 난무할 수밖에 없었던 것은 '매국노'란 개념에 내포된 인간성의 상실 때문이었다. 이러한 저주는 인간성을 상실한 사람이 현실에서 부귀영화를 누리는 식민지 현실의 부조리에 대한 출구이기도 했다.

그러나 이완용이 매국노라는 오명을 쓴 것은 인간성을 상실한 그의 탐욕 때문이 아니라 현실을 인정한 가운데서 나름대로 '합리적인 실리'를 추구했던 그의 사고 때문이었다. 무모하게 분개하거나 실리 없는 의리만을 고집하는 태도를 버리고, '어쩔 수 없는 상황'에서 최대한 얻을 수 있는 이익을 위해 자신이 할 수 있는 일을 더 중시했던 그는 100년 전 다른 양반 관료들과 달리 선진적이고 합리적이며 실용적인 사고를 지닌 인물이었다. 그래서 그는 망국의 현장을 떠날 수 없었다. 마찬가지로 3·1운동으로 민족의 분노가 표출되었을 때도 그는 일본의 식민 지배에 분노하는 군중의 모습을 안타까워했다. 차별, 불평등, 억압에 분노하기보다는 그 현실을 받아들이고, 그 속에서 실리를 추구했던 그의 태도 가운데서 우리는 부조리한 현실 속에서 최대한의 이익을 얻는 것이 가장 합리적인 선택이라고 믿는 현대인의 태도를 발견하게 된다.

주요 저술 및 참고도서 목록

1. 자료

· 국사편찬위원회 편, 『주한일본공사관기록(駐韓日本公使館記錄)』 1~26, 국사
  편찬위원회, 1992~1998.
· 『고종순종실록(高宗純宗實錄)』, 탐구당, 1970.
· 김명수(金明秀) 편, 『일당기사(一堂紀事)』, 일당기사출판소, 1927.
· 葛生能久, 『日韓合邦秘史』 上·下, 黑龍會出版部, 1930.
· 權藤四郎介, 『李王宮秘史』, 朝鮮新聞社, 1926.
· 小松綠, 『朝鮮併合之裏面』, 中外新論社, 1920.

· 한국역사연구회 편, 『황성신문』, 경인문화사, 1981.
· 독립신문 영인간행회, 『독립신문』, 갑을출판사, 1981.
· 독립신문 영인간행회, 『대한매일신보』, 경인문화사, 1991.
· 매일신보사, 『매일신보』, 경인문화사, 1989.
· 대한민보사, 『대한민보』, 아세아문화사, 1985.
· 국민신보사, 『국민신보』, 1909~1910.

2. 논문

· 김상웅, 「이완용의 죄와 벌」, 『내일을 여는 역사』 19, 2005.
· 김윤희, 「동양 담론 그리고 주권-정부-인민 관계의 균열과 전복: '정합방' 청원에 대한 찬반 논쟁을 중심으로」, 『대동문화연구』 68, 2009.
· 김행선, 「친미·친로파로서의 이완용 연구」, 『한성사학』 3, 1985.
· 박영석, 「이완용 연구: 친미·친로·친일파로서의 행위를 중심으로」, 『국사관논총』 32, 1992.
· 이나미, 「일본 제국주의에 대한 협력과 저항의 논리: 이완용과 유인석을 중심으로」, 『담론201』 9, 2006.
· 이용창, 「'이토 히로부미 추도회(伊藤博文追悼會)' 개최 전후 '사회 세력'의 동향과 친일 정치 세력의 형성」, 『사학연구』 69, 2003.
· 이이화, 「이완용의 곡예: 친미·친로에서 친일로」, 『역사비평』 17, 1992.
· 임경석, 「3·1운동기 친일의 논리와 심리」, 『역사와 현실』 69, 2008.
· 임대식, 「이완용의 변신 과정과 재산 축적」, 『역사비평』 22, 1993.
· 한명근, 「통감부 시기 이완용 연구」, 『한국민족운동사연구』 24, 2000.
· 한철호, 「이완용, 망국의 책임자에게 면죄부를 준 친일파의 거두」, 『내일을 여는 역사』 15, 2004.
· 홍윤표, 「잡지 『조선』에 나타난 친일 정치인의 표상」, 『일본문화연구』 35, 2010.

3. 단행본

· 강창일, 『근대 일본의 조선 침략과 대아시아주의』, 역사비평사, 2002.
· 구선희, 『한국 근대 대청정책사(對淸政策史) 연구』, 신서원, 1999.
· 김상웅, 『친일파 100인 100문』, 돌베개, 1995.

· 김원모, 『알렌의 일기』, 단국대학교 출판부, 1991.

· 김종준, 『일진회의 문명화론과 친일 활동』, 신구문화사, 2010.

· 박은숙, 『갑신정변 연구』, 역사비평사, 2005.

· 서영희, 『대한제국 정치사 연구』, 서울대학교 출판부, 2003.

· 역사문제연구소 편, 『인물로 보는 친일파 역사』, 역사비평사, 1993.

· 왕현종, 『한국 근대국가의 형성과 갑오개혁』, 역사비평사, 2003.

· 윤덕한, 『이완용 평전』, 중심, 1999.

· 이이화, 『바람 앞에 절명시를 쓰노라』, 김영사, 2008.

· 이태진 외, 『한국병합의 불법성 연구』, 서울대학교 출판부, 2003.

· 친일반민족행위자재산조사위원회 편, 『청산되지 않는 역사, 친일 재산』, 친일반민족행위자재산조사위원회, 2010.

· 친일반민족행위진상규명위원회 편, 『조사보고서』 1~2, 친일반민족행위진상규명위원회, 2006.

· 친일반민족행위진상규명위원회 편, 『친일반민족행위관계사료집』 1, 친일반민족행위진상규명위원회, 2007.

· 한명근, 『한일합방론 연구』, 국학자료원, 2002.

· 한철호, 『친미개화파 연구』, 국학자료원, 1998.

연보

이완용(李完用, 1858~1926)

· 1858년(1세) 경기도 광주군 낙생면 백현리(지금의 성남시 백현동)에서 이호석(李
  鎬奭)의 장남으로 태어나다(6월 7일).
· 1859년(2세) 생후 10개월에 서고, 13개월에 말을 하다.
· 1863년(6세) 『천자문』을 떼고 『동몽선습』을 배우다.
· 1864년(7세) 『효경』을 배우다(고종이 12세의 나이로 왕이 되다).
· 1865년(8세) 『소학』을 배우다. 집안이 가난하여 생부 이호석이 가르치다.
· 1867년(10세) 낙천공(樂泉公) 이호준(李鎬俊)의 양자가 되다(4월 20일).
· 1868년(11세) 『대학』을 배우다. 충청도 전의군 거사 정익호(鄭翼浩)를 스승으
  로 모시다.
· 1869년(12세) 『논어』를 배우다.
· 1870년(13세) 양주 조씨 병익(秉翼)의 딸과 결혼하다(3월). 양부 이호준이 전
  라 감사로 부임하다(7월).
· 1871년(14세) 『맹자』를 배우다.
· 1872년(15세) 『중용』을 배우다.

· 1873년(16세) 친구 현채(玄采)와 함께 서예가 이용희(李容熙)에게 서예를 배우다. 이때 '일당(一堂)'이란 필명을 썼다.

· 1874년(17세) 아들이 태어났지만 곧 죽다(5월).

· 1875년(18세) 장녀가 태어나다[12월. 후에 남양 홍씨 운표(運杓)와 결혼하다].

· 1876년(19세) 생부 이호석이 죽다(2월). 『서전(書傳)』을 배우다.

· 1877년(20세) 양모 민씨가 죽다(6월).

· 1878년(21세) 생부 이호석의 3년상을 마치다(5월). 평안북도 태천군의 박세익(朴世翼)을 스승으로 모시고 삼경(三經)을 배우다.

· 1879년(22세) 양모 민씨의 3년상을 마치다(9월).

· 1880년(23세) 장남 승구(升九)가 태어나다[7월. 후에 풍천 임씨 대준(大準)의 딸과 결혼하다].

· 1881년(24세) 차남 항구(恒九)가 태어나다[8월. 후에 안동 김씨 문규(文圭)의 딸과 결혼하다].

· 1882년(25세) 임오군란으로 피신했던 중전의 환궁을 기념하기 위해 열린 증광별시 문과에 급제하다(10월).

· 1883년(26세) 처음으로 고종 앞에서 강목을 외우다(4월). 아들이 태어났으나 곧 죽다(10월).

· 1885년(28세) 규장각 시교로 추천되다(9월).

· 1886년(29세) 규장각 시교(3월), 홍문관 수찬(4월), 우영 군사마(5월) 의정부 검상(6월)을 겸직하다. 우영 군사마를 사직하고 해방영 군사마가 되다(7월). 육영공원에 입학하다(8월).

· 1887년(30세) 사헌부 장령(4월), 홍문관 응교(4월), 시강원 겸사서(5월)가 되었으나 곧 물러나다. 딸이 태어났으나 곧 죽다(6월). 주미공사관 참찬관이 되다(7월). 부임을 위해 부산으로 떠나다. 부산에서 박정양 일행과 만나 샌프란시스코항에 도착하다(양력 12월 28일).

· 1888년(31세) 병으로 미국에서 귀국하다(5월). 정3품 통정대부로 품계가 올

라가다. 승정원 동부승지(8월), 이조 참의를 거쳐 외부 참의가 되다(10월). 주 미공사관 참찬관으로 다시 미국에 가다(11월).

· 1890년(33세) 미국에서 귀국하다(10월). 내부 참의가 되다(11월).

· 1891년(34세) 성균관 대사성을 거쳐 시강원 검교사서가 되다(5월). 이후 형조 참판, 의금부사 등에 임명되었으나 옥당과 형옥의 벼슬을 겸하는 것이 전 례에 맞지 않는다는 이유로 물러나다.

· 1892년(35세) 이조 참판이 되었으나 곧 사직하다(9월).

· 1893년(36세) 한성부 좌윤을 거쳐 공조 참판이 되었으나 생모의 사망으로 관직에서 물러나다(8월).

· 1894년(37세) 일본 보빙대사 및 전권공사에 임명되었으나 거절하다(8월). 외 부협판이 되다(11월).

· 1895년(38세) 학부대신이 되다(5월). 춘생문 사건으로 잠시 미국공사관에 피 신했지만, 징계는 받지 않다(8월).

· 1896년(39세) 아관파천을 성공시키다(2월). 외부대신으로 잠시 농상공부대 신서리, 탁지부대신서리, 학부대신서리를 겸하다. 딸이 태어나다[8월. 후에 달성 서씨 병항(丙恒)과 결혼하다].

· 1897년(40세) 학부대신이 되다(7월). 대한제국이 선포된 후 평안남도 관찰사 로 재판소 판사를 겸임하게 되자 거절하다(9월). 중추원 의관을 거쳐 비서원 경이 되다. 종2품으로 품계가 오르다(11월).

· 1898년(41세) 전라북도 관찰사가 되다(3월).

· 1900년(43세) 호적의 감손과 문란으로 중견책을 받다(2월). 사직상소를 올려 물러나다(6월).

· 1901년(44세) 궁내부 특진관으로 임명되지만 거절하다(2월). 양부 이호준이 사망하다(4월).

· 1904년(47세) 궁내부 특진관으로 임명되지만 거절하다(11월).

· 1905년(48세) 큰아들 승구가 죽다(8월). 학부대신이 되다(9월). 을사조약 찬성

서명을 하다(11월 17일). 의정부대신서리, 외부대신서리가 되다(12월). 을사
5적 처단 주장을 반박하는 상소를 올리다(12월).

· 1906년(49세) 교육에 대한 공로로 고종에게 훈2등태극장을 받다(8월).

· 1907년(50세) 총리대신이 되다(6월). 존봉도감제조(尊奉都監提調)가 되어 순종
의 등극 절차를 진행하다(7월 23일~8월 8일). 정미7조약을 체결하다(7월 24일).
이완용 집이 불타서 왜성구락부를 빌려 기거하다가 장교의 이윤용 집에서
함께 산다. 일본 정부로부터 욱일동화장(旭日桐花章)을 받다(8월 17일). 순종
으로부터 등극 진행 공로로 훈1등태극장을 받다(8월 28일). 대훈이화장(大勳
李花章)으로 승훈되다(10월 25일). 영친왕의 소사(小師)가 되다[11월. 이토 히로부
미가 대사(大師)로 임명된 것은 12월이다].

· 1908년(51세) 저동으로 이사하다(1월). 장인환(張仁煥)의 의거로 부상당한 스
티븐스(D. W. Stevens)에게 위로 전보를 보내다(3월). 부인과 함께 일본적십자
사에서 금제유공장(金製有功章)을 받다(8월). 대한여자흥학회 고문이 되다.

· 1909년(52세) 순종의 지방 순행을 배종하다(1월). 이윤용의 모친이 사망하다
(2월). 이토 히로부미가 통감을 그만두다(6월). 사임 후 대한제국을 첫 방문
한 이토 히로부미를 마산항에 직접 나가 맞이하다(7월). 기유각서에 조인하
다(7월). 이토 히로부미 사망 소식을 듣고 직접 다롄에 가서 조의를 표하다.
이토 히로부미 조례단 위문 사절, 동아찬영회 찬성장이 되다(10월). 이재명
의사의 칼에 부상을 입고 대한의원에서 수술을 받다(12월 22일).

· 1910년(53세) 부상 이후 처음으로 고종과 순종을 알현하고 총리대신 사직
청원서를 올리다(5월 19일). 사직이 허가되지 않은 채 온양으로 요양을 떠나
다(5월 20일). 서울에 돌아오다(6월 28일). 전권 위임장을 가지고 통감부에 가
서 한일합병조약에 조인하다(8월 22일). 총독부로부터 관료 퇴직금을 받아
관료들에게 나누어주고, 김명수에게 명하여 내각 소관 문서를 총독부에 넘
기다(10월). 조선총독부 중추원 고문이 되다(10월).

· 1911년(54세) 조선귀족 백작 작위을 수여받다(2월). 이문동으로 집을 지어 이

사 가다(3월). 순헌황귀비(엄비)가 사망하여 장례를 맡아 진행하다(7월).

· 1912년(55세) 농사장려회 회장이 되다(7월). 귀족 대표로 천황에게 인사하러
도쿄에 가다(7월). 장손 병길(丙吉)을 도쿄에 유학 보내다(8월). 조선총독부
중추원 부의장이 되다(8월). 메이지 천황 장례식에 참가하다(9월). 조선귀족
심사위원이 되다.

· 1913년(56세) 조선귀족 대표로 천황에게 인사하다(4월). 총독부에서 한일병
합 기념장이 오다(5월). 보식원장(普植園掌) 의장이 되다(7월). 메이지 천황
1년 제사에 조선귀족 대표로 참석하다(7월). 옥인동으로 이사하다(12월).

· 1914년(57세) 조선귀족 대표로 쇼켄 황태후의 장례에 참석하다(5월). 경성군
인후원회에 20원을 기부하다(8월). 경성일보사 신축비로 100원씩 두 차례
기부하다(9월, 10월). 소아보육원 찬조원이 되다(10월).

· 1915년(58세) 내선인친목회 발기인, 조선물산공진회협찬회 명예회원이 되다
(3월). 조선농회 회두가 되다(8월). 서화미술전람회에 고서를 기부하다(9월).
어윤중의 손자를 위해 후원금을 조성하다(10월). 일본 황태자(후에 쇼와 천황)
의 결혼식에 참석하기 위해 도쿄에 가다(11월).

· 1916년(59세) 금강산을 관광지로 소개하기 위해 만들어진 보승회(保勝會) 고
문이 되다(7월). 순화병원 아편 환자 치료소에 50원을 기부하다(8월). 데라우
치 총독의 총리대신 임명과 하세가와 원수의 조선총독 임명을 축하하기 위
해 일본으로 가다(10월).

· 1917년(60세) 불교옹호회의 설립 허가를 받다. 불교옹호회 회장이 되다(2월).

· 1918년(61세) 조선귀족회 부회장이 되다(5월). 경성구제회에 1,100원을 기부
하다(8월). 조선광업회 명예회원이 되다(9월).

· 1919년(62세) 영친왕의 결혼식 참석을 위해 일본에 갔다가 고종의 죽음으
로 돌아오다(1월). 장의궤차장(葬儀掛次長)으로 고종의 장례를 주도하다(1~
3월). 3·1운동 진압을 위한 세 차례의 경고문을 발표하다(4월 2일, 7일, 5월
29일). 총독부에 독립청원서를 보내 검거된 이용직(李容稙)의 석방을 위해

보증을 서다(6월 10일). 부산에 가서 신임 사이토 총독을 맞이하여 서울역에 도착했으나, 강우규(姜宇奎) 의사의 폭탄이 터지다(9월 2일). 경성사립유치원 설립 대표가 되다(9월). 경성호텔에서 열린 이토 히로부미 10주년 제사에 참석하다(10월).

· 1920년(63세) 조선귀족 대표로 영친왕의 결혼식에 참석하다(4~5월). 방역소에 500원을 기부하다(8월). 이문회 명예회원이 되다(12월). 후작으로 승작되다(12월)

· 1921년(64세) 애국부인회 고문, 총독부 산업조사위원회 위원이 되다(9월). 『매일신보』 5천호 기념 축하식을 위해 300원을, 경성일보사에 100원을 기부하다(10월). 경성도시계획연구회 부회장이 되다(8월).

· 1922년(65세) 만주조선인학교에 100원을 기부하다(1월). 조선미술전람회 심사원이 되다(3월). 여주군 수재 피해민을 위해 300원을 기부하다(7월). 품평회에 100원을 기부하다(10월).

· 1923년(66세) 조선사편찬위원회 고문이 되다(1월). 경성부 필운동 강습원에 200원을 기부하다(4월). 조선부업품공진회 부회장이 되다(6월).

· 1924년(67세) 조선농업교육연구회 고문이 되다(3월). 손자 병길이 전주 이씨 인영(仁榮)의 딸과 결혼하다(4월). 아들 항구가 남작 작위를 받다. 동민회 고문이 되다.

· 1925년(68세) 어린 시절 친구 현채가 죽다(2월). 천식이 재발하여 온천에서 요양하다(4월).

· 1926년(69세) 옥인동 19번지 자택에서 오후 1시 20분에 병으로 사망하다 (2월 11일)

* 연보는 『일당기사』를 기초로 작성되었고, 1896년까지는 음력, 그 후는 양력으로 표기했다.

찾아보기

지은이 | 김윤희

1967년 서울에서 태어났고, 고려대학교 사학과에서『대한제국기 서울 지역 금융시장의 변동과 상업
발전』으로 박사 학위를 받았다. 자본주의와 근대국가의 관계에 관심을 두고, 세계 자본주의와 연결된
국내 시장의 투자 환경과 국가 경제정책의 관련성에 대해 연구해왔다. 현재 한남대학교 사학과 교수로
재직하면서 시장과 경제주체의 관계를 규명하는 연구를 진행하고 있다. 지은 책으로『마주 보는 한국
사 교실 7』,『근대 동아시아와 한국 자본주의』,『조선인 경제의 탄생과 시장의 발견』,『영화처럼 읽는
한국사』(공저),『조선의 최후』(공저),『경성부민의 여가생활』(공저) 등이 있고, 번역서로는『일본 제국의회
와 조선은행』,『대동합방론』(공역)이 있다.

이완용 평전
© 김윤희 2011

초판 1쇄 발행 2011년 5월 11일
초판 7쇄 발행 2020년 11월 9일
개정판 1쇄 발행 2023년 6월 12일

지은이 김윤희
기획 부산대학교 점필재연구소
펴낸이 이상훈
인문사회팀 최진우 김경훈
마케팅 김한성 조재성 박신영 김효진 김애린 오민정
디자인 오필민 디자인

펴낸곳 (주)한겨레엔 www.hanibook.co.kr
등록 2006년 1월 4일 제313-2006-00003호
주소 서울시 마포구 창전로 70(신수동) 화수목빌딩 5층
전화 02-6383-1602~3 **팩스** 02-6383-1610
대표메일 book@hanien.co.kr

ISBN 979-11-6040-531-6 94900
      978-89-8431-466-5 (세트)